rowohlt

KARLA SCHEFTER
mit Regina Carstensen

ICH GEBE DIE MENSCHEN NICHT AUF

Afghanistan, ein Land ohne Hoffnung?

Rowohlt

1. Auflage Mai 2011
Copyright © 2011 by Rowohlt Verlag GmbH,
Reinbek bei Hamburg
Lektorat Isabell Trommer
Fotos im Innenteil Karla Schefter
Satz Documenta PostScript, InDesign
Gesamtherstellung CPI – Clausen & Bosse, Leck
Printed in Germany
ISBN 978 3 498 06419 8

Über jeden Berg gibt es einen Weg.
AFGHANISCHES SPRICHWORT

INHALT

PROLOG: KABUL – OKTOBER 2010 9

2002 EIN KRIEG, DER EINEN TAG SPÄTER ANFÄNGT 17

2003 DER KLEINE PRINZ IM ISAF-CAMP 37

2004 GARAGEN ALS WAHLLOKAL FÜR FRAUEN 77

2005 EXPLOSIONEN, ENTFÜHRUNGEN UND BÖSE GEISTER 107

2006 DIE GROSSE DEPRESSION 137

2007 MULLAHS BETEN NICHT MEHR FÜR DIE REGIERUNG 177

2008 FLUCHT AUS DER PROVINZ 203

2009 LEBEN MIT VIELEN TOTEN 213

2010 SOLDATEN BEDEUTEN GEFAHR 225

EPILOG: DIE HOFFNUNG GEHT IMMER VOR MIR HER 241

PROLOG:
KABUL – OKTOBER 2010

Ein Gefängnis ist es, in dem ich sitze. Die Fenster meines Zimmers haben zwar keine Gitter, aber dennoch kann ich nicht dorthin, wo es mich hinzieht, wo ich gebraucht werde. Der kleine Fernseher läuft. Nicht leise, nein, laut genug, damit ich die Geräusche nicht hören muss, das schreckliche Abfeuern der Kalaschnikows, Detonationen, die Sirenen von Polizei- und Krankenhauswagen, die irgendwo in der Stadt einen Toten gefunden haben. AOG (Armed Opposition Group; bewaffnete Oppositionsgruppen) gegen ANP (Afghan National Police), Taliban gegen Taliban. So genau weiß man es nicht immer. Manchmal wird nur geschossen, weil eine Hochzeit gefeiert wird und es üblich ist, Freudenschusssalven abzufeuern.

Meine Ängste sind meine Kriegstraumen.

In den «Security Reports», die ich erhalte, kann ich nachlesen, welche Anschläge täglich verübt werden, in Kabul oder in der von Amerikanern kontrollierten Provinz Wardak, dort, wo ich vor über zwanzig Jahren ein Krankenhaus für die Menschen von Afghanistan aufgebaut habe, aber auch in anderen Regionen des Landes. Siebzehn sind es in einer Woche in der Hauptstadt, doppelt so viele in Wardak. Die Berichte mag ich kaum noch anschauen, sie werden länger und länger.

Afghanistan und seine Kriege sind in meinem Kopf, in meiner Seele, in meinem Herzen. Manchmal möchte ich einfach nur an etwas anderes denken, an Maulbeerbäume, unter denen man Tee trinken und süße Früchte essen kann. Diese Zeit gab es einmal, doch sie ist momentan für mich vorbei. Ich hoffe, nicht für immer.

Natürlich haben die Kriegsereignisse Schädigungen hinterlassen. Die Älteren unter den Afghanen erfuhren von Kindheit an nur Grausames. Flüchtlingsdasein, getötete Familienmitglieder, Folterungen, Vergewaltigungen, unbegründete Inhaftierungen, verbrannte Häuser. All das haben sie allein verarbeiten müssen. Sie wurden und werden nicht wie die ausländischen Soldaten, die am Hindukusch eingesetzt sind, psychotherapeutisch behandelt, man fliegt sie nicht in sichere Zonen aus. Sie müssen bleiben und selbst mit ihren Ängsten, Traurigkeiten, Aggressionen und Depressionen fertigwerden, ohne eine gezielte Betreuung – man schätzt, dass siebzig Prozent der Afghanen depressiv sind. Zerstörte Menschen aber kann man nicht wieder aufbauen wie ein zusammengefallenes Kartenhaus; ein amputiertes Bein oder ein mit allen Besitztümern verbranntes Wohngebäude. «Aufbauhilfe», das klingt in diesem Land der ewigen Kriege seltsam. Die Menschen, die den Zweiten Weltkrieg oder die Nachkriegszeit erlebt haben, werden vielleicht ahnen, wovon ich spreche.

An der Tür, die immer offen steht, höre ich ein Räuspern. Es ist Dr. Eesan, der medizinische Direktor unseres Krankenhauses in Chak-e-Wardak. Er gehört zum Führungsteam des Hospitals, und zusammen mit Ghulam Mohammed und Matiullah, die in der Verwaltung tätig sind, und dem Oberapotheker Mohammed Isaak ist er aus der Provinz angereist, um mich in meiner Kabuler «Zelle» aufzusuchen. Zu gefährlich wäre es, würde ich vor Ort sein, in Wardak. Dennoch soll das Hospital weiterexistieren, andernfalls wäre die jahrelange Arbeit umsonst gewesen, und die Menschen in dieser Region hätten keine medizinische Versorgung mehr.

Dr. Eesan, der am häufigsten zu mir kommt, ist müde von der dreistündigen Fahrt. Dennoch gehen wir konzentriert alle anliegenden Fragen durch: Welche Medikamente müssen bestellt werden? Gibt es Personalprobleme? Werden alle Patienten richtig behandelt? Sind darunter Kriegsverletzte? Und immer wieder hoffen wir, dass wir keine Zerstörungen verbuchen müssen, die zwangsläufig von den Taliban verursacht werden, wenn US-Soldaten unter den Patienten des Krankenhauses nach Extremisten suchen. Zu meinen eigenen Schutzmaßnahmen gehört auch mein unfreiwilliges Exil, mein Zimmer in Kabul. In den vergangenen zwei Jahrzehnten habe ich in der afghanischen Provinz Pionierarbeit geleistet, ohne dass ich in Wardak in großer Gefahr war. Das hat sich fundamental geändert.

Ich kam aus Pakistan, hatte in den Flüchtlingslagern gearbeitet, hatte als Frau keine Probleme mit den Dorfältesten, arrangierte mich mit den Mudschaheddin, sogar mit den Taliban. Als diese 2001 entmachtet wurden und die Amerikaner das Land besetzten, begann eine Entwicklung, die gut hätte verlaufen können, sich aber unheilvoll gestaltete, weil insbesondere in den Provinzen vieles falsch gemacht wurde. Nach dem Sturz der Taliban waren die Erwartungen zu hoch, in Afghanistan hätte man nicht nur kleine Schritte gehen müssen; sondern die allerkleinsten.

Die Fehlentwicklung führte dazu, dass ungefähr seit Mitte 2007 etwas begann, was es vorher in dem Land nicht gab. Dazu gehört das Kidnapping, die Entführung von Personen, um Geld zu erpressen, dazu zählen Selbstmordattentate und ferngesteuerte Minen.

Als Frau aus Deutschland, aus einem NATO-Land, das mit den USA verbündet ist, bin ich ein prädestiniertes Opfer. Die deutsche Botschaft in Kabul bat mich in einem Schreiben, der Provinz Wardak fernzubleiben oder dorthin nur in Begleitung von Soldaten zu fahren, französischen oder türkischen. Dies lehnte ich ab, da NATO-Soldaten erst recht Gefahren auf sich zogen.

Vorausgegangen war diesem Schreiben ein Überfall auf Angestellte der deutschen Botschaft, die nach Chak kommen wollten. Sie waren mit zwei gepanzerten Autos unterwegs gewesen, ein Fehler. Ich hatte ihnen angeboten, unseren Pick-up zu schicken, der weniger Aufmerksamkeit erregen würde, das erschien ihnen aber zu unsicher. Damit dennoch alles gut verlief, sollten Security-Leute von unserem Krankenhaus die beiden gepanzerten Wagen begleiten, und zwar von dem Moment an, wo sie sich auf freiem Feld befanden. Plötzlich wurden unsere Sicherheitsmänner beschossen, die Botschaftsfahrer, die das mitbekommen hatten, konnten gerade noch rechtzeitig umdrehen und flüchten. Unsere Leute sprangen aus ihrem Pick-up, der kurz darauf von einer Panzerfaust getroffen wurde. Das Gefährt war nicht mehr zu gebrauchen, ein ausgebranntes Gerippe blieb zurück.

Da es früher keine Handys gab, konnten Überfälle strategisch nicht in der Weise geplant werden wie heute. Sichtet ein Extremist auf den Ausfallstraßen von Kabul ein Auto, das in seinen Augen verdächtig ist, kann er übers Mobiltelefon sofort mit anderen in der nächsten Ortschaft kommunizieren und entsprechende Maßnahmen organisieren. Etwa einen Anschlag, einen Überfall, einen Mord planen. Ein solches Opfer wollte ich nicht

PROLOG

werden. Und noch weniger wollte ich meine Begleiter gefährden, da ich nie allein unterwegs bin.

Einmal noch wagte ich mich nach meinem Umzug vor zwei Jahren ins Hospital. Ich hatte den Kommandanten der Provinz Wardak gefragt, ob er mir helfen könne, von Kabul nach Chak zu gelangen. Er ließ vermelden, dass ich sagen solle, wie seine Hilfe auszusehen habe. Ich erinnerte mich an die Mudschaheddin-Zeiten, in denen man auch nur in bewaffneter Begleitung reisen konnte. Und so saß ein afghanischer Polizist in Zivil neben mir, die Kalaschnikow in einer Decke versteckt. Während der gesamten Fahrt hatten wir immer wieder Telefonkontakt zum Polizeizentrum der Region. Probleme gab es keine, ich gelangte ebenso gut zurück. Doch kurz nach unserer Reise änderte sich die Lage. Die Terroristen fingen an, jedes Auto zu durchsuchen. Wir konnten also auch nicht mehr mit einem Zivilpolizisten reisen.

Seit 2001 ist viel Geld nach Afghanistan gekommen. Geld, mit dem die wechselnden Taliban-Anführer ihre Macht zementieren wollten. Geiselnahmen sind für sie eine Möglichkeit, sich zu bereichern. Es gibt noch andere Maßnahmen. Zwei Kriminelle überfielen mich nachts, ich sollte den Safe öffnen. Als sie in diesem kein Geld vorfanden, mussten sie mich demütigen. Sie hätten mich erschießen können, aber sie wählten eine andere brutale Form: Mir wurde Gewalt angetan.

Es passierte in der Dunkelheit. Nie zuvor hatte ich Angst vor ihr, jetzt fürchte ich mich vor ihr. Noch in Chak ließ ich danach jede Nacht, wenn der Strom ausgeschaltet war, eine Notleuchte brennen, um mit ihrem diffusen Licht die bedrohliche Finsternis erträglicher zu machen. Hier, in Kabul, kann ich auch nur bei Licht schlafen. Wenn ich wach liege, muss ich oft an ein Erlebnis aus meiner Kindheit denken, es erscheint mir in meinem «Gefängnis» wie aus einer anderen Welt. Ich hatte etwas ausgefressen, was genau, weiß ich nicht mehr, und zur Strafe sperrte mich meine Mutter in den dunklen Keller unseres Hauses ein. Für mich bedeutete es aber keine Strafe, allein in dem düsteren Raum zu sein, nicht eine Sekunde fühlte ich mich unwohl oder gruselte mich gar. Stattdessen bestrafte ich meine Mutter und steckte Hobelspäne, von denen ich wusste, dass sie zusammen mit Staub und Dreck in einer Ecke zusammengekehrt lagen, durchs Schlüsselloch.

So mutig werde ich nie wieder in der Dunkelheit sein. Ich ertrage sie nicht mehr.

«Warum gehst du überhaupt noch nach Afghanistan?» Freunde stellen mir immer wieder diese Frage. «Es ist doch sowieso alles hoffnungslos.»

Nein, das ist es nicht. Die Menschen, für die wir das Krankenhaus gebaut haben, sie leben und träumen von einer besseren Welt. Meine Mitarbeiterinnen freuen sich über jeden Lippenstift, den ich ihnen aus den Sachspenden übergeben kann. Sie machen sich zurecht, bevor sie ihre Arbeit aufnehmen, schminken sich, tragen Pumps, auch wenn die Absätze schon längst abgelaufen sind. Die Männer putzen jeden Tag ihre Schuhe. Nie käme es ihnen in den Sinn, mit schmutzigen Stiefeln das Hospital zu betreten. Und die Patienten nehmen weite Wege auf sich, um zu uns zu kommen, weil sie wissen, dass hier ihre Traditionen respektiert werden, dass sie für einen stationären Aufenthalt nicht bezahlen müssen. Wäre es anders, würden sie zu keiner Behandlung gehen können, weil sie nicht das nötige Geld haben. Gäbe ich auf, würde sich dies zuerst ändern. Das Krankenhaus würde weiter existieren, aber anders.

Hinzu kommt, dass es nicht meinem Verständnis von Hilfe

entspricht, einmal Begonnenes aufzugeben. Nicht nach so vielen Jahren, selbst wenn es aussichtslos erscheint. Man kann nicht einfach verschwinden, nur weil es zu kompliziert oder zu gefährlich wird.

Vor einigen Monaten fragte mich ein Türke, der lange in Afghanistan lebte, was ich denn von US-Soldaten halte. «Gar nichts», antwortete ich. Woraufhin er sagte: «Ja, das sehe ich genauso. Die kennen die Menschen dort nicht, vielleicht haben sie ein oberflächliches Verständnis, aber sie kennen die Mentalität der Afghanen nicht. Sie wissen nichts über ihre Traditionen. Und dennoch wollen sie sie verändern.»

Ich konnte ihm nur zustimmen. Seit dem Sturz der Taliban erlebte ich dies Jahr für Jahr.

KABUL – OKTOBER 2010

2002 EIN KRIEG, DER EINEN TAG SPÄTER ANFÄNGT

Kurz bevor islamistische Terroristen Flugzeuge in das World Trade Center lenkten, erschütterte uns in Chak etwas anderes. Taliban brachten eines Tages eine junge Frau in unser Krankenhaus, schwer verletzt.

Schwester Tahera, die sich sonst nicht so leicht aus der Ruhe bringen ließ, rannte in mein Büro und rief aufgeregt: «Ein Mädchen! Sie ist angeschossen worden!» Sofort eilte ich in die Notaufnahme.

«Was ist passiert?», fragte ich.

Dr. Zakina, unsere Frauenärztin, klärte mich auf: «Das Mädchen ist mehrmals von einer Kalaschnikow getroffen worden. Fahima heißt sie. Vermutlich ist es der Vater oder der Bruder gewesen. Vielleicht kommen auch beide als Täter in Frage. Man hat sie mit einem Mann erwischt, dem sie nicht versprochen war.»

«Wie alt ist das Mädchen?», fragte ich. «Siebzehn. Mehrere Kugeln haben sie durchbohrt.»

Es war unfassbar: Ein Vater wollte seine eigene Tochter töten, ein Bruder hatte ein ähnliches Interesse. Doch ich wusste, dass dies der Ehrenkodex der afghanischen Gesellschaft verlangte, wenn eine Frau untreu wurde.

«Woher hatten die beiden Männer die Kalaschnikow?» Nach

Anordnung der Taliban durfte die Zivilbevölkerung keine Waffen besitzen.

Dr. Zakina und Schwester Tahera zuckten mit den Achseln, sie wussten darauf keine Antwort.

«Und was ist mit dem Freund des Mädchens?», fragte ich weiter.

«Tot», erwiderte Dr. Zakina. «Ebenfalls mehrmals angeschossen. Fahimas Bruder soll ihn getötet haben. Die Taliban, die das Mädchen zu uns gebracht haben, sagten mir noch, der Vater habe damit gedroht, seine Tochter umzubringen, sollte sie das Krankenhaus lebend verlassen.»

Stundenlang wurde Fahima operiert, doch da es ihr auch danach nicht gutging und wir keine Möglichkeit sahen, ihr weiter helfen zu können, wollte der Chirurg, der die Eingriffe vorgenommen hatte, sie nach Kabul verlegen. Wir gaben den Taliban, die das Mädchen gebracht hatten, Bescheid, dass wir eine Verlegung als sinnvoll erachten würden. Ihre Antwort: «Nein, sie ist in Chak verletzt worden. Wenn sie stirbt, dann stirbt sie hier.» Ein deutscher Journalist, der gerade zu Besuch war und dies mitbekam, war so schockiert über die Ablehnung und die Drohung des Vaters, dass er sagte:

«Wenn Sie es schaffen, Fahima nach Kabul zu bringen, dann kann ich dafür sorgen, dass sie in Pakistan weiterbehandelt wird. Dort könnte sie untertauchen und wäre sicher vor ihrer Familie.»

«Nein, das kann ich nicht unterstützen», erwiderte ich. «Wenn ich das tue, gegen den Willen der Taliban, gefährde ich das ganze Krankenhaus.»

Der Journalist schüttelte den Kopf. «Das kann ich nicht verstehen. Wie können Sie so denken? Was wird dann aus dem Mädchen?»

2002

Darauf wusste ich nichts zu sagen. Aber ich konnte nicht riskieren, die Behandlung von Tausenden von Patienten zu gefährden, um ein Leben zu retten. Die Taliban durfte ich mir nicht zum Feind machen, das hatte für mich oberste Priorität, um weiter nach meinen Vorstellungen arbeiten zu können.

Fahima überlebte entgegen allen Prognosen. Sie lag in ihrem Bett, ihre großen Augen blickten schwermütig in die Welt. Sie wusste, dass sie keine Perspektive hatte, wollte nicht mehr atmen und verweigerte schließlich das Essen. Wir mussten sie zwangsernähren. Und da wir die Drohung des Vaters ernst nahmen – er konnte Amok laufen und mit seiner Kalaschnikow auf den einzelnen Stationen herumballern –, baten wir die Taliban, das Krankenhaus zu beschützen. Auf diese Weise mussten wir die Verantwortung für die Sicherheit des Mädchens nicht übernehmen. So absurd es war, sie sagten uns ihren Schutz zu, gaben uns zu verstehen, dass sie das Hospital nicht betreten würden, wie wir es gefordert hatten.

Am 11. September 2001 erfuhren wir über BBC London, was in New York passiert war. In der gleichen Sekunde wusste ich, dass die Amerikaner reagieren würden. Sie hatten schon Raketen nach Afghanistan geschickt, in die Provinz Khost, die unterhalb von Kabul an der Grenze zu Pakistan liegt. Es hatte deswegen in der Hauptstadt eine Riesendemonstration gegeben. Augenblicklich tätigten wir alle notwendigen Einkäufe für das Hospital, und ich ordnete das an, was vor dem Einbruch des Winters noch zu erledigen war. Doch erst eine Woche später erhielt ich über Satellitentelefon einen Anruf aus Deutschland, von unserem Komitee. Ich hatte früher damit gerechnet. In dem Gespräch wurde ich gebeten, sofort das Land zu verlassen, ich sei die letzte Deutsche in Afghanistan – das Auswärtige Amt hatte mich, die in der Provinz tätig war, glatt vergessen. Inzwischen waren alle Ausländer evakuiert, viele Afghanen geflüchtet. Als ich sagte, ich bräuchte noch einen Tag, um dies und das zu bewerkstelligen, ich konnte ja nicht alles stehen und liegen lassen, sagte man, es ginge nicht, jede Stunde würde zählen. Man befürchtete eine Geiselnahme mit Lösegeldforderungen.

Ich nahm meinen Seesack, mit dem ich immer reise, packte ihn und gab den Mitarbeitern letzte Anweisungen. Der Abschiedsrundgang durchs Krankenhaus führte mich auch an Fahimas Bett. Dem Mädchen sagte ich: «Ich komme so schnell wie möglich wieder, ich verspreche es.» Anschließend nahm ich die Mitarbeiter in die Pflicht, versuchte ihnen Halt und Hoffnung zu geben. Sie sollten nicht das Gefühl haben, dass jetzt alles verloren sei.

Karim, unser Fahrer, und unser Administrator Naseer brachten mich am nächsten Morgen gegen fünf Uhr über Kabul – die Stadt war gespenstisch leer, kein ausländisches Auto, keine UN-Mitarbeiter – an die pakistanische Grenze. Zuvor musste Karim unser Auto zusammenmontieren. Nach den Ereignissen im September 2001 war er so klug gewesen, Teile aus ihm herauszubauen, damit es von den Taliban nicht als Fluchtauto benutzt werden konnte. In den vergangenen Jahren waren wir nie geplündert worden, daran sollte sich nichts ändern.

An einer Ausfallstraße von Kabul stand ein letzter Taliban-Posten. Die Männer hielten uns an, und man wollte mich ins Gefängnis bringen. Sie hatten Order dazu, sollte noch ein Ausländer bei ihnen auftauchen. Die Überredungskünste meiner Begleiter bewirkten zum Glück, dass wir weiterfahren konnten.

Den größten Teil des Winters blieb ich in Deutschland, doch schon im Februar flog ich zurück. Die Nachrichtenlage wie auch die Berichte der Mitarbeiter des Hospitals ließen mich zu dem

Entschluss kommen, dass eine gewisse Euphorie in Afghanistan herrschte, dass keine unmittelbare Gefahr mehr drohte.

KRIEG BEDEUTET IMMER ZERSTÖRUNG

So früh im Jahr hatte ich mich noch nie aufgemacht, um nach Chak zu gelangen. Die Landschaft war mit Schnee überdeckt, eine wattige Weite tat sich vor mir auf, als ich Anfang 2002 eines Morgens in unserem Toyota neben Karim und Naseer saß, die mich in Kabul abgeholt hatten. Das Internationale Rote Kreuz (ICRC) hatte den Wagen 1994 ausrangiert und uns gespendet, ein an sich robustes Gefährt mit Vierradantrieb.

Obwohl wir für den Toyota Schneeketten besaßen, hatte Karim vergessen, sie aufzuziehen. Das war typisch, dachte ich nur. Und so schlitterten wir bei Schneeregen auf der mit Glatteis überzogenen Straße gefährlich hin und her. Die Höhensonne musste am Tag zuvor die oberste Schneeschicht zum Schmelzen gebracht haben, nachts war alles wieder gefroren. Zum Glück gab es fast keinen Gegenverkehr.

Die Heizung ging natürlich auch nicht, wobei das eigentliche Problem war, dass ich mich nicht auf diese lausige Kälte eingestellt hatte. Ich kannte sie nicht, normalerweise traf ich im wärmeren Frühling im Hospital ein – und verließ es vor Einbruch des Winters.

In diesem Moment wünschte ich, ich hätte einen Mantel eingepackt oder eine wattierte Jacke. Doch ich trug nur einen afghanischen Umhang, einen Patu, über meiner Kleidung. Das war zu wenig. Ich fror erbärmlich, und bei der Vorstellung, dass sich in den nächsten drei Stunden – so lange dauerte die Fahrt – nichts an diesem Zustand ändern würde, fror ich noch mehr.

«Kann man die Heizung nicht doch irgendwie in Gang bringen?», fragte ich Karim.
«Nein.»
«Wirklich nicht?»
«Nein.»
Noch ein paarmal wiederholte sich dieser Dialog. Die Sturheit der Afghanen konnte mich manchmal zur Verzweiflung bringen. Schließlich entdeckte ich im Wagen eine Decke von der Bundeswehr. Als ich sie über mir ausbreitete, stob eine Dreckwolke hoch. Sie war wohl schon lange nicht mehr ausgeschüttelt worden.

Plötzlich hielt Karim.
«Was ist los?», fragte ich.
«Nichts», antwortete er.
Er hantierte an etwas herum, und auf einmal lief die Heizung. Es war besser, dass ich dazu keine spitzfindige Bemerkung machte. Also hielt ich meinen Mund und starrte auf die Straße vor uns.

Endlich erreichten wir das Hospital in Chak. So warmherzig die Begrüßung ausfiel, das Kälteproblem setzte sich trotzdem fort. Während meiner Monate in der afghanischen Provinz bewohnte ich ein kleines Zimmer. In Deutschland hätte man es sicher eingeheizt, sobald man wusste, dass jemand erwartet wurde, nicht so in Afghanistan. Zwar entdeckte ich keine Eisschichten an den Wänden, aber es hätte mich nicht gewundert, wenn mein Atem sich augenblicklich in Kristalle verwandelt hätte. Und der Dieselofen, der in dem Raum stand, schien sich über meine Ankunft überhaupt nicht zu freuen. Zwei Tage brauchten wir, um ihn zum Brennen zu bringen, und als es schließlich geschafft war, musste so viel Dieselöl in ihn hineingelaufen sein, dass er fast explodiert wäre. Zudem stank es so penetrant nach Öl, dass ich das Fenster öffnen musste. Sehr kontraproduktiv, wenn ich der Kälte so wieder Einlass gewährte. So lag ich frierend in meinem Bett, die Decke bis zur Nasenspitze hochgezogen, schon um fünf Uhr nachmittags, weil es draußen um diese Zeit stockdunkel war und man nichts mehr machen konnte. Der Generator, der das Krankenhaus mit Elektrizität versorgte, war auch nicht sonderlich zuverlässig – ich konnte zeitweise nicht mal mehr lesen, einzig Musik hören, solange die Batterien hielten. Ich wusste, warum ich nicht im Winter in Chak sein wollte. Aber es mussten Gelder übergeben werden, die ich aus Deutschland mitgebracht hatte. Auch wollte ich sehen, was der Sturz der Taliban für das Land, die Provinz Wardak, für das Hospital bedeutete.

Nach den Anfangsschwierigkeiten fand ich endlich Zeit, mich um die Menschen zu kümmern, die ich im vergangenen Jahr Hals über Kopf verlassen hatte. Was war aus Fahima geworden? Hatte man sie wirklich getötet? Die Taliban waren nicht mehr an der Macht. Hatte das einen Einfluss auf das Verhalten des Vaters gehabt?

Als ich nach dem Mädchen fragte, sagte Schwester Tahera, man habe sie irgendwann nach Hause gefahren, mit Lähmungen, sie sei behindert und zu einem normalen Leben nicht mehr fähig. Ihre Mutter und ihre Schwestern würden sich nun um sie kümmern.

«Man hat sie also nicht getötet? Es ist ihr tatsächlich nichts passiert?»

Der Vater hat sie nicht umgebracht, wie er es angedroht hatte. Letztlich waren es Menschen, die nach bestimmten Traditionen handelten. Und doch waren diese nicht vollkommen berechenbar. Manchmal war es schon erstaunlich, was man alles bewerkstelligen konnte. Das zeigte sich dann auch in einem anderen Fall. Während meiner Abwesenheit hatte ein junges Mädchen ein uneheliches Kind in unserer Klinik geboren. Normalerweise wird ein solches Baby sofort getötet. Sosehr man es auch versuchte, die Eltern des Mädchens wollten den Säugling keinesfalls akzeptieren, dennoch gelang es Tahera, die Angelegenheit auf sehr geschickte Weise zu lösen. Sie sprach ein ihr bekanntes Ehepaar an, das keine Kinder bekommen konnte und sehr darunter litt. Es nahm den Jungen bei sich auf. Hier zeigte sich: Vieles muss man den Afghanen selbst überlassen, sie kennen sich in ihrer Gesellschaft besser aus und wissen, wie sie mit bestimmten Problemen umzugehen haben. Besonders von den Amerikanern wurde das häufig missachtet oder gar nicht in Betracht gezogen. Ähnliches gilt für den Fall einer anderen jungen Frau namens Parwin. Nach afghanischer Tradition hatten die Eltern ihren zukünftigen Mann ausgesucht, lange Verhandlungen um den Brautpreis waren vorausgegangen. Noch bevor die beiden jungen Menschen verheiratet waren, verlor Parwin ihren Mann an den «Heiligen Krieg». Als Märtyrer war er in der Mudschaheddin-Zeit gestorben. Die Nicht-Braut war aber nicht mehr jungfräulich, sondern erwartete ein Kind. Mit heftigen Übelkeitsattacken und ängstlichen, weit aufgerissenen Augen kam sie in Begleitung ihrer Mutter zu uns ins Hospital. Nichtverheiratete Paare, die unter den «Gotteskriegern» und auch den Mudschaheddin beim Vollzug des Liebesakts erwischt wurden, mussten damit rechnen, offiziell zu Tode gesteinigt zu werden. Die Mutter, die von dem ungeborenen Kind wusste, hatte um Hilfe gebeten. Sie wollte verhindern, dass ihrer Tochter ein solches Schicksal widerfuhr. Aber was konnten wir tun? Es war uns nicht erlaubt, Schwangerschaftsabbrüche vorzunehmen, ich wäre bei Aufdeckung eines solchen Eingriffs des Landes verwiesen worden. So gaben wir Parwin ein Wehen auslösendes Mittel in einer Infusion, die sie zu Hause anlegen sollte. Auf Nachfragen hin hätten wir behaupten können, dass wir mit dem, was in den vier Wänden der Frauen geschah, nichts zu tun hätten. Aber der nächste Tag zeigte kein Resultat. Schließlich wusste ein Arzt von uns eine Adresse in Kabul. Die junge Frau entging so der Steinigung.

Nun hieß es, alle notwendigen Arbeiten zu erledigen, die Gelder zu übergeben, von denen auch die Gehälter gezahlt werden sollten. Nach und nach erfuhr ich, dass es in unserer Provinz nicht nur einen Gouverneur gab, wie in den Jahren zuvor, sondern zwei. Da sich die beiden Männer sehr schnell zerstritten hatten, bekämpften sie sich seitdem. Jeder wollte der Mächtigere sein. Am Ende meines Aufenthalts fuhren die Gegenspieler auch ihre schweren Geschütze oberhalb des Krankenhauses auf.

Oft dachte ich in diesen Wochen darüber nach, was sich in den vergangenen Jahren in Afghanistan ereignet hatte. Als die Taliban-Herrschaft anfing, wussten weder meine Mitarbeiter noch ich, was sie mit sich bringen würde. Schließlich wurde deutlich: Man hatte nichts gegen unser Krankenhaus, man war mit uns «zufrieden», weil das Hospital an die afghanische Gesellschaft angelehnt war. In ihren Augen hatten wir ihre Familienstruktur nicht angetastet. Wir forderten nicht, dass die Frauen ohne Burka-Ganzschleier außer Haus gingen, wollten sie nicht belehren oder gar westlich aufklären. Die Frauen wie auch die Männer, die bei uns arbeiteten, waren gläubig, aber angenehm gläubig – und so reagierten die Menschen in der Umgebung offen und zugewandt auf uns.

Ich selbst trage in diesem Land immer einen Kopfschleier, es macht mir nichts aus. Viele aus dem Westen meinen: «Das haben Sie doch gar nicht nötig.» Wenn ich mich in der Provinz jedoch ohne Kopfschleier bewege, dann verlasse ich die Gesellschaft. Es ist wichtig, das Gegenüber anzuerkennen, die Menschen, mit denen ich zu tun habe, in ihren Gefühlen und Traditionen ernst zu nehmen. Da ich viel mit afghanischen Männern zusammen bin und ihnen auch Befehle erteile, muss ich so auftreten, damit sie mich respektieren. Das ist nur mit Schleier möglich. Sie sollen sich, wenn sie mich bei offiziellen Anlässen begleiten, nicht meiner schämen. Natürlich bin ich ihnen auch hin und wieder ausgeliefert, aber letztlich ist entscheidend, sich mit dem zu arrangieren, was gegeben ist. Man kann sich nicht aufspielen, auf emanzipatorischen Errungenschaften beharren. Das alles immer hinzubekommen, ist nicht einfach, zum Teil muss ich meine eigene Identität verstecken, ja verleugnen.

Seit 1990 war ich in Chak die einzige Ausländerin. Hätte es vor Ort auch nur einen deutschen Mann gegeben, in welcher Position auch immer, aus dem Krankenhaus wäre nie etwas geworden. Automatisch hätten sich die afghanischen Männer an ihn gewandt, nicht an mich. Ich konnte das Hospital nur so weit bringen, weil ich allein und mit dem notwendigen Einfühlungsvermögen für die Afghanen ausgestattet war. Der deutsche Reiseschriftsteller Andreas Altmann schrieb einmal über mich: «Sie hat die Gabe, die Temperatur eines Landes messen zu können.»

An den Menschen, die mich seit langem begleiteten, konnte ich beobachten, wie die Erfahrung von Leid und Krieg über Jahrzehnte sie vorsichtiger, empfindlicher, auch ängstlicher gemacht hatte. Sie konnten die Konsequenzen einschätzen – eine Gesellschaft in permanentem Kriegszustand verroht, wird brutaler. Sie ist kein Rechtsstaat mehr, jeder weiß, dass man sehr schnell im Gefängnis landen oder getötet werden kann.

Und nun sollte durch den Einzug der Amerikaner alles anders werden? Demokratischer, offener, liberaler? Ich konnte es mir nur schwer vorstellen.

Krieg bedeutet immer Zerstörung. Und mit jedem Krieg, der in Afghanistan geführt wurde, erlitt das Land, erlitten die Menschen Wunden, die sich nicht mit gepanzerten Armeewagen oder Hilfsorganisationen schließen ließen. Schon gar nicht, wenn sie einzig von der Hauptstadt Kabul aus operierten – und das zeichnete sich bereits ganz am Anfang ab.

Sicher, auch ich wollte Wunden schließen, Menschen helfen, die anfangs gemeinsam gegen die sowjetischen Besatzer kämpften, dann in einen Bruderkrieg gerieten. Mit den Mudschaheddin brach ein Bürgerkrieg aus, der mit allen Mitteln geführt wurde. Jede Partei wollte die Macht im Land an sich reißen.

Damals, am 28. März 1989, flog ich mit Pakistan International Airlines nach Peschawar. Zuvor war ich als leitende OP-Schwester im Bereich der Allgemein- und der Herzchirurgie tätig gewesen, und oft konnte ich das glückliche Gefühl erleben, wenn wir in einem hochkonzentriert arbeitenden Team Leben retteten, selbst wenn kaum noch Hoffnung bestanden hatte. Das macht demütig. Nie wollten wir einen Kampf verlieren. Und wahrscheinlich wäre ich in diesem Beruf geblieben, wenn ich nicht eines Tages eine Annonce in einer Zeitschrift gelesen hätte. Es war der Aufruf einer deutschen Hilfsorganisation, notleidenden afghanischen Flüchtlingen zu helfen. Da ich selbst in einen Krieg hineingeboren wurde, 1942 im nationalsozialistischen Deutschland, und schließlich mit meiner Mutter von Ostpreußen über Wismar nach Hamburg flüchten musste, hatte ich am eigenen Leib erfahren, was es bedeutete, auf der Flucht zu sein. Ich entschied mich, dieses Wagnis einzugehen. Mit sechsundvierzig Jahren hielt ich ein Flugticket in die pakistanische Hauptstadt in der Hand, nahm ein Jahr unbezahlten Urlaub. Aus einem Jahr wurden zweiundzwanzig Jahre, bis heute.

Nach der Arbeit in einem afghanischen Flüchtlingscamp an der Grenze zwischen Pakistan und Afghanistan und mobilen Einsätzen in Afghanistan, bei denen ich erfuhr, wie Menschen mit anhaltenden Kriegsbedingungen fertig wurden, war ich überzeugt davon, dass ich etwas Nachhaltiges tun musste. Schritt für Schritt wurde das Projekt «Chak-e-Wardak-Hospital» entworfen, aufgebaut und weiterentwickelt. Rund fünfundsiebzig Kilometer südlich von Kabul liegt das Krankenhaus, in einem Hochtal, ungefähr drei Autostunden von der Hauptstadt entfernt (bei einer Durchschnittsgeschwindigkeit von fünfundzwanzig Stundenkilometern). Heute hat es sechzig Betten mit jährlich über 80 000 ambulanten und stationären Patienten. Die Liegezeiten sind bei uns sehr kurz, in Deutschland käme Freude auf. Bedingt durch die pflegebereiten Großfamilien bleiben die Patienten keinen Tag länger als nötig. Ausgestattet ist das Hospital weiterhin mit zwei OP-Räumen, einer Röntgenabteilung, Ultraschall, Physiotherapie, EKG, Apotheke, Labor, Impfzentrum, Gesundheitserziehung, Küche, Bäckerei sowie einer Wäscherei. Den Strom erzeugen wir selbst durch einen Generator, mittlerweile werden die laufenden Kosten des Krankenhauses vollständig aus privaten Spenden finanziert.

DER WESTEN KAUFT DIE FRAUEN

Die Unterschiede zur Taliban-Zeit waren greifbar. Seit 2002 wurde viel Geld in Afghanistan investiert, immer mehr Menschen kamen in das Land, die Preise stiegen rasant an. Jede Nicht-Regierungs-Organisation (NGO), die sich nach dem 11. September 2001 neu in Kabul niederließ, brauchte unbedingt ein eigenes Haus, Autos und Computer. Man riss sich in der Hauptstadt regelrecht um die noch gut erhaltenen Gebäude in zentraler Lage, denn achtzig Prozent waren durch die vergangenen Kriege zerstört.

Einige Beispiele: Früher konnte ich im Haus der Caritas in Kabul stets kostenfrei übernachten und essen, die Caritas selbst musste für das Gebäude eine Miete von 300 Dollar pro Monat zahlen. Nach dem Sturz der Taliban waren es 2700 Dollar, und seit 2004 verlangte der Eigentümer gerne mal 6000 Dollar. Die Caritas zog aus, und damit hatte ich erst einmal keine günstige Übernachtungsmöglichkeit mehr – und die brauchte ich, um die Spendengelder hauptsächlich dem Krankenhaus zukommen zu lassen. Ein mir seit langer Zeit bekannter Afghane, der beim Internationalen Roten Kreuz arbeitete, musste sein kleines gemietetes Haus verlassen, da eine NGO dafür 1000 Dollar Miete bot. Das Swedish Committee for Afghanistan zahlte für seine verschiedenen Gebäude eine Gesamtmiete von 25 000 Dollar. So verbrauchten sich viele Gelder der NGOs, indem viele private Taschen gefüllt wurden. Die Hausbesitzer selbst lebten zumeist im Ausland, das Geld, das sie aus ihren Mieteinnahmen erzielten, gaben sie zum größten Teil auch wieder im Ausland aus, wovon Afghanistan nichts hatte.

Amnesty International zog sich übrigens aufgrund dieser Entwicklung wieder aus Kabul zurück.

Die NGOs rissen sich aber nicht nur um Gebäude, sondern auch um die Frauen. Die Taliban hatten die Ausbildung der Frauen für sechs Jahre mehr oder weniger vollständig unterbrochen – nur in Krankenhäusern wurden sie als Berufstätige geduldet. Und da nach dem 11. September viele weibliche Flüchtlinge mit ihren Familien aus Pakistan oder dem Iran nach Kabul zurückkehrten, erhielten Organisationen, die Frauen- und Kinderprogramme anboten, Geld, viel Geld. Das hatte zur Folge, dass viele andere Dinge vernachlässigt wurden. Die Bevölkerung auf dem Land spürte beispielsweise von dem großen Angebot in der Stadt kaum etwas. Mit anderen Worten: Nur wenige Organisationen waren bereit, sich in der Provinz zu engagieren. In ländlichen Regionen zu arbeiten, das hätte bedeutet, meist ohne Dusche auszukommen, also unter recht primitiven Umständen zu leben, es hieß aber auch, mit dem Alleinsein fertigwerden zu müssen. Davor schreckten die meisten zurück.

Dennoch blieb es für mich unverständlich, warum man sich einzig in Kabul tummelte – außer bei einigen Kurzprogrammen, die nicht länger als vierzehn Tage oder einen Monat dauerten. Denn die sträfliche Vernachlässigung der Provinzen schlug in den nächsten Jahren mit aller Macht zurück.

So brutal es sich auch anhören mag, in meinen Augen hatte man die Frauen regelrecht gekauft, insbesondere die wenigen gebildeten. Einer Lehrerin, die in Pakistan 15 000 Rupien bekommen hatte, verdoppelte man in Kabul das Gehalt. Und die Weiterbildungskurse, die man den Frauen finanzierte, wurden attraktiver, indem man für sie die Teilnahme bezahlte. Mit diesem Vorgehen verdarb man die Preise ein weiteres Mal. Warum, so überlegte ich, hatte man es nicht zur Auflage gemacht, dass junge Frauen, die gerade erst eine Ausbildung abgeschlossen hatten, zwei Jahre auf dem Land arbeiten mussten, bevor sie sich einen Job in der Hauptstadt suchen durften?

Zudem fragte ich mich, wie man in sechs Monaten – länger gingen die Kurse oft nicht – etwas aufholen wollte, was kaum aufzuholen war, wenigstens nicht im Instantverfahren. In bis zu diesem Zeitpunkt dreizehn Jahren Afghanistan hatte ich mehrere Regierungswechsel miterlebt, jeder ging einher mit Kampf, Plünderungen, Morden und Flüchtlingswellen, bei denen die Elite nach und nach außer Landes ging. In diesen Kriegszeiten konnte kein geregelter Schulunterricht stattfinden, keine allgemein anerkannte Qualifikation erreicht werden. Wird mit Raketen geschossen, bleibt die Bildung auf der Strecke. Und nun kam es mir vor, als würde man in den angebotenen Kursen Unterrichtsstoff für Abiturienten an Behinderte weitergeben. Dabei hat man in Deutschland Sonderschulen eingeführt, eine Extraförderung für Menschen, die geistige oder körperliche Probleme haben. Warum hatte man nicht auch in Afghanistan behutsamer und angemessener vorgehen können? Nein, es mussten gleich Computerschulungen sein oder andere Programme, die einen hohen Anspruch formulierten – dabei sind fünfundachtzig Prozent der afghanischen Bevölkerung Analphabeten.

Einmal hatte ich im Hospital eine Praktikantin, der ich die Aufgabe übertrug, eine proteinhaltige Suppe für die Patienten einzuführen. Sie hatte daraufhin eine Liste erstellt, in der sie Punkt für Punkt, Milligramm für Milligramm aufschrieb, wie man das Pulver anrührte. Was sollten Frauen, die weder lesen noch schreiben konnten, damit anfangen? Sie waren überfordert. Als ich erklärte und zugleich demonstrierte, dass ein halbes Glas eine Portion sei und ein volles zwei, verstanden es alle. Und selbst für die Mitarbeiterinnen, die in der Lage sind, einen

Text zu lesen, ist es schwierig: Man muss nur daran denken, wie schwer es einem selbst manchmal fällt, eine Bedienungsanleitung zu verstehen.

Ich bin froh, wenn ich in Chak Frauen finde, die lesen und schreiben können. Mehr kann ich nicht voraussetzen. Die Taliban hatten die Mädchen- und Frauenbildung zu lange unterbrochen. Das alles ignorierend, setzte man bei den Afghanen zu viel voraus.

In diesem Winter / Frühjahr 2002 lernte ich einen deutschen Städteplaner kennen, der Kabul sanieren sollte. Er war völlig begeistert, meinte, seine Aufgabe sei ganz einfach, man müsse die Hauptstadt nur in einzelne Viertel teilen, danach würde man sie nach und nach sanieren. Einen Monat später sagte er mir frustriert: «Meinen Mitarbeitern musste ich erst einmal beibringen, wie man eine Akte anlegt. Nicht einmal das konnten sie.» Ein afghanischer Chirurg, der in Deutschland studiert hatte und zurückgekehrt war, schrieb mir in einer E-Mail – er arbeitete seitdem in einem großen Krankenhaus in Kabul, im Wazir-Akbar-Khan –: «Ich musste erst einmal vierzig Ärzte des Hospitals zusammenbringen, um ihnen zu zeigen, wie man sich richtig die Hände wäscht.» Damit meinte er die chirurgische Händedesinfektion bis zum Ellbogen.

Projekte wurden an Afghanen vergeben, ohne dass man darüber nachgedacht hatte, ob sie die umsetzen konnten, ob sie ausreichend qualifiziert waren. Hauptsache, man konnte verkünden, von der Regierung oder von einer NGO sei dieses oder jenes für die Menschen getan worden. Auf diese Weise machte man Geschäfte mit der Humanität. Oder man lockte Frauen, die nicht lesen und schreiben konnten, mit einem Geschenk, das aus fünfzig Kilogramm Weizenmehl pro Teilnehmer bestand (so in einem UNICEF-Kurs), zu einem Alphabetisierungskurs.

Als keine weiteren Anreize nachgeliefert wurden, standen die Kurse bald vor dem Aus. Groß wurde von dem erfolgreichen Anfang berichtet, nicht von dem Ende – wie ich rückblickend feststellte.

Gerechterweise muss man sagen, dass die Afghanen dafür nichts konnten. Sie reagierten nur auf diesen Boom.

Bei einigen Fahrten in die Hauptstadt konnte ich beobachten, dass sich in Kabul eine regelrechte Schickeria gebildet hatte. Die Stadt wurde immer geschäftiger, es wurde angesichts dieser «Goldgräberstimmung» nun auch wie wild gebaut, zumeist große Häuser, in Erwartung, hohe Mieteinnahmen zu erhalten. Möglichst schnell wollte jeder möglichst viel Geld machen. Die Stunde nutzen. Die wenigen qualifizierten Bauherren übernahmen sich. Das nannte sich also «Wiederaufbau von Afghanistan». Zwar wurden auch Schulen und Krankenhäuser errichtet – nur, ein Gebäude hinzustellen, ist eine Sache, aber den laufenden Betrieb zu erhalten, eine andere. Die Gehälter für das jeweilige Personal waren derart hoch, dass ich mich fragte, wie man diese auf Dauer finanzieren wollte.

Die Armen blieben wieder einmal auf der Strecke. Nur sechs Prozent der Bevölkerung hatten den Mindestsatz von einem Dollar pro Tag zur Verfügung. Viele der zwei Millionen Einwohner von Kabul waren Rückkehrer aus dem pakistanischen oder iranischen Exil, die meisten von ihnen besaßen keine Unterkunft, keine Arbeit, hausten auf den Straßen. Sichtbar war auch, dass die Stadt mit dem Problem der Landflucht kämpfte, weil man die Hoffnung geschürt hatte, man könnte dort als Mann und Ernährer der Familie eine Tätigkeit finden. Durch die Landflucht schien es noch wichtiger, in der Provinz zu arbeiten, insbesondere die zurückgebliebenen Frauen und Kinder medizinisch zu versorgen.

Aus dem Westen kehrten kaum Afghanen zurück. Die meisten von ihnen ließen ihre Familien im Gastland zurück, schon allein wegen der besseren Schul- und Ausbildungsmöglichkeiten für ihre Kinder. Viele von ihnen verließen Afghanistan erneut, weil sie enttäuscht waren, das Gefühl nicht loswurden, die Menschen hätten sich durch die lange Kriegszeit negativ verändert. Sie empfanden die Menschen als verroht, nicht die Weisheit der Ältesten würde das Leben in den Städten und Dörfern bestimmen, sondern Skrupellosigkeit.

Es stimmte: Nicht wenige Afghanen sind mit allen Wassern gewaschen, haben eine gewisse Schlitzohrigkeit entwickelt – eine Überlebensweise, die sie sich erworben haben, weil sie sich mit den jeweiligen Regierungen arrangieren mussten. Die Heimgekehrten fanden, dass die berühmte Gastfreundschaft nicht mehr jene war, die sie einst kennengelernt hatten. Einladungen würde man eher aussprechen, um auf den Gast einen Zugriff zu haben. Wer mit jemandem Tee trinkt, müsste sich dem Gastgeber verpflichtet fühlen. Auch das traf zu. Ich erlebte einmal, wie ein Mitarbeiter eine Forderung an mich stellte, nur weil er mir vor Monaten einmal einen Joghurt gebracht hatte.

Als es Zeit war, wieder zurück nach Deutschland zu fliegen, trat man an mich heran und fragte, ob ich nicht auch in Chak eine Schule aufbauen wollte, ausreichend Geld hätte man dafür. «Nein», sagte ich. Ich kannte meine Grenzen und wusste, dass ein solches Projekt meine Kapazitäten übersteigen würde. Auch in diesem Fall konnte ich davon ausgehen, dass die finanziellen Mittel, die jetzt zwar flossen, irgendwann einmal versiegen würden. Ich war Realistin genug, um das einschätzen zu können. Mit unseren Spendengeldern würde ich irgendwann die Schule unterhalten müssen – und das wäre auf Kosten des Krankenhauses gegangen.

Kurz vor meiner Abreise klopfte plötzlich unser Röntgenassistent Redi Gul an meine Tür.

«Karla, fahren Sie sofort ab!», rief er aufgeregt. «Krieg bricht aus!»

«Ich fahre doch sowieso morgen», antwortete ich stoisch, ich konnte mir in diesem Moment keinen Krieg vorstellen. Euphorie herrschte in dem Land, die ich aber nicht ganz teilte.

Augenblicklich verließ Redi Gul mein Zimmer. An der Tür drehte er sich um und sagte: «Ich will mich nochmal genauer erkundigen.»

Schließlich erfuhr ich, um was für einen Krieg es sich handelte. Der Konflikt zwischen den beiden Provinzgouverneuren hatte sich zugespitzt, auf einem Hügel in unserer Nähe sollte er ausgetragen werden. Einer der beiden Streithähne wollte sich Chak einverleiben – die Ortschaft liegt günstig zu Kabul, dazu in einem schönen Tal. Unser Röntgenassistent hatte einen Verwandten, der mit den zwei Gouverneuren in Kontakt stand, sodass er von diesem Vorhaben wusste. Diesen suchte Redi Gul nun auf. Nach einer Weile kam er zurück und verkündete strahlend: «Karla, der Krieg fängt einen Tag später an.»

Tatsächlich wurde heftig geschossen, nachdem ich das Hospital verlassen hatte.

2003 DER KLEINE PRINZ IM ISAF-CAMP

Noch unter der Herrschaft der Taliban hatten wir die Idee, das Frauenhospital auszubauen, da die Betten nie ausreichten, besonders in den Zeiten, in denen die Menschen stark unter Durchfall litten. Außerdem wollten wir in der Nähe des Krankenhauses traditionelle Häuser für die Familien von Mitarbeitern errichten. Afghanen sind ungern von ihren Familien getrennt, lassen sie nur in Notfällen allein. Sie wären dann durch das Hospital geschützt und hätten eine direkte Trinkwasserversorgung gehabt.

Wie bei jeder baulichen Veränderung, die wir im Laufe der letzten Jahre vornahmen, hatten wir auch in diesem Fall einen Kostenvoranschlag eingeholt, einen Bauplan ausgearbeitet und bei UNHCR eingereicht – das Amt des Hohen Flüchtlingskommissars der Vereinten Nation hilft Millionen von Flüchtlingen weltweit. Doch nach dem 11. September 2001 hörten wir nichts mehr. Irgendeine mir unbekannte Firma hatte Schaufeln und Zement in Chak abgeladen, doch sie verschwand, wie sie gekommen war – schnell und ohne etwas Schriftliches zu hinterlassen.

Als ich 2002 wieder nach Afghanistan reisen durfte, suchte ich die UNHCR auf. Ich brauchte eineinhalb Stunden, um die Organisation zu finden, die im Zuge der Aufbruchsstimmung umgezogen war. Das Gebäude, in dem sie sich nun einquartiert hatte, war um einiges größer als das vorherige, mit beeindruckendem Fuhrpark und einem Saal, in dem lauter Computer standen. Eine japanische Mitarbeiterin, noch sehr jung, sagte: «Ich kenne Ihren Vorgang nicht, aber ich schaue in den Akten nach.»

Sosehr sie auch suchte, sie fand keine Unterlagen. «Tut mir leid», gab sie zu verstehen. «Die Akte ist verschwunden.»

Naseer, unser damaliger Administrator, hatte mich begleitet, er meinte nur: «Jeder Kindergarten ist noch besser organisiert.» Später erhielten wir den Bescheid, dass alles, was vor 2001 beantragt worden war, nicht mehr gültig sei.

Schließlich bekamen wir die Gelder auf andere Weise zusammen. Eine Firma wurde engagiert, die die beiden Aufträge ausführen sollte, sodass ich mich anfangs kaum um die Bauarbeiten kümmerte. Nach meinem Verständnis hatte ich klare Anweisungen gegeben. Was sollte da schon schiefgehen?

Während der ersten Begehung des neuen Frauentrakts bekam ich fast einen Herzschlag. Alles war falschgelaufen, entgegen den afghanischen Traditionen. Plötzlich gab es einen Gang durch die Frauenstation zu den Ambulanzen, den auch Männer benutzen sollten. Eine Unmöglichkeit. Zum Glück konnte dieses Desaster noch rechtzeitig behoben werden, indem der Zugang zugemauert und eine andere Wand durchbrochen wurde. Die Wände der Toiletten wurden in einem schrecklichen Grau gestrichen. Als ich aufgebracht fragte, warum sie mich nicht nach der zu wählenden Farbe gefragt hätten, sagten sie zur Begründung: «In den Räumen der Regierung ist auch alles grau gestrichen.» Diese Ödnis konnte ich noch in letzter Sekunde verhindern.

Natürlich lief das alles mit Kämpfen ab, mit afghanischer

Hartnäckigkeit versuchte man gegen meine Einwände anzugehen. Der Aufseher fuchtelte immer wieder wild mit seinen Händen herum, strahlte über sein Mondgesicht, um entschuldigend zu sagen, er sei ein Doktor und kein Ingenieur. Die Bauherren hatten mangels Fachkräften Mitarbeiter aus anderen Berufen rekrutiert – egal ob sie Ahnung von Bautätigkeiten hatten oder nicht. Zumindest sahen die neuen Traditionshäuser schön aus, weiß und schlicht, aus Lehm gebaut, mit jeweils zwei Zimmern, umgeben von einer Mauer, gleich einer kleinen Trutzburg.

Bevor ich wie üblich den Winter über nach Deutschland reiste, hatte ich in Ghazni bei einer Metallwerkstatt Betten und Nachtschränke aus Zink in Auftrag gegeben. Zink rostet nicht so schnell wie einfaches Metall – ein großer Vorteil, da Afghanen gern große Mengen Wasser über Krankenhausmöbel schütten. Sie meinen, je mehr sie davon vergießen, umso sauberer wird es. Bei solchen Prozeduren halten übliche Metallbetten mit Anstrich kaum länger als ein Jahr. Die Farbe blättert ab, es rostet. Bestellte Matratzen ließ ich von einem Schneider mit Plastik überziehen, da Blut, Urin und Essensreste sie sonst sofort verunreinigt hätten. Mit den neuen Betten und Nachtschränkchen war die Ausstattung fast komplett. Es fehlten aber weiterhin Abfalleimer und Infusionsständer, und vor den Fenstern waren noch keine metallenen Moskitonetze aufgespannt.

Doch dann war es endlich so weit – der neue Trakt konnte eingeweiht werden. Rührend war es zu sehen, wie die ersten Patientinnen die Betten so zusammenschoben, dass sie eine große Matratzenebene bildeten. Sie lagerten darauf, wie sie es von ihren Familien kannten, nur dass sie nicht auf dem Boden lebten und schliefen.

Das nächste Problem ließ nicht lange auf sich warten. Dr.

Zakina, sehr hübsch mit ihren großen bernsteinfarbenen Augen und den eindrucksvollen Gesichtszügen, arbeitete seit 1994 als Gynäkologin in unserem Krankenhaus, sie war unsere erste Ärztin. Doch auf einmal schien sie abzuheben. Plötzlich begann sie ihren Dienst geschminkt wie eine Diva, mit Goldarmreifen behangen. Frauenärztinnen bekamen in der Taliban-Zeit wenig Geld, erhielten auch keine Vergünstigungen. Nun standen sie auf einmal im Rampenlicht und entwickelten Starallüren. Ab zwölf Uhr mittags suchte man Dr. Zakina vergeblich im Krankenhaus, zudem hatte sie zwei junge und unverheiratete Ärztinnen regelrecht hinausgeekelt, man konnte es nicht anders sagen. Sie hatte ihnen sämtliche Dienste aufgenötigt, und ihre dunklen Augen konnten Giftpfeile abschießen; wären sie real gewesen, die weiblichen Mitarbeiter des Hospitals wären reihenweise umgefallen. Rief man sie zu einem nächtlichen Notfall, konnte man sicher sein, dass sie nicht erschien. Die Provinz war für Dr. Zakina anscheinend nicht mehr akzeptabel und sie nicht mehr für das Krankenhaus.

Sie hatte es auch geschafft, dass Dr. Gulab, unser damaliger medizinischer Direktor, sie heiratete, obwohl er bereits eine Frau hatte, sogar eine sehr nette, wie wir alle fanden. Jeder hatte ihn gewarnt, die Frauenärztin als Zweitfrau zu wählen. Aber er hatte sich von ihr regelrecht einwickeln, sich zu sehr von ihren Augen, die wie Honigtöpfe aussehen konnten, umschlingen lassen. Und nun sagte sich wohl die Primadonna im Stillen, dass sie als Frau des ärztlichen Direktors nicht mehr zu arbeiten bräuchte.

Ihr und Dr. Gulab mussten wir nach etlichen vergeblichen Verwarnungen kündigen. Sie fanden in einem anderen Hospital, zweieinhalb Autostunden von Chak entfernt, eine neue Anstellung. Berufsethos kannten sie nicht, dafür aber würde

2003

sich Dr. Zakina weiter mit Gold behängen können. Diesen boshaften Gedanken konnte ich nicht unterdrücken.

Eine weitere Kündigung ging an Dr. Nooria, eine sehr zurückhaltende Ärztin, wenig selbstbewusst, die sich ungern öffentlich exponierte. Dr. Nooria hatte schmale, feine Hände. Sie war unverheiratet und bewohnte zusammen mit ihrem Vater ein Zimmer bei einem anderen Arzt unseres Hospitals, einige Kilometer entfernt. Der Vater sprach sogar gut Deutsch, weil er 1964 in Deutschland zum Polizisten ausgebildet worden war. Dennoch war er den Traditionen genauso verhaftet wie jene Afghanen, die nie ihre Heimat verlassen hatten.

Durch den Weggang von Dr. Zakina und Dr. Gulab war das kleine Haus neben der Klinik frei geworden. Ich bot es Dr. Nooria und ihrem Vater an. Sie hätte so einen kurzen Weg zur Arbeit gehabt, aber die Ärztin lehnte den Umzug ab – aus Angst, sie könnte zu oft nachts zu einer Geburt oder einem Notfall gerufen werden. Als es einmal einen solchen gab, schickten wir ein Auto zu Dr. Nooria, zusammen mit unserem Wächter für das Krankenhaus. Sie weigerte sich mitzukommen. Dadurch verloren wir eine Patientin. Einen männlichen Arzt hätten wir nicht einsetzen dürfen. Seit dem Ende der Taliban-Herrschaft hatten sie zwar Krankheiten bei Frauen behandeln dürfen, doch nicht im gynäkologischen Bereich. Bislang hatte sich diese Einstellung nicht geändert.

Es geschah noch ein zweites Mal, dass sie ihre Arbeit verweigerte und nicht erschien. Ein Kind starb, da der Kaiserschnitt zu spät erfolgte. Das konnte ich nicht durchgehen lassen, und sosehr mich Dr. Nooria und ihr Vater davon überzeugen wollten, dass ein nächtlicher Bereitschaftsdienst für Ärztinnen nicht möglich sei, ich ließ mich nicht erpressen. Das war mein Prinzip. Deutlich gab ich ihnen zu verstehen, dass ein afghanischer

Mediziner – ganz gleich ob männlich oder weiblich – Verantwortung für sein Land und seine Leute zu übernehmen hätte, da könne man keine Ausnahmen machen.

Prinzipien haben anscheinend auch ihre Vorteile, denn genau zu diesem Zeitpunkt fand Dr. Jamila von sich aus den Weg zu uns. Sie war Anfang vierzig, stämmig gebaut, sehr groß, hatte langes, schwer zu bändigendes Haar. Sie schreckte nicht davor zurück, einen Männer-OP-Anzug anzuziehen, um bei Kaiserschnitten zu assistieren, ihren kleidsamen Schleier gegen eine OP-Mütze auszutauschen. Diese engagierten Ärztinnen bevorzugte ich natürlich, Ärztinnen mit kräftigen Händen, die so manches Kind ans Tageslicht beförderten.

Dr. Jamila war in Chak aufgewachsen, hatte in Kabul studiert und danach in Quetta, im Nordwesten Pakistans, und in der nordafghanischen Stadt Mazar-i-Sharif gearbeitet. Nun wollte sie zurück in ihren Heimatort. Von Vorteil war, dass sie mit ihren drei Kindern in das leere Haus einziehen konnte – und auch bereit war, nachts zu arbeiten. Als ich sie nach ihrem Mann fragte, winkte sie selbstbewusst ab: Sie sei es gewohnt, einige Zeit ohne ihn zu leben, und momentan sei er zum «Sightseeing» in Dubai, dort würde er wohl etwas länger bleiben. Weiter wollte ich ihre privaten Verhältnisse nicht ergründen. Als ich erfuhr, dass er Zahnarzt war, bot ich Dr. Jamila an, er könne auch für uns arbeiten.

«Ich werde es ihm ausrichten», sagte sie knapp.

Da ich nichts weiter hörte, nahm ich an, dass ihn diese Perspektive nicht interessierte.

2003

GEWALT IN DER NACHT

Die Schwierigkeiten hörten nicht auf. Zwei Frauen tauchten bei mir im Büro des Krankenhauses auf. Sie baten mich darum, einen Brief an den Distriktgouverneur von Chak zu schreiben. Sie wollten erreichen, so versuchten sie mir zu erklären, dass ein Verwandter, der eines Überfalls verdächtigt wurde, wieder aus dem Gefängnis freikommt. Sie seien arm, könnten für ihn nicht das Essen während der Haft bezahlen, auch nicht die erforderlichen Bestechungsgelder. Ich sagte den beiden Frauen, dass ich mich erst erkundigen wolle, dann würde man weitersehen. Von allen Seiten erfuhr ich, dass der Mann wohl unschuldig sei. Nachdem die Frauen mich ein zweites Mal aufgesucht hatten, ließ ich mich darauf ein und schrieb einen Brief an den Distriktgouverneur. Der Mann kam schließlich frei.

Mein Einsatz hatte aber ein Nachspiel. Der Bruder eines allseits bekannten Verbrechers kam nun auf mich zu, ein dünner, mürrisch aussehender Mann. Er wollte, dass ich ein ähnliches Schreiben für diesen Schurken verfasste. Dabei stellte sich heraus, dass der Galgenvogel ein Verwandter des Gouverneurs war. Es war also denkbar, dass ein weiterer Überfall stattfinden könnte, nahezu unter dem direkten Schutz des Gouverneurs. Die Ältesten aus Chak wussten von dieser Deckung der Familie, jeder wusste es. Alle schwiegen, weil sie Angst vor den Folgen hatten. Die einzige Maßnahme, die man schließlich erreichte, war die Versetzung des Gouverneurs in eine andere Provinz.

Das brutale Geschehen, dieser weitere Überfall, fand in unserem Krankenhaus statt. Ich war in meinem Büro, um noch einige organisatorische Dinge zu erledigen. In dem Raum befand sich ein Tresor, draußen war es schon dunkel, die männlichen Mitarbeiter saßen alle beim Essen, der Saal war weit entfernt, fünf Minuten dauerte der Weg bis dorthin. Man hatte den Zeitpunkt genau abgepasst, man wusste, dass mir keiner zu Hilfe eilen konnte. Plötzlich brach ein maskierter Mann mit seiner Kalaschnikow durch die Holztür und baute sich vor mir auf. Ein anderer befand sich draußen vor dem Fenster, stand Schmiere; ich konnte seine Umrisse erkennen, konnte sehen, wie seine Augen uns beobachteten. Der Fremde aus der Nacht sagte mit zischender Stimme: «Ich will den Schlüssel zum Safe!»

«Der Safe ist leer», erwiderte ich. Ich war erstarrt, fassungslos saß ich auf meinem Stuhl, unfähig zu denken. Diese Männer wussten nicht nur, dass alle anderen im Männerspeisesaal waren, sie wussten auch, dass ich einen kleinen Tresor besaß. Und in einem Tresor vermutete man Geld. Klar. Sollte ich schreien? Ich tat es nicht. Und so makaber es klang, ich hatte kurz vor dem Auftauchen der beiden Männer eine CD von Frank Sinatra eingelegt, er sang gerade «Strangers in the Night».

«Geld, Geld, Geld!» Der Maskierte forderte dies wieder und wieder. Jedes einzelne Wort betonte er.

«Es ist kein Geld vorhanden.» Es befand sich tatsächlich kein Geld in dem Safe. Ich war von Deutschen gebeten worden, den Tresor aus Sicherheitsgründen anzuschaffen. Ich folgte diesem Rat, war aber immer gegen diesen stählernen Kasten gewesen, überzeugt davon, dass er Kriminelle geradezu einladen würde. Aus diesem Grund – oder war es ein siebter Sinn? – bewahrte ich dort nichts auf, das Bargeld für unser Krankenhaus hatte ich in einem Ausbildungshaus versteckt, in einem abschließbaren Schrank. Ich hatte es dort für sicherer gehalten – und die jetzige Situation schien mir recht zu geben.

Ich wies auf den leeren offenen Tresor.

Ein kurzer Wortwechsel zwischen innen und außen fand statt, zwischen den beiden vermummten Männern. Nachdem sich der Räuber im Büro selbst davon überzeugt hatte, dass sich kein Bargeld in dem Safe befand, durchwühlte er fahrig Schubladen und Schränke, schmiss sämtliche Papiere heraus, entdeckte meinen Pass, den er einsteckte, ein bisschen, das mir privat gehörte, aber es war nicht viel. Der Mann hatte sich andere Vorstellungen von dem gemacht, was sich an Geld in einem derart großen Krankenhaus befinden könnte. Er wurde immer wütender, durchtrennte die Kabel des Satellitentelefons, die Verbindungsleitung nach Deutschland.

Plötzlich trat er an mich heran. Ohne zu zögern, tastete er mich ab, trieb mich in den einen engen Schrankraum und tat mir Gewalt an. Schloss mich ein.

Auf einmal war der schreckliche Spuk vorbei. Ich konnte das simple Schloss aufbrechen, mich befreien. Noch ganz betäubt ordnete ich meine Sachen und stieg über auf den Boden geworfene Papiere, CDs und Kleider. Ich horchte in die Lautlosigkeit der Nacht. Nichts. Die Flucht der Männer war gelungen. Keine Hürde hatte die dreckigen Männertiere aufhalten können.

Warum war ich überhaupt hier?, überlegte ich in diesem Moment. Man glaubte, mein Vater wäre 1938 als Ingenieur beim Bau des Wasserkraftwerks von Chak beteiligt gewesen. Das stimmte aber nicht, es war eine Legende. Als ich einmal durch das Krankenhaus ging, sagte ein älterer Patient:

«Ich kenne Ihren Vater.»

«Das kann nicht sein», erwiderte ich. Aber der Mann glaubte mir nicht.

«Sie mussten wieder hierherkommen, an diesen Ort. Ihr Vater war am Lichtwunder beteiligt. Endlich hatten wir Strom.»

Das war der Stoff, aus dem Märchen gezaubert wurden. Doch nicht jedes Märchen hat einen guten Ausgang, so wie es auch in diesem der Fall zu sein schien.

DER KLEINE PRINZ IM ISAF-CAMP

Viele einzelne Bilder und Gedanken gingen mir plötzlich durch den Kopf, Bilder aus meinem Leben. Ich musste daran denken, wie das OP-Team in der Gießener Universitätsklinik, zu dem ich als Operationsschwester gehörte, sich mit der Entwicklung des Herzschrittmachers beschäftigte. Bei dreihundert Hunden machten wir Eingriffe, bevor wir einen Menschen am offenen Herzen mit einer Herz-Lungen-Maschine operierten. Wir hatten viel geschafft, ich würde auch das hier schaffen. Und die Soldaten in Afghanistan? Die mussten doch auch mit allem rechnen. Nur waren sie, wenn ihnen etwas Furchtbares passierte, nicht allein. Ich würde alles mit mir ausmachen müssen.

Mir war klar, dass die Mitarbeiter des Krankenhauses sowie der Distriktgouverneur von Chak von dem Vorfall in Kenntnis gesetzt werden mussten. Kurze Zeit später kam auch Dr. Eesan, unser neuer medizinischer Direktor, in mein Büro. Er war damals Anfang vierzig, sehr hager, nie sagte er ein Wort zu viel. Wahrscheinlich wollte er nach dem Essen einfach nur nochmal bei mir vorbeischauen. Mit einem Blick sah er, dass man mich überfallen hatte.

«Holen Sie vom Basar den Gouverneur», sagte ich. Der Distriktgouverneur hatte dort sein Büro. «Und lassen Sie den Generator wieder laufen.» Ich fühlte mich so dreckig, dass ich unbedingt eine Dusche brauchte. Zuvor hatte ich auf die Uhr geschaut, es war kurz nach zehn; ich wusste, dass der Generator um zehn ausgestellt wurde.

Als der Gouverneur mit seinem Gefolge erschien, sagte ich: «Ich brauche ein Schreiben von Ihnen, darüber, dass man meinen Ausweis gestohlen hat.»

Mit diesem Schreiben wollte ich nach Kabul, denn in meinem Pass hatte sich auch meine Aufenthaltsgenehmigung befunden. Beides brauchte ich dringend. Das Schreiben wurde mir an diesem Abend nicht mehr ausgehändigt, auch später nicht, einer der Verbrecher war eben ein Verwandter dieses Mannes, der mit dem inhaftierten Galgenvogel in Verbindung stand.

Dennoch konnte der Überfall nicht ganz unter den Teppich gekehrt werden. Am nächsten Tag wurden drei Mitarbeiter verhaftet. Neben ihnen nahm man auch noch zwei andere Männer aus Chak gefangen, aber nicht, weil sie verdächtigt wurden, sondern weil man von ihnen Hinweise erhalten, vielleicht sogar herauspressen wollte, um zu erfahren, was in der Bevölkerung schon vermutet wurde.

Alle Befragten schwiegen jedoch, obwohl sie ebenfalls genau wussten, wer die Täter waren. Es war nur allzu verständlich. Der Druck auf sie und ihre Familien wäre groß gewesen, sie wären ihres Lebens nicht mehr sicher gewesen. Niemanden macht man sich zum direkten Feind, da eines Tages unweigerlich die Revanche erfolgen würde.

Zur selben Zeit war ich mit unserem Fahrer Karim auf dem Weg in die Hauptstadt. In der deutschen Botschaft erzählte ich mein gestriges Erlebnis und bekam sofort einen vorläufigen Pass. Mit ihm begab ich mich zum Innenministerium, dort würde ich eine neue Aufenthaltsgenehmigung erhalten. Ich wurde einem langen Verhör unterzogen, in dem ich den Wunsch äußerte, man solle uns nach dem Überfall Sicherheitsleute garantieren. Die beiden Wächter, die bislang in unserem Krankenhaus patrouillierten, sorgten eher dafür, dass sich Männer nicht in den Frauentrakt verirrten und umgekehrt. Waren also mehr Beschützer der Moral denn fähig, Angriffe von Verbrechern abzuwehren. Der Mitarbeiter des Innenministeriums, mit dem ich sprach, stammte selbst aus Wardak, reagierte aber angesichts meines Wunsches eher reserviert.

«Dann schließe ich eben das Krankenhaus», sagte ich am Ende unseres Gesprächs aufgebracht. «Und ich mache es erst wieder auf, wenn man mir und dem Hospital Security-Personal bewilligt.» Irgendein Druckmittel musste ich einsetzen, damit Sicherheitsleute angestellt wurden, die nicht von uns bezahlt wurden. Die Verwandtschaftsbeziehungen des Gouverneurs waren nicht unser Problem. Da ich unabhängig arbeitete, ohne Vertrag, war ich zu nichts verpflichtet, auch nicht zur Aufrechterhaltung des Krankenhauses.

Augenblicklich setzte ich mein Vorhaben in die Tat um. Demonstrativ schloss ich die Pforte des Hospitals, die Anmeldung, Türen und Fenster. Und in einer Versammlung mit den Ältesten gab ich bekannt, dass ich es nicht eher öffnen würde, bis unsere Sicherheit garantiert sei.

«Karla, gehst du weg? Gehst du wieder nach Deutschland?», fragten mich die Mitarbeiter ängstlich. Sie dachten, ich würde nach dem vergangenen Abend nach Hause fliegen und nie mehr zurückkehren. Eigentlich war es keine schlechte Idee, ich hätte gern jemanden gehabt, der mich gefragt hätte: «Karla, wie geht es dir? Was kann ich für dich tun?»

Ich schüttelte den Kopf. «Nein, ich habe den Ältesten nur ein paar Bedingungen gestellt.» Ein erleichtertes Aufatmen war zu hören.

So schwer es mir auch fiel, in den nächsten Tagen wies ich die ankommenden Patienten ab, selbst wenn sie krank aussahen. Ich durfte niemanden einlassen, so schmerzhaft es war. Jedes Nachgeben hätte man gegen mich auslegen können. Ich musste nach den Regeln ihrer Tradition spielen, nur so würden sie mich ernst nehmen. Schließlich versammelten sich auf dem

Platz vor dem nahegelegenen Wasserkraftwerk rund dreihundert Leute. Sie wollten mir ihre Anteilnahme bekunden und gaben mir dabei zugleich zu verstehen, dass sie meinen Vorgaben zustimmten.

«Aus jedem Gebiet unserer Provinz werden wir zwei gute Männer abstellen, die das Krankenhaus bewachen», sagte einer der Ältesten. «Die Kalaschnikows und die Munition erhalten sie vom Gouvernement.»

Ich nahm das Angebot an. Ein Afghane, der gerade aus Amerika zurückgekehrt war und von der Sache gehört hatte, spendete spontan 1000 Dollar. Davon konnten erst einmal die Gehälter bezahlt werden. Zugleich richteten wir einen alten Posten aus der Mudschaheddin-Zeit für die acht Sicherheitsleute her, denn ich wollte nicht, dass sie sich im Hospital aufhielten. In Windeseile besorgten wir Fenster, Türen, Schlafmatten, eine Küche und Geschirr.

Die Holztür zu meinem Büro wurde gegen eine Eisentür ausgetauscht, mit einem Riegel davor.

Auf einem Feld fand jemand meinen Pass sowie einige Fotos, die ich von Frauen aufgenommen hatte. Anscheinend hatten die Täter sie auch mitgehen lassen. Alles war verschlammt, ich konnte die Dinge wegwerfen. Die beiden Männer gehörten zu einer Bande – der Anführer hatte es immer wieder geschafft, gegen Zahlungen aus dem Gefängnis entlassen zu werden –, und diese Bande verübte einen weiteren Überfall. Sie drangen in ein Haus ein, in dem sich zum Zeitpunkt ihres brutalen Vorgehens nur Frauen aufhielten, eine von ihnen wurde dabei ermordet. Ich konnte mir vorstellen, was dort passiert war, dennoch verdrängte ich die Bilder sogleich.

Einige der geschändeten Frauen identifizierten die Täter,

woraufhin alle Männer festgesetzt werden konnten. Mir wurden sie später vorgeführt. Weil sie damals maskiert gewesen waren, konnte ich sie jedoch nicht eindeutig erkennen. Außerdem wurde ich gewarnt, meinen Verdacht offen zu äußern, da eine Revanche nach afghanischer Art zu befürchten sei. In diesem Land ist es jedem möglich, seine Macht auszuspielen, etwa indem man den anderen verleumdet, an den Pranger stellt oder gar tötet. In Afghanistan kann man sich nicht auf die Rechtsstaatlichkeit verlassen. Deshalb heißt es immer, dass man sich seinen Feind zum Freund machen solle. Folglich macht man über den anderen nie eine direkte Aussage, wenn man sich dabei selbst belasten könnte. Nur so konnte man einigermaßen sicher durchs Leben kommen.

Nach der Gegenüberstellung trat ein Richter auf mich zu und hielt mir ein Papier hin. Er sagte: «Unterschreiben Sie hier.»

«Was soll ich denn unterschreiben?», fragte ich.

«Dass diese Männer Sie nicht überfallen haben.»

«Das mache ich nicht. Ich kann nicht sagen, sie sind es. Ich kann aber auch nicht sagen, sie sind es nicht.»

Bekannt war, dass die kriminellen Männer drogenabhängig waren.

Ein paar Tage später rückte Hadschi, neben Karim unser zweiter Fahrer, damit heraus, dass er eine Warnung erhalten habe. Er solle Sahida, die gerade zur Impffrau ausgebildet wurde, nicht mehr in die Dörfer zum Impfen mitnehmen, man könne nicht gewährleisten, dass ihr, dem Auto und anderen Frauen nichts passieren würde. Dann fügte er noch hinzu, dass die Entscheidung, ob er sie nun noch mitnehmen solle oder nicht, allein bei mir liege. Wie sollte ich die treffen, wenn ich nicht einmal wusste, was vorgefallen war? So einfach wollte ich mich nicht erpressen lassen. Fing ich erst einmal damit an und sprach sich das herum – die Folgen wären für das Hospital katastrophal gewesen.

Naseer, der damalige Administrator, berichtete mir, was sich hinter dieser Drohung – nichts anderes war es – verbarg. Sahidas Bruder, so erzählte er, soll ein Mädchen vergewaltigt und anschließend getötet haben. Der Vater sei inhaftiert, weil er für das Tun seines Sohnes Samir verantwortlich gemacht wurde, er habe seine Aufsichtspflicht verletzt. Das Mädchen sei übrigens erst dreizehn gewesen. Dr. Eesan meinte, als ich ihn nach seiner Meinung fragte, der Vater der Ermordeten sei nur auf Rache aus.

Das ist Afghanistan, dachte ich.

Schließlich rief ich Sahida zu mir, um sie nach ihrer Einschätzung zu fragen. Sie konnte sich die ganze Angelegenheit nicht erklären. Ich fragte sie, ob sie für einige Zeit nach Kabul gehen möchte, es könnte dort sicherer für sie sein. Sie weigerte sich, sagte, es sei alles so beschämend, sie würde nicht weglaufen. Still und bedrückt saß sie da mit ihren achtzehn Jahren, fügte noch hinzu, dass es wohl sicher darauf hinauslaufen würde, dass sie ihren Job aufgeben müsste.

Vorerst schickte ich sie nach Hause zu ihrem Onkel, um sich und uns nicht in Gefahr zu bringen. Ich sagte noch, dass wir den Gouverneur benachrichtigen würden und ihr Bescheid geben, wenn wir etwas Neues über ihren Vater und ihren Bruder erfahren sollten.

Wieder einmal schrieben wir einen Brief an den Gouverneur, der uns, kurz nachdem er ihn erhalten hatte, sofort um ein Treffen bat. So erfuhren wir die ganze Geschichte:

Samir hatte mit der Dreizehnjährigen einen Videofilm bei sich zu Hause angesehen. Mehr war nicht geschehen. Das Verbrechen bestand darin, dass er mit ihr allein in einem Raum war. Nur unter Geschwistern ist dies erlaubt. Jugendliche, die unter Drogen standen und mitbekommen hatten, wie die beiden zusammensaßen, verstiegen sich zu der Idee, Samir dafür zahlen zu lassen. Sie forderten ein Schweigegeld von 1000 pakistanischen Rupien (vielfach bevorzugte man die Währung des Nachbarlandes), umgerechnet waren das knapp 13 Euro. Sahidas Bruder übergab den Bekifften das Geld, doch die ließen es nicht dabei bewenden. Sie forderten mehr. Als Samir nicht mehr zahlen konnte, lauerten sie dem Mädchen auf. Die Dreizehnjährige beteuerte immer wieder, Samir hätte ihr nichts getan, er habe sie nicht berührt. Die drogensüchtigen Erpresser ergriffen das Mädchen, verschleppten, vergewaltigten und ertränkten es. Die Täter würden längst im Gefängnis sitzen; Samir und sein Vater seien verhaftet worden.

Als das Treffen mit dem Gouverneur stattfand, war gerade der Vater der Ermordeten anwesend, der die Warnung ausgesprochen hatte. Unter Tränen beteuerte er nun, dass er Sahida nichts tun würde, er aber nicht ausschließen könne, dass andere uns attackieren würden.

Wir kamen zu dem Schluss, dass Sahida wieder bei uns arbeiten solle; der Gouverneur schlug zudem vor, das Haus unserer Mitarbeiterinnen von Soldaten in Zivil schützen zu lassen.

Ernst und besonnen versah unsere Impffrau wieder ihren Dienst.

Es gab keine weiteren Drohungen.

US-SOLDATEN MACHEN SICH UNBELIEBT

Über Afghanistan hinaus ist kaum bekannt, dass alle Araber in diesem Jahr das Land verlassen mussten. Da al-Qaida-Chef

Osama bin Laden, ein gebürtiger Saudi, sein Hauptquartier an den Hindukusch verlegt hatte, wurden sie pauschal als Terroristen verdächtigt. Viele Schulen und Krankenhäuser wurden von Arabern unterhalten, diese Institutionen standen plötzlich ohne Unterstützung da. Bislang waren sie sehr gut organisiert, in ihnen herrschte Disziplin, die Gehälter waren relativ hoch. Mithin war diese Maßnahme eine Katastrophe für das ohnehin unterversorgte Land, insbesondere was das Bildungs- und Gesundheitswesen betraf. Das Gouvernement verkündete zwar, dass es die Kosten für die Einrichtungen tragen würde, aber wovon sollte es die bezahlen? Das war völlig illusorisch. Wieder würde etwas verloren gehen, was für die Menschen sehr wertvoll war. Traf ich Eltern, deren Kinder auf diese Schulen gingen, riet ich ihnen, Geld zusammenzulegen, um den Lehrern ihre Gehälter aus eigener Tasche zu zahlen. Bei einigen Jungenschulen wurde das so gemacht, da der Ernährer in afghanischen Familien ja vorrangig der Mann ist.

Diese Ohnmacht angesichts solcher irrwitzigen Entscheidungen war kaum zu ertragen. Sie führten dazu, dass nach der euphorischen Anfangsstimmung die Lage des Landes immer instabiler wurde. So konnten wir selbst nachts kaum noch Notfälle operieren, weil ein sehr guter Chirurg und eine Gynäkologin aus Angst zurück nach Kabul gegangen waren. Selbst unter den Taliban hatte es eine solche Furcht nicht gegeben. Die Notfallpatienten, die zu uns ins Krankenhaus kamen, mussten wir nach Kabul schicken. Gott sei Dank konnten wir nach einiger Zeit einen Chirurgen finden, der bereit war, in der Provinz zu unseren Bedingungen zu arbeiten. Wichtig war uns, Kaiserschnittgeburten durchführen zu können, wenn es Komplikationen gab.

Afghanische Frauen auf dem Land haben meist Hausgeburten, da sie in der Geburtsphase meist nicht rechtzeitig ein Hospital erreichen können. Diese Hausgeburten haben etwas Mystisches an sich, die Frauen fühlen sich in der Wärme der Familie gut aufgehoben, würzige Kräuter werden im Raum verbrannt, um die schlechten Ginnis, die bösen Geister, zu vertreiben. Erschreckend aber ist, dass jede zehnte Frau durch eine Schwangerschaft stirbt. Kommt es zu Komplikationen, gibt es keine Hilfe.

Die US-Soldaten machten sich immer unbeliebter, man fing an, sie zu hassen, wollte sie aus dem Land haben. Das hat bis heute nicht aufgehört – mit Auswirkungen auf die Internationale Sicherheitsunterstützungstruppe (ISAF), die unter NATO-Führung Sicherheits- und Aufbaumissionen in Afghanistan durchführt, bei der Herstellung der Sicherheit und Bekämpfung militanter Gegner helfen soll. Seit dem 10. Februar 2003 führten Deutschland und die Niederlande gemeinsam die Schutztruppe, zu der Soldaten aus siebenunddreißig Staaten gehörten. Die Bundeswehr beteiligte sich mit knapp 2400 Soldaten an der Mission.

Ich selbst hatte Kontakte zur Bundeswehr, zu den ISAF-Truppen geknüpft. Lief 2002 noch alles sehr hilfreich, freundlich und unbürokratisch ab, so wurde ich in diesem Jahr, nach einem Personalwechsel, wie eine Idiotin behandelt. Ich hatte bei den Schutztruppen Vorträge gehalten, damit die Soldaten mehr Verständnis für das Land und die Menschen ausbilden konnten, hatte ihnen detailliert von meinen Erfahrungen in den vergangenen Jahren erzählt, sodass sie daraus ihre eigenen Schlüsse ziehen konnten. Aber jetzt hatte ich das Gefühl, dass ich mich anpreisen musste, um meine Kenntnisse den Neuangekommenen weiterzugeben. Ich fühlte mich den Schutztruppen sehr verbunden, denn ich war der Meinung, dass ohne sie der Wiederaufbau des Landes vollkommen verhindert werden, Afghanistan in ein noch größeres Chaos stürzen würde. Für mich waren sie Hoffnungsträger, um die alte zuverlässige deutsch-afghanische Freundschaft fortzusetzen. Mit ihnen bekam das Land eine neue Chance – und so war es mir ein Anliegen, die Soldaten zu informieren und zu motivieren, ihnen von den anderen Gesichtern Afghanistans zu erzählen.

Eines Tages musste ich meinen abgelaufenen ISAF-Ausweis erneuern. Doch da ging es schon los: Ich wurde gefragt, wie ich denn überhaupt darangekommen sei. Danach nahm man mir das Dokument ab und sagte, erst in zwei Tagen würde ich einen neuen Ausweis bekommen.

«Wieso erst in zwei Tagen? Ich wohne nicht in Kabul und kann mal schnell zu Ihnen hier ins Camp fahren.» Das Camp lag zudem noch einige Kilometer außerhalb der Stadt.

«Das sind unsere Anweisungen», gab man mir zu verstehen.

«Kann ich denn nicht wenigstens meinen alten Ausweis so lange behalten, bis ich den neuen habe?»

«Nein!»

Ein weiterer Soldat schaltete sich ein, wohl um die eigene Bedeutung herauszustellen: «Haben Sie überhaupt schon mal einen Schwerverletzten behandelt, erlebt, wie ein Kind schreit: ‹Papa! Papa!›, wenn es seinen toten Vater sieht?» Er sagte das in einem Ton, der mir suggerierte: Was will die denn hier? Wieso hatte die eigentlich einen ISAF-Ausweis? Ich war so sprachlos, dass ich im ersten Moment nichts zu sagen vermochte. Ich hatte genügend schwere Kämpfe durchlebt, unser Krankenhaus war jahrelang nur fünfunddreißig Kilometer von der Hauptfront der Taliban entfernt gewesen. Hörte ich einen Jet, wusste ich, dass gleich eine Bombe fallen würde, und dann kam auch schon dieses dumpfe Geräusch. Ich hatte Fetzen von verbranntem Menschenfleisch an Bäumen hängen sehen, Soldatenkörper ohne Kopf, und noch heute muss ich mich bei jedem Flugzeug, das über mir fliegt, daran erinnern, dass es keine Bedrohung bedeutet.

Im nächsten Moment brannte bei mir die Sicherung durch. Leider. Ich hatte das Gefühl, mich beschweren zu müssen, und so ging ich eine Tür weiter, zum Oberst. Der kannte mich, und der Soldat musste mir die ID-Karte innerhalb einer Stunde ausstellen. Sogar der diensthabende General entschuldigte sich bei mir.

Doch der Kontakt wurde nicht besser. Das lag auch daran, dass die ISAF-Soldaten auf Kabul fixiert waren, ich mich aber nicht ständig in der Hauptstadt aufhielt. Es zeigte sich immer mehr: Kabul erfuhr Hilfe, nicht die Provinz.

Die allgemeine Sicherheitslage konnte mit drei Worten beschrieben werden: unberechenbar, hinterhältig und willkürlich. Politische Gruppierungen und Banden beherrschten das Land. Die Zentralregierung mit Hamid Karzai an der Spitze war machtlos, sie bekam die Situation nicht in den Griff. Wie sollte das auch möglich sein, da man mit einem Regierungswechsel ja nicht gleichzeitig die Gesellschaft austauschte?

Der Hass auf Amerika übertrug sich auf die Deutschen. Sie gehörten zur NATO und unterstützten die afghanische Regierung. Und die Stimmung gegen die Besatzer heizte sich immer weiter auf. So hatte es in Kabul einen Schusswechsel zwischen US-Soldaten und afghanischen Militärs gegeben. Die ISAF war in der Nähe und wollte helfen, doch sie wurde von Zivilisten mit Steinen beschmissen. Kein Wunder, dass sich in diesem allgemeinen Durcheinander Furcht breitmachte – und man entsprechend reagierte. Gesetze wurden benutzt, wie man sie brauchte – oder ignoriert. Ich hörte, dass die Regierungssoldaten schon fünf Monate kein Gehalt bekommen hätten, Mitarbeiter der Polizei seit zwei Monaten. Jeder Sieg in Afghanistan war bislang gleichzeitig ein Verlust gewesen.

Die Militärfahrzeuge waren jedoch noch offen, die Soldaten normal gekleidet, nicht mit Splitterwesten, Helm und sonstigen technischen Attributen eingepanzert. Der Kopf war frei, und so standen sie an ihren Fahrzeugen herum, liefen durch die Gegend oder befanden sich im Gespräch mit der Bevölkerung.

In der Hauptstadt tummelte sich wirklich alles. Es war zu beobachten, dass die Investoren, die in das Land kamen, völlig vergaßen, wo sie sich eigentlich befanden. Ein Schotte eröffnete einen Pub – natürlich gab es in ihm viel Whisky zu trinken – direkt neben einer Moschee. Die Konsequenz: Wegen Bombendrohungen musste die Kneipe geschlossen werden. Ein Chinese, Besitzer eines Restaurants, ließ aus seiner Heimat Damen einfliegen, die die Gäste bedienen sollten, selbstverständlich in einem Kleid, das Seitenschlitze bis zum Oberschenkel hatte. Das Lokal hatte ähnliche Probleme wie der schottische Pub-Inhaber. Aber auch in anderen chinesischen Etablissements wurde im vorderen Teil Huhn süßsauer serviert, im hinteren Bereich Frauen. Das treffendere Wort dafür ist: Prostitution. In einigen afghanischen Restaurants liefen zum Essen Videos mit erotischen indischen Tanzdarbietungen, unter dem Ladentisch wurden Pornos verkauft. Türkische, thailändische und deutsche Gaststätten hatten selbstverständlich Alkohol auf der Speisekarte. Dies alles führte dazu, dass die Landbevölkerung ihre Frauen und Mädchen erst recht ins Haus zurückholte.

Kuriositäten wurden ebenfalls vermeldet: Dem Zoo von

Kabul schenkten die Chinesen zwei besondere Schweine. Alle rannten hin, um diese Exoten zu betrachten – und sich anschließend mit Grauen abzuwenden. Moslems und Schweine. Manche Hilfsorganisationen mussten Nomaden fragen, wie man die Armeezelte aufstellte, die sie bekommen hatten. Der Fernseher wurde auf einmal bei den Afghanen zum beliebtesten Möbelstück, auch das gehörte zu den Neuerungen, nachdem die Taliban ihre Macht abgeben mussten. Zu Wucherpreisen wurden diese Geräte verkauft.

Einmal fuhr ich mit Karim nach Ghazni, um dort Einkäufe zu tätigen. Die Stadt liegt zwar über fünf Stunden von Chak entfernt, aber viele Dinge kann man dort günstiger erwerben als in Kabul. Auf den Straßen hatte ich nicht eine einzige Frau ohne Burka gesehen. Anscheinend hatte sich hier nichts geändert. Doch, eines war für mich neu: Angeblich gab es eine Gruppe von Kriminellen, die 500 Dollar dafür bezahlte, wenn Mitarbeiter ausländischer Organisationen wie der UN getötet wurden.

Ein Vorfall, bei dem am helllichten Tag ein Auto angeschossen und ein Fahrer tödlich verletzt wurde, reichte dann aus, um die Provinz Wardak, in der unser Krankenhaus liegt, als gefährlich einzustufen. In Ausländerkreisen in Kabul warnte man auch davor, nach Wardak zu reisen. Das traf ebenso für die Provinzen Khost, Kandahar, Paktia und Zabul zu.

Man beklagte sich darüber, dass die Straßen in den Provinzregionen immer noch nicht asphaltiert waren, auf Asphaltstraßen könne man zügiger fahren, und Räuber hätten weniger Chancen, Autos auszumachen und unter Beschuss zu nehmen.

Dieses Jahr brachte aber auch erfreuliche Ereignisse mit sich. Unsere Zahnambulanz wurde endlich offiziell eröffnet! Ein

Frauenteam mit Dr. Anisa Eesan – sie war die Frau unseres medizinischen Direktors – und Sabrina als Zahnarzthelferin! Dr. Anisa und ihr Mann waren vor den Taliban nach Pakistan geflüchtet. Als sie hörten, dass in ihrer Heimat wieder Frieden sei, kehrten sie mit zwei kleinen Kindern und einer alten, dünnen Mutter zurück. Beide hatten dann in Kabul in verschiedenen Hospitälern gearbeitet, bis sie sich entschlossen, zu uns zu kommen.

Ich konnte mir für unser Hospital nichts Besseres vorstellen, als zwei qualifizierte Kräfte zu gewinnen: Dr. Anisa Eesan war nicht nur Zahnärztin, sondern hatte noch eine Spezialausbildung in Mundchirurgie, ihr Mann war Internist und ein Experte für Ultraschall, weshalb ich ihn sofort zum medizinischen Direktor ernannte (natürlich auch, um die beiden in der Provinz zu halten).

Sabrina erschien mit frischgewellten Haaren und einem dezenten Make-up zu ihrem neuen Dienst. Mit ihr und einer jungen Witwe, die wir zur gleichen Zeit einstellten – sie hatte ihren Mann bei einem Autounfall verloren, nachdem sie gerade ihr Kind auf die Welt gebracht hatte –, beschäftigte unser Krankenhaus nun fünfzehn Frauen.

Etwas skeptisch waren wir schon, als wir die Zahnambulanz einem Frauenteam überließen, denn wir fragten uns, ob die Männer überhaupt zu unserem Dental-Departement kommen würden. Aber mir war es letztlich wichtiger, dass die Frauen uns aufsuchten, denn die Männer hatten andere Möglichkeiten der Behandlung. Ihre Zähne konnten sie sich auch im Basar ziehen lassen.

Nach ein paar Tagen fragte ich, ob es Probleme geben würde.

«Ja», sagte Dr. Anisa, die ein fein konturiertes Gesicht hatte, kluge Augen, kurze, dicke schwarze Haare und sehr flinke Finger. «Die Leute reden. Beim Zähneziehen komme ich den Männern zu nah.»

Es stimmte. Wenn sie einem Mann im buchstäblichen Sinne geschickt den Zahn zog, wurde ihm sein Imponiergehabe schnell genommen. Aber eine klare Antwort auf meine Frage hatte ich damit nicht erhalten. Auch eine typische Angewohnheit der Afghanen.

«Haben wir dadurch jetzt keine männlichen Zahnarztpatienten mehr?», fragte ich nach.

«Ganz im Gegenteil, es erscheinen viel zu viele. Sie finden es gut, hier von mir traktiert zu werden. Wann haben sie sonst Gelegenheit, einer fremden Frau so nahe zu sein?»

Ich lachte. «Aber die Frauen bleiben deshalb nicht fern?»

«Nein», sagte Dr. Anisa. «Für sie ist die Ambulanz ein großer Gewinn.»

Doch dem Gerede, das unweigerlich einsetzte, weil die Männer in Scharen von einer Zahnärztin behandelt werden wollten, musste ich ein Ende setzen, wollte ich nicht den Unmut der Ältesten auf mich ziehen. Ein Mann musste her. Unsere Wahl fiel auf Eid Gul, einen Pfleger, der seit 1994 in der Notfallaufnahme arbeitete, schon Zähne gezogen hatte, als besonders ruhig und zuverlässig galt und von der ländlichen Bevölkerung als eine Respektsperson betrachtet wurde. Ihn wollten wir weiter ausbilden, denn trotz seiner schlanken, fast mageren Statur hatte er viel Kraft in den Händen – er sollte Dr. Anisa insbesondere beim Zähneziehen helfen.

Überhaupt müssen alle Mitarbeiter in Chak multifunktional sein. Die Administratoren zum Beispiel helfen bei den Patienten, reparieren Teile im sanitären Bereich, werden als Dolmetscher eingesetzt. Die Sicherheitskräfte, sofern sie nicht auf

Patrouille sind, unterstützen uns bei Räumungsarbeiten, die Wächter bändigen drängelnde Patienten und sind im Verbandsraum beschäftigt. Aber auch die Angehörigen von den Kranken müssen mit anpacken, sie werden zum Abladen ankommender Trucks verpflichtet, Drückeberger müssen mit Verpflegungsentzug rechnen. Ich selbst bin Managerin, aber auch Putzfrau. Auf diese Weise sparen wir die Gehälter von einigen Hilfskräften.

Als Dr. Anisa von Eid Gul hörte, sagte sie: «Ich muss vorher noch meinen Ehemann um Erlaubnis fragen. Er muss damit einverstanden sein, dass ich mit einem Mann in einem Raum arbeite.»

Er gab seine Zusage. Es war eher darum gegangen, dass er sein Gesicht wahren konnte.

Nachdem das geklärt war, fiel mir Dr. Jamilas Mann ein, er hatte sich bisher nicht bei ihr blickenlassen. Das beunruhigte mich. Sie leistete so gute Arbeit, dass niemand sie verlieren wollte. Wenn der Ehemann in Dubai bleiben würde, stand zu befürchten, dass er seine Frau nachholte.

«Das Problem hat sich erledigt», erklärte sie heftig, als ich sie in einem ruhigen Moment auf den Vater ihrer Kinder ansprach. Fragend blickte ich sie an. «Es ist herausgekommen», fuhr Dr. Jamila fort, «dass er noch eine andere Frau hat. In Dubai. Ich bin in seiner Gunst gefallen.»

«Das heißt, er bleibt in Dubai?»

«Ich werde ihm jedenfalls nicht folgen.»

Afghanische Frauen haben mit Männern ähnliche Schwierigkeiten wie alle Frauen auf dieser Welt. Sosehr es mich traurig machte, dass ihre Kinder ihren Vater verlieren sollten, so freute es mich dennoch, dass sie uns nicht verlassen würde.

Niederschmetternd war der Anschlag am 7. Juni auf die ISAF, bei dem vier Bundeswehrsoldaten getötet wurden. Das Attentat ereignete sich, als zwei mit deutschen Soldaten besetzte Busse auf dem Weg zum Flugplatz waren, von wo aus sie in ihre Heimat zurückfliegen sollten. Morgens hatte der Konvoi das deutsche Hauptquartier verlassen. Auf einer Hauptstraße in Kabul war dann wenig später einer der beiden Busse völlig zerstört worden, als ein mit Sprengstoff präpariertes Taxi neben dem Gefährt explodierte. Meine Mitarbeiter – seit 1990 sind es einzig Afghanen – bekundeten mir ihre Anteilnahme, ihr Entsetzen, wie unglücklich sie darüber seien, sogar schriftlich. Hätte es Amerikaner oder Engländer getroffen, das wäre etwas anderes gewesen, aber Deutsche! Auf eine Diskussion über den Wert jedes menschlichen Lebens ließ ich mich lieber nicht ein.

Eine Woche lang wurde im Radio die Meldung ausgegeben, dass Ausländer im Haus zu bleiben hätten. Nach der Entwarnung wurden wir gebeten, einzig in einem NGO-Auto zu fahren oder in einem Taxi mit afghanischer Begleitung.

Ich war zu dieser Zeit in Kabul und froh, als ich die niederdrückende, depressive Stimmung in der Hauptstadt hinter mir lassen konnte. Von allen anderen Ausländern hatte ich mich ferngehalten. Zu spüren war eine allgemeine Hysterie, da im Sommer Wahlen in Afghanistan stattfinden sollten. Deutsche bereiteten sie mit vor, daher der Druck, der auf allen lastete, zumal sie sich für die Regierung, für Karzai starkmachten. Einigen extremen Gruppierungen gefiel das gar nicht, sie verübten Sprengstoffanschläge, um die Regierung zu schwächen und ihre eigenen zerstörerischen Interessen weiterzuverfolgen.

Als die toten deutschen Soldaten ausgeflogen waren, schrieb ich dem General der Schutztruppe, gab ihm zu verstehen, dass ich es schade finden würde, wenn sich an der guten Zusammenarbeit etwas ändern würde. Ich hatte gehört, dass sich unter den Soldaten nach dem Anschlag im Camp Panik breitgemacht habe, sie heftig reagiert hatten, deshalb versuchte ich in meinem Brief zu verdeutlichen, was für einen Nutzen die Soldaten aus meinen Einblicken in das Land ziehen könnten. So war ich der Ansicht, dass ich den Männern und Frauen im Camp vielleicht den Sinn ihres Einsatzes vermitteln, ihnen viel Gutes über die Afghanen erzählen könne, um so ein verzerrtes Bild von den Menschen, das jetzt nach dem Angriff in Kabul entstehen könnte, zurechtzurücken und ihnen Mut zu machen. Wir Älteren, die wir länger im Land sind und uns auskennen, hatten schon vieles überstanden.

Der General antwortete auf mein Schreiben, meinte, ich sollte wieder meine Vorträge halten.

«DU BIST STÄMMIG GENUG, LASS DICH STERILISIEREN»

Im Juli war es angesichts der Schwüle so diesig, dass die Bergkonturen nicht mehr zu sehen waren. In einer Nacht zerfetzten Blitze den Himmel, flutartig wälzten sich braune Wassermassen durch Chak, viele Häuser wurden dabei zerstört. Bei Karim, unserem ersten Fahrer, stürzten Tor und Mauern ein. In den Tagen darauf regnete es, in Deutschland würde man bei einem solchen Wetter Menschen mit Regenschirmen auf der Straße sehen, hier sind sie eine Ausnahmeerscheinung. Die Maulbeeren wurden reif, überall auf dem Hof lagen sie herum, abgefallen von den Bäumen, meist zermatscht von den Autos oder den umhergehenden Patienten. Jeden Tag musste der Hof gekehrt werden.

Eine Spende aus Deutschland war angekommen, Verhütungsspiralen für Frauen. Zufällig bekam ich mit, wie Dr. Jamila und Naseer sich über eine Frau unterhielten, der sie zuvor nicht hatte helfen können. Da sie nicht Englisch sprachen, sondern Paschtu, konnte ich nicht alles verstehen.

«Hatte eine Patientin wissen wollen, ob man ihr helfen könne, keine weiteren Kinder mehr zu bekommen?», fragte ich auf Englisch.

Dr. Jamila nickte, ich hatte angesichts der Spende also richtig vermutet.

«Können Sie mit Spiralen umgehen?», fragte ich weiter.

Die Ärztin nickte wieder.

«Wir können die Verhütung hier auf dem Land nicht forcieren», fuhr ich fort, «aber wenn Frauen nachfragen, sollten wir sie unterstützen. Falls ihr entsprechende Bestellungen habt, müsst ihr mir das sagen, ich werde das dann von Kabul aus organisieren.»

Viele Afghanen wissen, dass es Verhütungsmethoden gibt, doch meistens sprechen sie nicht offen darüber, und sie werden auch nicht sehr häufig in Anspruch genommen.

Erstaunlich war deshalb folgende Begebenheit: Naseer, unser Administrator, lud mich eines Tages zu sich nach Hause zum Essen ein. Plötzlich kam es zu einem Wortwechsel zwischen ihm und seiner Frau, vor den anwesenden Schwestern, Schwägerinnen und Tanten.

Naseer meinte, seine Frau solle sich sterilisieren lassen. Sie entgegnete daraufhin: «Nein, ich bin zu dünn dafür, sterbe vielleicht bei einem solchen Eingriff. Du bist stämmig genug, lass du dich doch sterilisieren.» Ich wusste nicht, was ich dazu sagen sollte, so offen hatte ich noch nie Afghanen über diese Dinge reden hören.

2003

Sterilisationen sind seit dem Ende der Taliban-Herrschaft übrigens in Kabul möglich, auch unsere Chirurgen im Chak-Hospital nehmen sie vor.

Froh war ich nun, dass Dr. Jamila sich nicht gegen den Einsatz von Verhütungsmitteln wehrte. Unsere früheren Frauenärztinnen waren ledig und konnten oder wollten in dieser Richtung nichts bewegen.

Die Gynäkologin sprach noch ein anderes Problem an: «Vor dem Frauentrakt laufen zu viele Männer rum, Fahrer, aber auch Patienten aus dem Männerbereich. Sie sind einfach neugierig, außerdem gibt es immer bestimmte Frauen, die sich auf ein Gespräch einlassen. Wir sollten dem Einhalt gebieten.»

Ich stimmte ihr zu – es sollte nicht heißen, es würde unmoralisch bei uns zugehen – und ordnete an, dass einer von unseren Leuten dafür sorgen sollte, dies weitgehend unter Kontrolle zu bringen, die Wächter schafften es allein wohl nicht mehr. Ich musste dafür Sorge tragen, dass wir den Sittenkodex der Afghanen nicht verletzten.

Meine eigene Abwehr richtete sich gegen eine Maus, die mir in meinen Finger biss. Gegen diesen nächtlichen Ruhestörer konnte ich keine Security einsetzen.

Eines Tages hatten wir Besuch von Ingenieur Shafic, einem Afghanen, der beim Internationalen Roten Kreuz arbeitete. Seit dreizehn Jahren kannte ich ihn, mit einem gemieteten Auto reiste er durch verschiedene Gegenden, um sich nach der jeweiligen Sicherheitslage zu erkundigen. Gerade hatte man einen ICRC-Mann, einen Italiener, zwischen Ghazni und Kandahar erschossen. Shafic erzählte, neuerdings würde man Explosionskörper hinter Autonummernschildern montieren. Es wäre also besser, Wagen nicht mehr unbeaufsichtigt stehenzulassen.

Weiterhin teilte er mir mit, dass es wieder Unregelmäßigkeiten in der Regierung von Hamid Karzai gebe. Damit waren in erster Linie Machtkämpfe gemeint. Das kannte ich bereits. Die hatte es beispielsweise auch 1992 gegeben, als der damalige Staatspräsident Mohammed Nadschibullah gestürzt wurde. Nadschibullah war einst der Wunschkandidat von Michail Gorbatschow gewesen, als dann aber 1989 der letzte sowjetische Soldat Afghanistan verlassen hatte, entdeckten diejenigen, die gegen die Sowjets gekämpft hatten, also die Mudschaheddin, plötzlich den Glauben. Statt einer Diktatur des Proletariats war jetzt von der Lehre des Propheten die Rede. Als Nadschibullah 1992 gefangen genommen wurde – die fundamentalistischen Taliban richteten ihn 1996 hin –, hatten die Mudschaheddin versucht die Macht zu übernehmen. Das hatte aber nicht funktioniert, weil sich die einzelnen Gruppen gegenseitig bekämpften, der Bürgerkrieg weiter- und weiterging. Am Ende war das Land ausgeblutet. Aus dem Norden kam der Tadschike Burhanuddin Rabbani mit seinem berühmten Feldherrn Ahmed Schah Massud. Rabbani wurde Präsident in Kabul, er war ein guter Stratege, aber kein Politiker. Der größte Nachteil dieser Nordallianz war, dass ihre Anhänger Tadschiken waren und damit gegen die Paschtunen – Taliban sind hauptsächlich Paschtunen – keine Chance hatten. Sie schafften es auch nur bis kurz hinter Kabul. Rabbani scheiterte wie auch der nächste Ministerpräsident, der Fundamentalist Gulbuddin Hekmatyar. Er konnte 1993 sein Amt nicht antreten, weil es erbitterte Gefechte mit Tausenden von Toten um Kabul gab, die Stadt wurde dabei zu achtzig Prozent zerstört. Das war die Gelegenheit für die Taliban, ihre Herrschaft zu etablieren. Als sie 2001 gestürzt wurden, wurde Karzai 2002 zunächst Übergangspräsident des Landes.

Die ständigen Machtkämpfe lassen das Land nicht zur Ruhe kommen. Auch die Korruption trägt dazu bei. Die Afghanen sind regelrecht dazu verpflichtet, wenn sie eine gute Stellung innehaben, die eigene Verwandtschaft unterzubringen, ihnen Posten zu besorgen. Wenn Karzais halbseidener Bruder Ahmad Wali tatsächlich auf der Gehaltsliste der CIA steht, wie angenommen wird, und zugleich einer der größten Drogenbarone in Afghanistan ist, dann kann man daraus seine eigenen Schlüsse ziehen.

Kurz nachdem uns Ingenieur Shafic aufgesucht hatte, schrieb mir eine einsichtige und weitblickende Bekannte: «Inzwischen ist auch den hartnäckigsten Schönrednern die Hauruck-Euphorie vergangen. Schlimm jedoch, dass die Menschen, um die es geht, dann schon nicht mehr interessieren, wenn sie und ihre Verhältnisse sich nicht so entwickeln, wie es die Beglücker sich vorgenommen hatten.»

Das war auf den Punkt getroffen. In Afghanistan wurde Macht die meiste Zeit missbraucht. Skrupellosigkeit, kriminelle Energie, Killerinstinkt, Verschwinden von Hemmschwellen, Käuflichkeit, krankhaftes Geltungsbedürfnis herrschten vor. Der Stärkere setzt sich durch, nicht der Weiseste.

Der anbefohlene Rückzug der Araber stürzte die Menschen in immer tiefere Abgründe. Im Laufe des Jahres zeigte sich, wie viele Projekte und Institutionen sie unterstützt hatten. Die Älteren hatten die größten Bedenken, sie nahmen an, dass dadurch viele junge Leute ihren Halt verlieren und weiter abrutschen würden. Viele Delegationen tauchten bei uns auf, baten um Hilfe, fragten, ob wir nicht das einst von Arabern unterhaltene Shniz-Krankenhaus mit übernehmen könnten. Das Hospital, es lag zweieinhalb Stunden entfernt, würde zusammenbrechen, die Gehälter könnten nicht mehr bezahlt werden. Das überstieg unsere Kapazitäten. Wir waren ohnmächtig. Ich musste daran denken, wie viele Millionen US-Dollar für die Armee bereitgestellt wurden.

«Aber es wäre vielleicht gut, wenn wir die Chirurgen vom Shniz-Krankenhaus gewinnen könnten.» (Das klappte wegen der zu hohen Gehaltsforderungen leider nicht.) Dr. Eesan blickte mich ernst an. Ich wusste, worauf unser medizinischer Direktor anspielte. Es gab das Gerücht, dass Dr. Timorshah, unser damaliger Chirurg, aufhören würde. Er hatte gerade geheiratet, und man sagte, er wolle zu seiner Frau, einer Medizinstudentin, nach Peschawar ziehen. Dr. Eesans Hinweis war berechtigt, es war gut möglich, dass wir bald Ersatz brauchen würden. Ich erinnerte mich daran, mit welcher Begründung Dr. Timorshah um einen einwöchigen Urlaub bat, er hätte «das Problem der Hochzeit».

Der Chirurg verließ uns aber nicht, sondern ich musste ihn einige Monate später regelrecht hinausschmeißen. Nachdem das afghanische Gesundheitswesen mehr und mehr zu einem Geschäftszweig geworden war und die Krankenhausärzte in Kabul nur bis mittags arbeiten mussten, um am Nachmittag gegen Geld private Patienten zu behandeln, hatte er sich dieses Prinzip der Hauptstadt zu eigen gemacht. Bei uns im Hospital hatten die Ärzte Tag und Nacht für die Patienten da zu sein, das hatten schon Dr. Zakina und Dr. Nooria nicht einsehen wollen. Nun fuhr also Dr. Timorshah bei jeder sich bietenden Gelegenheit nach Kabul, um dort privat zu praktizieren. Montags kam er manchmal erst gar nicht. Wenn er doch auftauchte, war er übermüdet, weil er Überstunden in der Hauptstadt gemacht hatte, sodass er in Chak ab mittags schlief und seine Sprechstunden nicht einhielt, an Seminaren nicht teilnahm. Mehrmals stellte ich ihn zur Rede, bat ihn, nur für das Hospital zu arbeiten. Als er sein Verhalten daraufhin nicht änderte, musste ich Konsequenzen ziehen. Es fiel mir nicht leicht, ihn zu entlassen. Obwohl er nur wenige Operationen durchführen konnte, war das für die Provinz besser als gar nichts.

DER SOMMER DER MOHNFELDER

Schon im Frühjahr waren in Wardak die Händler aus Jalalabad und Helmand aufgetaucht. Sie boten den Menschen Vorauszahlungen an, wenn sie Mohn anbauten. Den Rest würden sie nach der Ernte erhalten. Viele hatten sich kaufen lassen. Überall waren nun, im Sommer, die leuchtend roten oder weißen Mohnfelder zu sehen, dazwischen das satte Grün. Das Konzentrat aus den Mohnkapseln wurde angeblich über den Iran und die Türkei nach Europa gebracht, mit dem Wissen der jeweiligen Gouverneure. Die Regierung in Kabul gab dem zuständigen Sicherheitskommandanten unseres Distrikts, Zaferuddin, Geld, um dagegen etwas zu unternehmen. Von diesem Betrag erwarb er ein Vertilgungsmittel, das nachts über die Blütenmeere gestäubt wurde. Alle Felder wurden durch die Aktion nicht vernichtet, aber er erreichte damit, dass er alle Menschen nun gegen sich hatte. Ein Jahr später hörte der Mohnanbau Gott sei Dank in Wardak auf – im Islam gelten Drogen eigentlich als frevelhaft.

In diesem Sommer der Mohnfelder sollte ich am 28. Juli bei der Luftwaffe der ISAF einen Vortrag halten. Viele von den Soldaten, die als Zuhörer kommen wollten, so erfuhr ich, hätten das Camp, das sich auf dem Gelände des Militärflughafens von Kabul befindet (nebenan ist der zivile Flughafen), bisher kein einziges Mal verlassen.

Karim und ich erhielten einen Ausweis, um auf das Gelände fahren zu können. Aus Chak hatte ich einige Rosen mitgebracht, die nach der langen Reise ihre Köpfe hängen ließen. Soldaten eilten herbei, nahmen sie mir ab und stellten sie ins Wasser, damit ihr besonderer Duft erhalten blieb. Im Camp gab es kein Grün, keine Blumen. Ich hoffte, ich konnte ihnen die anderen Gesichter Afghanistans zeigen.

Als Karim mich gegen einundzwanzig Uhr abholte und ich auf das nächtliche Flugfeld trat, fiel mir Antoine de Saint-Exupéry ein, jener französische Schriftsteller und Flieger, der in seinem Werk «Der kleine Prinz» von einem in der Wüste notgelandeten Piloten erzählt. Er trifft dabei auf einen kleinen Jungen, den ein Asteroid auf die Erde verschlagen hat. Diese Geschichte ist auch eine Auseinandersetzung mit dem Zweiten Weltkrieg, mit einem leidenden Frankreich und einem pragmatisch denkenden Amerika. Man konnte viele Parallelen ziehen. Ich sah hinauf zum schwarzen Himmel, Sterne glitzerten am Firmament, die Silhouetten von Flugzeugflügeln ragten ins Dunkle. Dazwischen die Soldaten in der sie disziplinierenden Uniform, voll von Heimweh. Manche von ihnen hatten so junge Gesichter.

Ein andermal wurde ich eingeladen, vor einer Gruppe von deutschen Polizisten zu reden. Sie halfen dabei, die afghanische Polizei aufzubauen. Einer der Männer unterhielt sich nach den Vorträgen länger mit mir, sagte, dass es unter den Polizisten sehr viele Drogenprobleme gebe, sie seien auch am Geschäft mit der Prostitution beteiligt. Bruder Georg von der seit über vierzig Jahren in Afghanistan tätigen Christusträgerschaft German Medical Service (GMS) erzählte, dass im Indira-Gandhi-Kinderhospital, im Zentrum von Kabul, das totale Chaos herrsche, jeden Tag würden rund dreißig Kinder sterben (sechzehn von hundert Kindern sterben in Afghanistan im ersten Lebensjahr). Und im Malalai-Hospital würden täglich rund hundert Frauen entbinden.

Nicht nur der Mohn blühte, auch der Lavendel. Der Duft, der von dieser Pflanze ausgeht, vertilgt Ungeziefer, leider nicht menschliches. Das dachte ich, als Mullah Omar über pakistanische Radiosender verkünden ließ, dass alle Ausländer Afghanistan verlassen müssten, sonst würde man eine Reihe von Explosionen starten. Der untergetauchte islamische Extremist sollte eine Schura von acht Personen gegründet haben, eine Versammlung von Autoritäten, ein islamischer Rat, zu dem auch Jalaluddin Haqqani gehörte, der eines der mächtigsten Taliban-Netzwerke gegründet hatte. Sein Sohn, Siradschuddin Haqqani, gilt als Drahtzieher von Anschlägen auf NATO-Truppen in Afghanistan. Für seine Ergreifung hatten die USA ein Kopfgeld von fünf Millionen Dollar ausgesetzt. Im Februar 2010 soll er von einer amerikanischen Drohne im pakistanischen Nord-Waziristan getötet worden sein.

Mullah Omar ist noch immer der Anführer der Taliban, von 1996 bis 2001 war er der faktische Machthaber Afghanistans. Omar kämpfte schon gegen die Regierung von Mohammed Nadschibullah, wobei er sein rechtes Auge verlor. Seit dem 11. September 2001 ist er auf der Flucht, es wird angenommen, dass er entweder bei irgendwelchen afghanischen Stammesfürsten untergetaucht ist oder von Pakistan aus operiert. Bis heute, 2011, wird über seine Aufenthaltsorte nur spekuliert.

Im Sommer gab es immer wieder Probleme mit unseren

weiblichen Mitarbeitern. Im Kreißsaal, bei Dr. Jamila, fehlten plötzlich Medikamente und Materialien, die bei der Geburt gebraucht wurden. Am Wochenende arbeitete sie außerhalb des Krankenhauses, auch von zu Hause aus, unsere Patientinnen ging sie um Bakschisch an. In einem Gespräch hatten wir vereinbart, dass sie sämtliche Medikamente und Materialien auflisten sollte, die sie verwendete, gegengezeichnet von einer anderen Mitarbeiterin, sodass wir eine Kontrolle über ihre Entnahmen hatten.

Ständig erschien sie zu spät zu ihrem Dienst oder überhaupt nicht. Es hieß, ihr Mann sei aus Dubai zurückgekehrt. Dr. Jamilas Vater hätte ihm den Kopf gewaschen und befohlen, bei seiner Erstfamilie zu bleiben. Kurz danach erschien sie in meinem Büro und sagte: «Mein Mann ist bereit, in der Zahnambulanz zu arbeiten.» – «Wir konnten nicht auf ihn warten», antwortete ich. «Die Stelle ist bereits besetzt. Aber er kann sich trotzdem bei uns vorstellen.»

Schon am nächsten Tag lernte ich Dr. Jamilas Ehemann kennen. Ich wiederholte ihm das, was ich seiner Frau zuvor gesagt hatte. Doch selbst wenn wir eine freie Stelle gehabt hätten, hätte ich ihm nicht zusagen können. Er war ein Kandahari, stammte also aus der südlichen afghanischen Provinz Kandahar. Außerhalb ihrer Region werden Kandaharis kaum akzeptiert, weil sie als schlitzohrig gelten. Selbst im Basar hätte er keine Chance gehabt, Fuß zu fassen und Geld zu verdienen. An seinem Dialekt hätte man ihn immer erkannt.

Zwei Tage später teilte mir Dr. Jamila mit: «Wir gehen mit den Kindern nach Kabul.» Damit war ihre Arbeit bei uns beendet. Zuvor hatte eine unserer Krankenschwestern zwei Stethoskope vermisst. Es war klar, wo sie zu finden waren.

Dr. Anisa fragte, ob man denn mit Dr. Jamilas Weggang die

Frauenambulanz schließen müsste. Fast wäre ich geplatzt vor Wut, aber die Zahnärztin hatte recht: Wir mussten die Patientinnen nun zu unseren männlichen Ärzten schicken; einfache gynäkologische Untersuchungen übernahmen die Zahnärztin und die Krankenschwestern. Doch auf Dauer war das kein Zustand, sodass ich Dr. Anisa nach Kabul schicken musste, um eine neue Gynäkologin zu finden.

Als sie zurückkehrte, hatte sie keine guten Nachrichten für uns. In Kabul, sagte sie, würde man Ärztinnen mit noch mehr Geld als im letzten Jahr ködern.

«Denken Sie, dass es völlig aussichtslos ist, eine Ärztin in die Provinz zu bekommen?», fragte ich.

Dr. Anisa zuckte mit den Schultern: «Ich konnte mit einigen Frauen sprechen, aber alle sagten mir, sie würden den und den Kurs aus ihrem Frauenprogramm beenden wollen.»

Aufgeben wollte ich nicht, aber momentan schien der Zeitpunkt ungünstig zu sein. Wir mussten uns gedulden.

Ähnlich schwierig war es mit meinen Plänen, eine Augenabteilung in Chak zu etablieren. Bei diesem Vorhaben wollten mich deutsche Augenärzte unterstützen, die mir schon vor Monaten zugesagt hatten. Doch jetzt konnte ich sie nicht nach Chak kommen lassen. Die Lage hatte sich zugespitzt. Ich musste ihnen sagen: «Es ist zu gefährlich, in der Provinz ist es nicht mehr sicher.» Also kümmerte ich mich um afghanische Augenärzte. Ich wusste, in Kabul bekamen sie rund 500 Dollar im Monat und durften auch noch privat praktizieren. Unsere Ärzte verdienten monatlich nicht einmal 300 Dollar bei einem Einsatz rund um die Uhr. Eine Aufstockung unserer Gehälter schien mir die einzige Lösung zu sein, zum Nachteil für andere Dinge, die das Krankenhaus dringend benötigte.

In vielen Regionen des Landes wurde es immer unruhiger.

Hinter Ghazni wurden vier Mitarbeiter von der dänischen Hilfsorganisation DACAAR (Danish Committee for Aid to Afghan Refugees) in einem Auto erschossen, vier weitere vom Roten Halbmond, der größten türkischen Hilfsorganisation. In Shekhabad, einem Ort, der nur eine Stunde von uns entfernt liegt, explodierte eine Brücke, genau in dem Moment, als Ausländer zu einem Meeting nach Maidan Shar fuhren. Es gab Warnungen, weil man die weitere Asphaltierung der Strecke Herat–Kandahar–Ghazni–Kabul ablehnte, obwohl über diese Route der gesamte Lkw-Verkehr läuft. Eine Rakete der radikalen Taliban traf im ISAF-Camp einen Kanadier.

Am 22. September wurde ich zur Eröffnung des Goethe-Instituts in Kabul eingeladen. Die Rede hielt Wilfried Grolig, Leiter der Kultur- und Bildungsabteilung des Auswärtigen Amtes. Ich sah unter den Gästen den damaligen deutschen Botschafter, Generäle, Minister aus Afghanistan, deutsche Delegierte wie Monika Griefahn. Die Veranstaltung fing mit einer Stunde Verspätung an, da ein enormer Sicherheitsaufwand notwendig war.

Eine junge Afghanin mit Kurzhaarschnitt, westlich gekleidet, entkorkte eine Flasche Sekt, sie gehörte einer Theatergruppe an, die im November in der Hauptstadt Shakespeares *Romeo und Julia* aufführen wollte. Es wurde davon gesprochen, afghanische Frauengruppen und Filmemacher zu unterstützen, man würde Sprachkurse in Deutsch anbieten, die Musik wieder fördern, die unter den Taliban verboten war.

Als ich die winzige Insel der Kultur verließ und auf den Straßen Kabuls umherging, sah ich hier und da ISAF-Panzer. Ich dachte daran, dass auch die Menschen sich und ihre Herzen eingepanzert hätten, um die Realitäten nicht wahrzunehmen.

2003

In den Schaufenstern einiger Geschäfte entdeckte ich westliche Hochzeitskleider mit kurzen Ärmeln und tiefen Ausschnitten.

Bevor ich nach Deutschland flog, aktualisierte ich meinen Vortrag, ordnete einige Dias um. Von Mitte November bis Anfang Dezember würde ich durch die Republik reisen und versuchen, Spenden für das Krankenhaus zu sammeln, einige Fernsehauftritte waren auch schon vereinbart.

Naseer, unser Administrator, und der medizinische Koordinator Dr. Eesan würden während meiner Abwesenheit in Kabul an einem zehntägigen Kurs zum Thema «Monitoring, Evalution» teilnehmen, den die amerikanische Hilfsorganisation CARE ausrichtete. Eid Gul sollte weiter in der Kieferchirurgie ausgebildet werden – alles war organisiert.

Der Herbst hatte es eilig, die Sonne tat sich schwer, den alles überlagernden Dunst zu durchbrechen. Schaffte sie es, ließ sie die gelben Maulbeerbäume in einem alchimistischen Gold erglühen. Die Blätter der Aprikosenbäume funkelten rubinrot. Die Herbstwinde brachten das Laub zum Erzittern, Gästen konnten wir ein paar frische Walnüsse als Geschenk überreichen.

Ich verabschiedete mich mit Dank an meine Mitarbeiter für die vergangene Saison – auch wenn manche Nüsse erst noch zu knacken waren.

2004 GARAGEN ALS WAHLLOKAL FÜR FRAUEN

Das Interesse an Afghanistan hatte abgenommen, während meiner Monate in Deutschland konnte ich das deutlich feststellen. Ein Grund war sicher, dass für immer mehr Krisenherde auf der Welt um Spenden gebeten wurde. Ständig musste ich darauf hinweisen, dass mit dem Sturz der Taliban-Regierung nicht alle Probleme verschwunden seien. Dreißig Jahre Krieg können nicht in einem Kurzprogramm aufgearbeitet werden, zumal auf allen Gebieten von vorne begonnen werden musste.

Kurz vor meinem Abflug nach Afghanistan erhielt ich noch eine wenig gute Nachricht von Dr. Eesan. Die beiden Männer, die mich überfallen hatten, waren aus dem Gefängnis entkommen. Für mich stellte diese Tatsache angesichts meiner baldigen Rückkehr einen erheblichen Unsicherheitsfaktor dar. Ich fürchtete Revanche und stellte mir schon vor, dass sie mir im Dunkeln auflauern würden. Zwar hatte ich keine schriftliche Erklärung abgegeben, in der ausdrücklich stand, dass sie die Täter waren, doch nach ihrer Flucht waren sie nach Chak zurückgekehrt und hatten den Kommandanten zusammengeschlagen. Einen genauen Grund dafür konnte mir Dr. Eesan nicht nennen, aber ich vermutete, dass der Kommandant für die Gegenüberstellungen verantwortlich war. Konnte ich es wagen zurückzukehren?, überlegte ich.

Am nächsten Tag rief Dr. Eesan erneut an und berichtete von den Ereignissen der letzten Stunden: «Man hat die beiden Männer mit über fünfzig Personen eingekreist. Leider wurde dabei der Polizeioberst erschossen.»
«Konnten die Täter gefasst werden?», fragte ich.
«Einen der Entflohenen konnte man festsetzen, er wurde bei der Aktion verwundet. Der andere konnte entkommen; man sagt, er sei jetzt im Iran.» Ich konnte mir vorstellen, welcher der Männer über die Grenze getürmt war. «Chak ist jetzt wieder sicher», fuhr Dr. Eesan fort. Das zu hören, erleichterte mich sehr.

Wie immer flog ich nicht direkt nach Kabul, sondern nach Peschawar. Hier konnte ich mit Abdul Latif, einem der ältesten Mitarbeiter des Hospitals, Materialien für das Krankenhaus kaufen, medizinische Geräte beispielsweise, die es in Kabul nicht gab oder die dort mühseliger in der Anschaffung waren, meist auch wesentlich teurer. Naseer und Karim holten mich an der pakistanisch-afghanischen Grenze mit dem im letzten Jahr gekauften Pick-up ab, alles verlief problemlos. Überall sah man noch die Reste der einstigen Flüchtlingslager.

Zusammen fuhren wir schließlich nach Kabul, die Reise dauerte rund zehn Stunden. Da es seit einem Monat nicht geregnet hatte, nahm uns Staub die Sicht, auch auf die Mohnfelder links und rechts. Als wir Jalalabad passierten, dachte ich daran, dass in der Umgebung dieser ostafghanischen Stadt zwischen den Flüssen Kabul und Kunar Norbert Burger und Akbar Mohamad ein Vorzeigeprojekt der Deutschen Welthungerhilfe entwickelt hatten. Anstelle von Mohn bauen etliche Bauern dieser Region Rosen an. Die Blütenblätter werden von der Organisation ausgepresst, so gewinnt man Rosenöl und Rosenwasser. Von der Wertschöpfung her ist das eine ernsthafte Konkurrenz für das

2004

Heroin, aber die Welthungerhilfe kann dieses Alternativangebot nur als Pilotprojekt durchführen, die Organisation darf nicht als Gewinn erwirtschaftende Firma auftreten, die mit ihren Produkten Geschäfte macht.

In der Hauptstadt suchte ich Mitglieder von Comprehensive Disabled Afghans' Program (CDAP) auf, einer UN-Organisation, die sich darum kümmert, Behinderte in die afghanische Gesellschaft zu integrieren. So unterhalten sie zum Beispiel eine Orthopädiewerkstatt. Durch diese Organisation ist es für uns möglich, unsere Physiotherapieabteilung in Chak zu erhalten. Zugleich hilft sie uns, die Transporte von Patienten zu koordinieren, die in unserem Hospital behandelt werden, wenn Interplast für einige Wochen zu uns kommt. In sogenannten Workshops trifft CDAP eine Vorauswahl jener Patienten, die sie zu uns bringen, und zwar in einem Radius von zehn Autostunden. Bei den Operationsteams von Interplast handelt es sich um plastische Chirurgen, Anästhesisten und OP-Schwestern, die ihren Urlaub zur Verfügung stellen und unentgeltlich in Entwicklungsländern operieren. Immer sind es die altbekannten Probleme: Missbildungen, Lähmungen, Verbrennungen, Tumore und natürlich auch seit Wochen erfolglos behandelte Wunden.

Der nächste zweiwöchige Einsatz unter der Leitung von Dr. Ortwin Joch, der schon in den pakistanischen Flüchtlingslagern gearbeitet hatte, war für den Mai geplant.

Eineinhalb Tage brauchte ich, um das CDAP-Gebäude zu finden. Auch diese Organisation war umgezogen, hatte sich verkleinert, da sie nicht mehr vom Swedish Committee unterstützt wurde. Man hatte uns die neue Adresse im Stadtteil Mecurion gegeben. Da es in Kabul keine Schilder mit Straßennamen und Hausnummern gibt, war unsere Suche vergebens gewesen. Erst weiteres Nachfragen führte uns zu dem richtigen Haus.

Anschließend nahm ich an einem Security-Meeting der deutschen Botschaft teil. Einzelheiten darf ich nicht wiedergeben. In meinen Ohren klang alles sehr theatralisch, zu diesen Erkenntnissen konnten nur Menschen kommen, die in einem Elfenbeinturm sitzen.

Kabul selbst erlebte ich als frei, aber auch als sehr widersprüchlich. Erfreulich anzusehen waren die vielen Mädchen, die zur Schule gingen, die jungen Frauen, die studierten. Man sprach von der Befreiung der Frau. Doch nur in Kabul existierten diese Freiheiten, im übrigen Land, einem sehr großen Land, schien mir vieles sogar rückläufig zu sein – an diesem Eindruck hat sich bis heute nichts geändert.

Und trotz aller hauptstädtischen Freiheiten entdeckte ich, wie sich die offiziellen Stellen mehr und mehr verbarrikadierten, in der deutschen Botschaft dachte man sogar über Evakuierungspläne nach. Zugleich entwickelten sich Kompetenzgefechte: Die NGOs betrachteten die Einsätze der CIMIC (Civil Military Cooperation), der zivilen Hilfe der Schutztruppen, als Konkurrenz, da nun auch deutsche Soldaten aus Imagepflege Schuldächer reparierten oder Brunnen bohrten.

Über die Deutsche Welle hörte ich – es war direkt nach der Berliner Afghanistankonferenz Ende März 2004 –, dass Karzai ein Präsident ohne Land sei. Immerhin kam man auf dieser Tagung zu der in meinen Augen späten Erkenntnis, dass wohl alles langfristig angelegt werden müsse. Die anfängliche Euphorie hatte ich sowieso nicht geteilt. Da Karzai in Berlin zu verstehen gegeben hatte, dass einige NGOs sehr gut arbeiten würden, andere weniger, wurde entschieden, dass man einen Großteil der Hilfsgelder direkt der afghanischen Regierung übergeben wolle.

Meiner Meinung nach war das ein großer Fehler, da viele NGOs Arbeitgeber sind und gerade die einfachen Menschen unterstützen. Karzais Taktik hatte somit Erfolg, denn die Regierung brauchte das Geld, um ihre Angestellten zu unterstützen, die Minister konnten nun selbst nach Willkür und Herkommen ihre Wunschprojekte fördern – und dabei in die eigene Tasche wirtschaften.

Die Zeit verging so schnell, dass ich es nicht mehr schaffte, mit Naseer und Karim nach Chak zu fahren.

«Karla, Sie müssen zu uns kommen, es gibt so viel zu tun», sagte unser Administrator, aber mein Rückflug nach Deutschland war nicht zu verschieben.

«Im Juni werde ich wieder in Chak sein», antwortete ich. «Wie steht es eigentlich um das Wasserkraftwerk?»

Das Wasserkraftwerk war 1938 von Siemens ganz in der Nähe des Krankenhauses errichtet worden – ohne meinen Vater, eine sympathische Legende. Es versorgte die Menschen mit Strom.

Seitdem ich 1989 mit dem Hospital anfing und uns das Ministerium für Wasser und Energie seinen Grund und Boden zur Verfügung stellte, sodass ich meinen Plan realisieren konnte, bestand eine besondere Verbundenheit zu dem Kraftwerk. Es ist eine Geschichte, die zeigt, wie lange sich manche Dinge in Afghanistan hinziehen können – oder wie aus ihnen dann doch nichts wird.

Immer wieder hatte es Anträge bei der Firma Siemens gegeben, das Werk zu reaktivieren, dieses «Museum» mit deutschen Hinweisschildern. Eine Turbine lief noch, die abends und morgens Schwachstrom für den Ort erzeugte und verteilte, auch das Krankenhaus war ein Nutznießer davon. Im Sommer wurde das Wasser allerdings hauptsächlich für die Bewirtschaftung der Felder benötigt. Mit alten Teilen von anderen Kraftwerken wurde das in Chak dann über die Jahre immer wieder notdürftig repariert.

1994 stellte ein Gutachter fest, dass die Kosten einer Reaktivierung zu hoch seien. Nach dem 11. September 2001 wurden uns immer wieder Hoffnungen auf eine Inbetriebnahme gemacht, Hoffnungen, die sich nie erfüllten.

«Es soll wieder ein Gutachten erstellt werden», berichtete Naseer jetzt kurz vor meinem Abflug nach Deutschland. «Ein Professor von der Technischen Hochschule in Hannover soll in Kabul sein. Es scheint wieder alles offen zu sein.»

«Ha! Das glaube ich erst, wenn er tatsächlich nach Chak hinausfährt», erwiderte ich.

MÄNNER HABEN KEIN AIDS

Nur wenige Wochen später kehrte ich nach Afghanistan zurück, im Mai 2004, rechtzeitig, um alles für die Ankunft von Interplast vorzubereiten: Zelte aufstellen, Gästebetten vorbereiten, für viel Tee und gutes Essen sorgen.

Dr. Joch war der einzige Chirurg bei diesem Einsatz, aber er arbeitete für zwei. Assistiert wurde er von OP-Schwester Anke, die schon zum vierten Mal nach Chak reiste, die Anästhesistin hieß Dr. Kretschmer. Sie war zum ersten Mal in Afghanistan, hatte aber schon in anderen Ländern geholfen. In den Jahren zuvor war meist Dr. Gabriele Fabius-Börner mitgekommen, eine ungemein souveräne Anästhesistin, die besonders gut mit Kindern umgehen konnte. Sie redete manchmal auf Dr. Joch ein: «Operieren Sie doch noch dieses Mädchen, sie wird dann schön und bekommt leichter einen Mann.»

2004

Die Mehrzahl der ausgesuchten Patienten war sehr arm, auch Nomaden befanden sich darunter, viele Kleinkinder. Am 15. Mai begann der Einsatz, nach acht Tagen hatte das routinierte Team 166 Menschen operiert, und das in einem Hospital mit sechzig Betten. Insgesamt mussten wir in dieser Zeit einschließlich unserer Mitarbeiter und der Angehörigen der Patienten 624 Personen unterbringen und verpflegen. Damit die Angehörigen auch etwas zu tun hatten, nutzte ich ihre Anwesenheit – ganz praktisch gedacht – und ließ sie einen hinter dem Krankenhaus vorbeifließenden Kanal von allem möglichen Dreck säubern. Freiwillig wollte sich natürlich keiner an dieser Reinigungsaktion beteiligen, aber unter der altbewährten Androhung, dass ich ihnen andernfalls die Verpflegung entziehen würde, setzten sie sich in Bewegung.

Die meisten, die uns aufsuchten, kannten keine Toiletten, und so waren unsere permanent verstopft, Überschwemmungen mit Schmutzwasser an der Tagesordnung. Viele gingen aber auch einfach nach draußen, wobei selbst die gerade blühenden Rosen nichts gegen die Düfte der Exkremente ausrichten konnten. So grenzten wir die beliebtesten Verrichtungsstellen mit Stacheldraht ab. Ein kleines Mädchen hatte eine Lücke im Zaun gefunden, zu einladend war das Grün der Pflanzen.

Nachdem das Interplast-Team uns wieder verlassen hatte, wurde es langsam schwül, gewittrig, und der Kampf gegen Moskitos und Fliegen begann. In diesen Sommerwochen erschien in Chak eine Frau von der GTZ, der Deutschen Gesellschaft für Technische Zusammenarbeit, und bat mich um Mithilfe. Für eine Erhebung suchte sie 270 ländliche Familien, die innerhalb von drei Wochen befragt werden sollten. Dazu sollte ich – wieder einmal – für eine Gruppe einige Ehepaare finden, die lese- und schreibkundig waren. Eine zweite Gruppe sollte Familien umfassen, bei denen es wenigstens zeitweise Elektrizität gab, sodass sie kochen und Brot backen konnten. In einer dritten Gruppe wollte man Haushalte beobachten, die ganz ohne Strom auskommen mussten. Es war schwierig, kurzfristig diese Personen zu finden, da die Dame von der GTZ nach nur vier Tagen erneut erscheinen wollte. Schließlich hatte ich die gewünschten Paare beieinander, und pünktlich um neun Uhr morgens fanden sie sich im Krankenhaus ein. Sie warteten und warteten, schließlich wurde es sechzehn Uhr; wer nicht auftauchte, das war die Mitarbeiterin der Deutschen Gesellschaft für Technische Zusammenarbeit. Sie hatte uns auch keine Nachricht geschickt, obwohl unsere E-Mail-Adresse in Chak bekannt war. Unzuverlässigkeiten treten nicht nur bei Afghanen auf.

Kurz darauf folgte die nächste Aktion: Dr. Sebastian Dietrich von der Organisation Lepco – die Lepco-Kliniken haben ein Programm zur Bekämpfung von Lepra und Tuberkulose in Afghanistan entwickelt, ein solches Zentrum lag ganz in der Nähe unseres Hospitals – war bereit, für unsere Mitarbeiter ein Seminar über Geschlechtskrankheiten abzuhalten. Am 4. Juni war es dann so weit. Die Regeln der afghanischen Gesellschaft beachtend, erklärte er unserem männlichen Personal anhand von Fotos, die er mit einem Beamer an eine Wand projizierte, die männlichen Genitalien und mögliche Krankheitsbilder; darunter auch HIV. In Kabul sollte es schon über hundert Fälle geben, bei denen Personen mit diesem Virus infiziert waren. Bei den vierzehn teilnehmenden Frauen zeigte er am nächsten Tag die weiblichen Genitalien und entsprechende Krankheitsentwicklungen. Sebastian Dietrich erzählte mir im Nachhinein, dass die männlichen Mitarbeiter nur zugehört, aber keine einzige Frage gestellt hätten. Sie vermochten nicht zuzugeben, dass bei ihren Geschlechtsgenossen solche Krankheiten vorkommen konnten. Die Frauen dagegen reagierten ganz anders, wie ich selbst miterleben konnte. Sie wollten vieles genauer wissen, waren sehr aufgeschlossen, schilderten ihre eigenen Beobachtungen bei Patientinnen, die sie zum Teil selbst in ein Krankenhaus nach Kabul geschickt hatten.

Die wichtigste Botschaft von Sebastian Dietrich an die männlichen und weiblichen Seminarteilnehmer lautete: «Beide Partner müssen gleichzeitig behandelt werden, da sich sonst die Frau immer wieder bei ihrem Mann anstecken wird.» Man konnte sich vorstellen, dass dieser Weg noch ein sehr weiter sein würde.

Es ging Schlag auf Schlag: Am 6. Juni kam ein Team von IAM (International Assistance Mission), unter dem Namen NOOR unterhält diese christliche Hilfsorganisation mehrere Augenkliniken in verschiedenen afghanischen Städten. Sie arbeitet schon seit über dreißig Jahren in diesem Land und hatte früher alle afghanischen Augenärzte ausgebildet. Die Taliban zwangen sie dazu, ihre Tätigkeiten einzustellen, zum Schluss mussten sie Afghanistan innerhalb von zweiundsiebzig Stunden verlassen. Als die Mission nach dem 11. September 2001 zurückkehrte, hatten sie noch immer Schwierigkeiten mit dem afghanischen Gesundheitsministerium – sollte es mit ihrem christlichen Glauben zu tun gehabt haben, so wurde dies nicht offen ausgesprochen –, dennoch führten sie selbst in den entlegensten ländlichen Gebieten erfolgreich sogenannte Eye-Camps durch. Später sind einige Ärzte von ihnen getötet worden – aber sie hatten ihre Camp-Route auch ins Internet gestellt. Das war fatal gewesen.

Sehr kurzfristig hatte man uns vorgeschlagen, ein Team für zwei Wochen zu uns zu schicken. Wir nahmen das Angebot an – und stellten die gerade abgebauten Zelte nun für die zu operierenden Augenpatienten wieder auf, bereiteten die Gästebetten diesmal für die Mitarbeiter von IAM vor. Weil alles so schnell gegangen war, mussten wir die Information über den Einsatz mündlich verbreiten, denn möglichst viele Menschen sollten die Chance zu einer Augenbehandlung erhalten.

Gleich am ersten Tag erschienen 104 ambulant zu behandelnde Personen, viele Menschen waren darunter, die altersbedingt eine Brille brauchten (sie bekamen ausgediente Brillen aus Deutschland, die beim Optiker abgegeben worden waren). Söhne brachten ihre ausgemergelten Eltern, erblindet durch grauen Star. Da die Frauen ihre Burka aber nicht vor männlichen Patienten hoben, hatten wir für sie einen Sehtestplatz hinter dem Frauenhospital im Freien installiert.

Nachdem das Team – insgesamt bestand es aus acht Personen – wieder abgereist war, konnte ich sagen: Das war ein weiterer sinnvoller Einsatz für die Armen. In zwei Wochen wurden über 110 Operationen gegen den grauen Star durchgeführt, wir hatten 1253 ambulante Patienten und konnten über dreihundert Brillen ausgeben. Was für eine Veränderung der Lebensqualität, wenn die Menschen, die vorher kaum noch etwas oder gar nichts sahen, plötzlich wieder alles erkennen konnten! Für uns war dieser Einsatz auch als Erfahrung im Hinblick auf unser Vorhaben, eine neue operative Augenabteilung einzurichten, sehr wertvoll.

Gleich danach führten wir eine Impfschulung durch, an der fünfzehn Personen von unserem Krankenhauspersonal teilnahmen. Die nächste Impfkampagne war geplant, fünf Tage lang wollten wir von Dorf zu Dorf ziehen, um gegen Tetanus,

Masern und Kinderlähmung zu immunisieren. Als Impfzentren hatten wir unter anderem auch Moscheen gewählt.

Mitten in diesem Trubel rauschte Zaferuddin herein, der Sicherheitskommandant von Chak. Wir hatten für unseren zweiten Wachmann eine Kalaschnikow angefordert, die er uns nun überreichte. Er hatte sogar noch eine dritte Schusswaffe für uns dabei. Sympathisch an dem Mann war, dass er sich nicht in den üblichen Höflichkeitsfloskeln verlor, sondern die Übergabe der Waffen knapp erfolgte.

Traurig, aber wahr: Im Radio erging eine Warnung von den Taliban, dass sie NGOs «attackieren werden». Der Grund: Sie würden mit den USA zusammenarbeiten. Kurz darauf tauchte ein Mitarbeiter vom afghanischen Geheimdienst (National Directorate of Security; NDS) im Hospital auf, um uns darauf aufmerksam zu machen, dass unsere Security-Truppe besonders aufpassen solle. Schon am 4. Juni war ein Auto der internationalen Organisation Médecins Sans Frontières (MSF; die deutschsprachige Sektion nennte sich «Ärzte ohne Grenzen») gestoppt worden, dabei wurden drei ausländische Ärzte, eine Frau und zwei Afghanen getötet.

Die Liste der Ermordeten wurde noch länger:

Ein Norweger starb, als ein ISAF-Konvoi brutal überfallen wurde.

Elf Chinesen tötete man beim Straßenbau.

Auch die Zahl der Verletzten stieg:

Ein ISAF-Wagen in Kunduz sollte explodieren, die Bombe traf ein Auto des Swedish Committee. Alle Insassen wurden verwundet.

Eine Rakete traf die US-Botschaft in Kabul.

Ein Flüchtlingswerk der UN in Kandahar ist mit Raketen beschossen worden.

GARAGEN ALS WAHLLOKAL FÜR FRAUEN

Auch Verleumdungen häuften sich. Wollte man jemanden loswerden, schwärzte man ihn an. Unter den Taliban ging man zu demselben Zweck zur religiösen Polizei oder zum National Directorate of Security. In diesen Zeiten wurde nur der NDS informiert. Bei uns im Hospital wurde unser Chirurg denunziert. Er stammte aus einem Dorf in den umliegenden Bergen, eine Stunde von Chak entfernt. Diese kleine Ortschaft wurde eines Tages plötzlich von Hubschraubern eingekreist, man nahm einen Dorfbewohner gefangen. Die Begründung: Er werde verdächtigt, ein wichtiger Mann von al-Qaida zu sein und Bomben herzustellen. Unser Arzt wurde mit ähnlichen Vorwürfen konfrontiert, doch die Dorfbewohner meinten, er habe nichts damit zu tun. Ein Nachbar wollte ihn loswerden und hatte ihn beschuldigt.

DIE MEDIZINISCHE PARTEI

Schon im letzten Jahr waren Mitglieder der afghanischen Regierung auf mich zugekommen.

«Es sind bald Wahlen», sagten sie mir. Das wusste ich auch, es ging um die Wahl des Unterhauses, der Wolesi Dschirga, des «Hauses des Volkes», wobei bei diesem Zwei-Kammer-Parlament in Afghanistan keine Parteien zugelassen sind, sondern nur unabhängige Abgeordnete. Aber typisch afghanisch wollte man nicht gleich auf das eigentliche Anliegen zu sprechen kommen, sondern suchte einen allgemeineren Einstieg.

«Was hat das Krankenhaus damit zu tun?», fragte ich.

«Es ist ja bekannt, dass die Frauen jetzt auch wählen sollen.»

«Das ist richtig, da kann ich nur zustimmen.»

2004

«Es müssen aber in jeder Region Frauen gefunden werden, die lesen und schreiben können.»

«Wieso? Was wollen Sie mir damit sagen?», fragte ich nach.

«Sie sollen sich mit den Wahlformularen vertraut machen. Danach können sie von Dorf zu Dorf gehen, um die Frauen, die nicht lesen und schreiben können, zum Wählen zu motivieren. Sie wissen dann auch, was auf den Wahlzetteln steht.»

«Das ist ein gutes Vorgehen, sehr lobenswert.»

«Aber wir müssen die Frauen erst finden, dann Vorgespräche mit ihnen führen, um eine Auswahl treffen zu können. Die schreib- und lesekundigen Frauen dürfen natürlich die anderen nicht beeinflussen.»

Ich erklärte mich bereit, ihnen zu helfen, ich fand dieses Vorgehen einleuchtend, und stellte ihnen einen Raum im privaten Bereich unseres Trainingszentrums zur Verfügung. Aber das war noch nicht alles, was die Männer auf dem Herzen hatten.

«Könnte man nicht hier im Krankenhaus ein Wahllokal einrichten?»

Entgeistert blickte ich meine Besucher an. «Die Politik muss hier außen vor bleiben. Wie stellen Sie sich das vor? Eine Wahl in Afghanistan ist etwas anderes als eine in einer alten Demokratie. Wer weiß, wie viele Sicherheitsleute gebraucht werden, damit es einigermaßen friedlich abläuft? Schon in den letzten Wochen hat man gesehen, was für Unruhen dies auslöst. Wenn wir Partei ergreifen, dann höchstens für eine medizinische.»

«Aber gerade die Frauen würden dann wählen, wenn sie zur Behandlung herkommen. Das wäre doch eine ideale Gelegenheit.»

Aha, sehr schlau eingefädelt. Natürlich hatten meine Gesprächspartner recht mit dem, was sie sagten. Und natürlich wollte ich, dass die Frauen aus der Provinz wählten.

Nach einer Weile sagte ich: «Ich setze mich nur für ein Wahllokal für die Frauen ein, die Männer können woanders ihre Stimme abgeben, etwa im Wasserkraftwerk.»

Wieder nickten die Herren, befriedigt zogen sie ab, sie hatten ihr Ziel erreicht.

Als sich die Wahlen in diesem Jahr näherten, stellte ich unsere Garage als Frauenwahllokal zur Verfügung. Immerhin war sie von der Straße aus zu begehen, man musste nicht unbedingt unser Krankenhaus aufsuchen, um sein Kreuz zu machen. Das war mir wichtig gewesen, um das Gefühl zu haben – und wenn es nur für mich selbst war –, dass es eine Trennung zwischen dem Hospital und der Politik gab. Zugleich gingen sechs Frauengruppen in die Dörfer unseres Distrikts, von Haus zu Haus, dennoch waren bis Mitte Juni nur 250 Frauen registriert, die wählen wollten. Die Wahl sollte insgesamt zwanzig Tage dauern, durch die geringe Teilnahme verlängerte man sie nochmals um weitere zwanzig Tage.

Als ich Wahlplakate von Karzai & Co. in unserem Labor entdeckte – wer auch immer sie dort aufgehängt hatte –, war ich enttäuscht. Man hatte mein Vertrauen missbraucht. Hatte ich nicht deutlich genug gemacht, dass politische Parolen bei uns nichts zu suchen hatten? «Sollen die ihre Plakate im Basar aushängen, nicht bei uns im Krankenhaus» – mit diesen Worten riss ich die papiernen Köpfe von den Laborwänden herunter.

Während einer Fahrt von Kabul zurück nach Chak wurden wir an einer Straße von ISAF-Schutztruppen herausgewinkt. Es waren dänische Soldaten mit einem Hund, der nach Sprengkörpern schnüffelte. Bei uns fand er nichts. Doch fast wäre ich explodiert, weil sie sich mit der Untersuchung des Pick-ups so viel Zeit ließen, dass währenddessen der Abend angebrochen war. Dabei war bekannt, dass man nach Einbruch der Dunkelheit nicht unterwegs sein sollte. Während der Hund im wahrsten Sinn des Wortes seine Schnauze in alles hineinsteckte, musste ich daran denken, wie einige ausländische Soldaten wohl afghanische Frauen abgetastet hatten – so musste das Blut der Männer ja aufwallen. Gerüchten zufolge sollte eine Afghanin sogar erschossen worden sein, weil sie sich weigerte, von Soldaten durchsucht zu werden. Wirklich glaubte das niemand, aber es zeigte, wie sich aus Wut Hass entwickelt, wie die ISAF zunehmend als Feind angesehen wurde und nicht als Freund.

Tatsache war jedoch, dass in früheren Kriegsjahren, unter den Mudschaheddin, viel Missbrauch mit dem Ganzschleier betrieben wurde, da die Frau in dieser Kleidung unantastbar durch den Mann ist. Unerwünschte Personen wurden etwa ins Land geschmuggelt, indem man sie eine Burka tragen ließ. Ein so getarnter Mann verriet sich einmal, weil er es nicht lassen konnte, unter dem Schleier zu rauchen. Aber das Gewand wurde auch anderweitig missbraucht, da man nie erkennen konnte, was die Trägerinnen bei sich führten: So hatten Frauen durch den Stoff hindurch Spritzen verabreicht. Sie vergifteten auf diese Weise nicht nur Menschen, sondern einmal auch Melonen. Ganze Wagenladungen mussten weggeschmissen werden. Sicher, auch Frauen mussten kontrolliert werden, aber zwingend nur durch Frauen.

Das war nicht mein Tag. Am Nachmittag bat mich Dr. Eesan zu sich, er wollte mir einen neuen Internisten vorstellen. Der junge Arzt hatte, wie ich bei dem Gespräch erfuhr, zuvor in Kandahar gearbeitet, er machte auf mich einen sympathischen, frischen

Eindruck. Laut seinen Zeugnissen schien er qualifiziert zu sein. Ich war am Ende der Unterredung froh, endlich wieder einen so guten Mann einstellen zu können. Seit einem Jahr suchten wir nach einem weiteren Internisten, eine neue Frauenärztin hatten wir immer noch nicht gefunden.

Ich ließ ihn unsere Formulare ausfüllen, doch nach einer Weile trat Naseer auf mich zu, um mir mitzuteilen, dass dieser Arzt der Schwiegersohn von Dr. Kamin sei, der bei uns als Internist tätig war. Meine Freude schlug augenblicklich in tiefe Niedergeschlagenheit um. Wir hatten die Regel aufgestellt, keinen nahen Verwandten eines Mitarbeiters einzustellen, schon einige Bewerber waren aus diesem Grund von mir abgelehnt worden. Es konnte bedeuten, dass einer in heiklen Situationen den anderen deckt, der familiäre Ehrenkodex konnte leicht eine objektive Sichtweise verhindern. Das Ärzteehepaar Eesan zählte ich aber nicht unter «Verwandtschaft».

Dr. Kamin war diese Vorschrift bekannt, wieso hatte er sie wissentlich umgangen? Für mich war es jetzt unsagbar schwer, ihn und Dr. Eesan rufen zu lassen, damit sie diesen jungen Mann wieder ausluden. Warum hatte man mir bloß gesagt, dass er der Schwiegersohn von Dr. Kamin war? Hätte ich nichts davon gewusst oder es erst später erfahren, hätten wir einen hervorragenden Arzt mehr gehabt. Ich hätte mich zwar über den Trick geärgert, aber danach hätte ich ihm nicht mehr einfach kündigen können – und für die Patienten wäre es sowieso besser gewesen. So aber musste ich Gerechtigkeit walten lassen, auch um mein Gesicht nicht zu verlieren.

Am Abend wurde dieser schwarze Tag auch nicht besser. Eine Hochzeitsgesellschaft war aufgebrochen, um ein neues Paar zusammenzubringen. Gemäß den Traditionen fuhren Männer und Frauen mit ihren Kindern in getrennten Fahrzeugen. Dabei rutschte der Bus, der einem VW-Bus ähnelte, mit den Frauen und Kindern einen Hang hinunter. Mit Einbruch der Dunkelheit erreichten uns die Verletzten, drei Kinder und sieben Frauen; drei Menschen waren ums Leben gekommen.

Jeder half, wo er nur konnte, von der Wundversorgung über die Schockbekämpfung bis hin zum Abtransport der Toten. Am nächsten Morgen wurde die bedrückende Stimmung erhellt durch das Herumtoben einiger barfüßiger Kinder. Es erinnerte mich an die Kriegszeiten in Afghanistan, Leben und Tod lagen so nah beieinander.

AUF DEN SPUREN DER NORDALLIANZ

Für dieses Jahr hatte ich mir eine Reise in die nördlichen afghanischen Provinzen Kunduz und Badakhschan vorgenommen. In Kunduz herrschte viele Jahre Krieg, die Region war einst ein Zentrum der Taliban. Bis Badakhschan, das an Tadschikistan und Pakistan grenzt, schafften sie es nicht, dort blieben sämtliche Warlords, also zivile wie militärische Anführer, Tadschiken und schlossen sich nicht den Taliban an. Regiert wurde Badakhschan zu dieser Zeit von Burhanuddin Rabbani, der auch der politische Führer der Nordallianz war (General Ahmed Schah Massud war der militärische Führer), jenes Bündnisses nichtpaschtunischer Parteien gegen die Taliban. Nach dem Sturz des Taliban-Regimes kehrte der Tadschike Rabbani am 17. November 2001 nach Kabul zurück und übergab das Präsidentenamt an Hamid Karzai gut einen Monat später. Heute scheint der Einfluss von Rabbani jedoch zurückgegangen zu sein.

Da sich das ISAF-Mandat auf die nördlichen Provinzen ausgeweitet hatte, hieß es 2004, Kunduz sei nun ein gesichertes Gebiet. Im Januar hatte die Bundeswehr eine amerikanische Liegenschaft mitten in der Stadt Kunduz übernommen, die Hauptstadt der gleichnamigen Provinz. Das alles waren Gründe genug, um dieses bislang unbekannte Gebiet zu entdecken, um bei Treffen mit der ISAF und bei Diskussionen in Deutschland mitreden zu können.

Gut vorbereitet, mit einem Tadschiken als Begleiter, fuhren Karim, Naseer und ich um sechs Uhr morgens in Kabul los. Über die Jahre hatte ich gelernt, mich unabhängig zu organisieren, mit einer Notverpflegung, Getränken, Geschirr, Dujaks (Liegematten) sowie Plastikteppichen. Und mit diesen Dingen war dann unser Pick-up für alle Eventualitäten ausgestattet. Nach drei Stunden konnten wir sehen, dass an dem berühmten Salang-Tunnel, einer sich in 3400 Metern Höhe befindende, 2,7 Kilometer lange und 1964 von den Sowjets gebaute nördliche Passstraße, die entscheidende Verbindungsstraße nach Kabul, noch immer Reparaturarbeiten vorgenommen wurden. Der ehemalige Mudschaheddin-Kriegsführer Ahmed Schah Massud, der von den Taliban verfolgte Afghanen schützte, hatte den Eingang des Tunnels 1997 gesprengt. Massud selbst wurde 2001, zwei Tage vor den Terroranschlägen in New York, von einem Selbstmordkommando der al-Qaida getötet.

Als wir den Tunneleingang erreichten, mussten wir von Wachleuten hören, dass er erst ab fünf Uhr nachmittags öffentlich zu befahren sei, ansonsten bräuchte man eine spezielle Erlaubnis, die wir aber nicht hatten. So lagerten wir etwas abseits im Schatten, denn bis dahin waren es noch einige Stunden. Naseer, Karim und der Tadschike unternahmen von Zeit zu Zeit Versuche, den zuständigen Kommandanten zu überreden, uns früher durch den Tunnel zu lassen. Vergeblich. Nach vier Stunden Wartezeit gab man uns zu verstehen, wir könnten uns an ein Auto der Deutschen Welthungerhilfe dranhängen, diese Hilfsorganisation hätte eine Genehmigung und würde uns mitnehmen. Sofort packten wir alles zusammen.

Es war ein besonderes Erlebnis, nach der Fahrt durch eine wilde Gebirgslandschaft nun diesen berüchtigten Tunnel zu durchqueren, mit seinen feuchten Wänden und der spärlichen Beleuchtung. In dieser Dunkelheit dachte ich an all die begangenen Massaker, die verbrannte Erde, die die kriegerischen Auseinandersetzungen in Afghanistan hinterlassen hatten. Wieder musste ich an die Fetzen von den Toten denken, die ich in Bäumen hängen sah, fast hörte ich sie als Geister im Tunnel weiter seufzen.

Als uns wieder das Sonnenlicht blendete, passierten wir kurzzeitig ein Gebirge, bis wir nach Doji gelangten, einer kleinen Stadt, danach ging es weiter durch die Provinz Baghlan. Ich kannte sie schon von einer Tour zur usbekischen Grenze, nach Masar-e-Sharif. Baghlan war sehr grün, Reis und Getreide wurden angebaut, da genügend Wasser vorhanden war.

Abends erreichten wir Kunduz. Die Stadt hatte unter dem Krieg zwischen den Taliban und den Mudschaheddin stark gelitten, das war ihr noch immer anzusehen. Sie wirkte verkommen auf mich, obwohl ganze Landstriche um sie herum mit Getreide bewachsen waren. Ich nahm an, dass der Aufschwung in der gesamten Provinz durch den Schutz der ISAF weiter vorangehen würde.

In einem von Deutschen geförderten Gästehaus zahlte ich 30 Dollar für die Übernachtung, in einem Hotel wären es 60 Dollar gewesen. Immerhin konnte ich duschen, dafür funktionierte aber die Toilette nicht. Es war zu merken, dass man nicht an ausländische Gäste gewöhnt war.

GARAGEN ALS WAHLLOKAL FÜR FRAUEN

Am nächsten Morgen fuhren wir um fünf Uhr in die nächste Provinz hinein, Takhar – Afghanistan hat insgesamt vierunddreißig Provinzen. Wieder viel Pflanzenanbau, viel Wasser, viele schöne Basare – eine reiche Gegend, relativ betrachtet. An Takhar schloss sich Badakhschan an, eine herrlich grüne Gebirgslandschaft. Wie mit farbenprächtigen Flickenteppichen waren die Berge durch Mohnfelder aufgelockert. Unterwegs trafen wir immer wieder stolze Reiter auf ihren Pferden. Gegen Abend erreichten wir die Provinzhauptstadt Feizabad. Die Häuser, die engen Gassen, der Basar – all das war ins Gebirge gebaut; wilde Wasserströme, die tiefe Schluchten gegraben hatten, speisten die Stadt mit Wasser. Da diese Gegend nie von den Taliban besetzt gewesen war, war alles erhalten geblieben. Die Stadt strahlte eine selbstbewusste Freiheit aus. Sogar Mädchenschulen konnte ich entdecken.

Die Nacht verbrachten wir bei einem Bekannten unseres tadschikischen Begleiters, was für mich aber unangenehm war. Es gab keine Waschmöglichkeiten, und ich wurde von den Frauen und Kindern regelrecht belagert. Zudem holte man zwei junge Amerikanerinnen herbei, die mich unterhalten sollten. Es lief dann darauf hinaus, dass ich das Gespräch am Laufen hielt, dabei war ich müde und litt unter einer verschleppten Erkältung. Man witzelte über die beiden Wissenschaftlerinnen aus den Vereinigten Staaten, die darauf aus waren, bestimmte historische Funde zu machen, die sich in der Nähe von Feizabad befinden sollten. So erzählte man uns hinter vorgehaltener Hand, als die beiden Frauen sich von uns verabschiedet hatten, dass sie, um an nähere Informationen zu gelangen, zu jeder Hochzeit, zu jeder Beerdigung gingen, um sich das Vertrauen der einheimischen Bevölkerung zu erschleichen. Trotz all ihrer Mühen würde man sie aber zappeln lassen.

2004

Am nächsten Morgen traten wir die Rückreise an. Unterwegs trafen wir auf zwei amerikanische Pick-ups. Eines der Fahrzeuge steckte im Schlamm fest, sodass man versuchte, es mit dem anderen herauszuziehen. Einige Soldaten, die nicht mit den Geländewagen zu tun hatten, standen im Kreis um ihre Kameraden, mit angelegtem Maschinengewehr. Mit ihrem angestrengten Tun verursachten die Amerikaner einen gewaltigen Stau. Die afghanischen Pkw- und Lkw-Fahrer wollten den Soldaten helfen, aber sie wurden nur abgewiesen. Kopfschüttelnd betrachteten sie das weitere Geschehen. Ich konnte nur eins denken: Wie tief steckt doch die Angst, das Misstrauen gegenüber den US-Militärs. Afghanen sind es gewohnt, sich unterwegs zu helfen, sie konnten nicht verstehen, warum sie das in diesem Fall nicht durften. Und so stand eine Gruppe von Männern da, die sich schwitzend abmühte, und eine andere, die auf Abstand gehalten wurde. Für mich war das ein Bild, das diese tiefen Risse zwischen beiden Parteien symbolisierte.

Als der Stau aufgehoben war, ließen wir erneut die grandiose Landschaft auf uns wirken, beobachteten die reiche Mohnernte. Gegen einundzwanzig Uhr konnten wir in Kishem übernachten, einer kleinen Stadt im Übergangsgebiet der Provinzen Badakhschan und Takhar. 10 Dollar mussten wir dafür bezahlen, dass es nur kaltes Wasser und weder Abendessen noch Frühstück gab. Hier hielt uns nichts, sodass wir um fünf Uhr morgens wieder aufbrachen.

Ein paar Stunden später machten wir ein Picknick im Grünen mit Buttermilch und Wassermelone. Anschließend passierten wir die Stelle, an der die elf Chinesen beim Straßenbau getötet worden waren. Als wir den Salang-Tunnel erreichten, war er nicht zur Durchfahrt freigegeben, es hätte mich auch gewundert. Wieder breiteten wir einen Plastikteppich aus, rollten unsere Liegematten aus und machten es uns unter schattenspendenden Bäumen bequem. So ließ sich die Wartezeit einigermaßen überbrücken.

Im Tunnel selbst kam es dann zum zweiten Stau auf dieser Reise. Zehn Tadschiken hatten einen Paschtunen umringt und redeten wild gestikulierend auf ihn ein. «Wir lassen dich nicht gehen, wir werden dich töten» – diese Worte konnte ich noch verstehen. Als ich Karim und Naseer nach dem Grund dieses Zwischenfalls fragte, wussten auch sie keine konkrete Erklärung abzugeben. Vielleicht wurde durch das laute Gehupe der anderen Autofahrer ein Mord verhindert, zumindest wurde der Streit (vorläufig) beendet, und der Stau löste sich auf.

Nach sechzehn Stunden Fahrt kamen wir spätabends in Kabul an. Es war eine viertägige Gewalttour, die mir aber doch das Wesentliche aufgezeigt hatte: Der gegenseitige Hass war immer noch groß. Hinter dem Salang-Pass fing der Norden an, das Gebiet der einstigen «Nordallianz», ihre Bevölkerung wehrte sich noch immer gegen die Paschtunen. Jede Provinz hat dabei ihre eigenen Stammestraditionen, die auch die Machtkämpfe in der Regierung widerspiegeln. Karzai ist Paschtune, man kann sich vorstellen, dass viele andere Volksstämme, etwa die Hazarat oder Tadschiken, sich benachteiligt fühlen. Außerdem sieht man es in der eigenen Provinz nicht gern, wenn höhere Positionen von «Fremden» besetzt werden, man kann an der Verteilung der Ministerposten erkennen, welche Region gefördert, welche vernachlässigt wird. So hatte sich der Direktor unseres Wasserkraftwerks einmal darüber beschwert, dass der Minister für Wasser und Energie aus Herat sei. Ausländisches Geld, das reichlich ankomme, würde nahezu geschlossen in den Norden gehen, aber nichts gelange zum Kraftwerk in Chak. Der Vorwurf war berechtigt, da ja die Gelder ausländischer Regierungen nach dem Auftritt von Karzai in Berlin hauptsächlich bei den afghanischen Ministerien landeten. Es lag somit in deren Hand, wo sie eingesetzt wurden. Doch man musste dem Norden auch zugutehalten: Durch das viele Wasser, das es dort gab, wirkte er auf mich reich. Somit erschien es verständlich, wenn man sich beim Aufbau auf diese Gebiete konzentrierte. Aber wenn es um solche Angelegenheiten geht, sind die Afghanen nicht Afghanen, sondern Mitglieder von einzelnen Stämmen, in anderen sind sie aber ausschließlich Afghanen.

Bei meiner kleinen Reise durch die Nordprovinzen konnte ich feststellen: Auch dort herrschte wie in ganz Afghanistan eine strikte Trennung zwischen Männern und Frauen. Keine einzige unverschleierte Afghanin hatte ich gesehen. Es war, als schienen die Frauen mir zu sagen: Was gehen mich fremde Männer an, was haben sie mich anzustarren? Es war ein spürbarer Stolz und eine gewisse Arroganz gegenüber dem anderen Geschlecht, man wollte sich deutlich abgrenzen.

Die afghanische Gesellschaft ist anders, als ich es von europäischen Gesellschaften gewohnt war – das konnte ich mal wieder feststellen. Für mich bleibt Afghanistan wohl ein Andersland mit Andersländern.

Immer häufiger hörte ich nun, dass die Regierung korrupt sei, man Gelder aus dem Ausland ungerecht vergebe, die Minister ausschließlich für sich sorgten, zum Volk dringe wenig durch.

Der Planungsminister war ein Rückkehrer aus den USA, dennoch konnte er nicht planen. Es war bekannt, dass der Verteidigungsminister sich im Exil den Genuss von Alkohol angewöhnt hatte, ihn sogar verkaufte. Ein vierundzwanzigjähriger Neffe des Gesundheitsministers Sayed M. Amin Fatimi wurde, ohne jegliche Qualifikation, zum Minister berufen, hauptsächlich sollte er sich um den Export von Rosinen und Nüssen kümmern.

Ein anderer Minister ließ über das Fernsehen bekanntgeben, dass die meisten NGOs des Landes verwiesen werden sollten, sie würden nicht arbeiten. Auch in diesem Fall hatte der Herr Minister nicht geplant, sondern von heute auf morgen entschieden. Der Außenminister entschuldigte sich kurz darauf bei den Hilfsorganisationen – ebenfalls via Bildschirm.

Dennoch mussten die NGOs kurz darauf geradezu unverschämte Fragebögen ausfüllen, bei denen sie ihre Wirtschaftspläne bis auf jeden Cent anzugeben hatten – auch das erinnerte mich entfernt an die Taliban-Zeit. Dort war dies ebenfalls gefordert worden. Ich machte mit dieser «Erneuerung» meine eigenen Erfahrungen. Als ich in einem DHL-Büro in Kabul darauf hinwies, dass bei einem Antrag für eine Containerlieferung die aktuelle Telefonnummer unseres Krankenhauses fehlen würde, sagte mir eine westlich gekleidete Afghanin, dass für diese Zahl kein Platz mehr auf dem Formular sei. Ich wäre vor lauter Ungeduld fast verzweifelt, während mich Naseer und Karim nur gelassen anlächelten. Wahrscheinlich ist dies die einzige Möglichkeit, in diesem Land zu überleben.

Es wurde Zeit, Vorbereitungen zur Jubiläumsfeier des Chake-Wardak-Hospitals zu treffen: Fünfzehn Jahre existierte das Krankenhaus nun. Wir gaben uns alle Mühe, um das Hinterste so präsentabel wie das Vordergründige aussehen zu lassen. Jede dreckige Ecke wurde gesäubert, die Vorhänge wurden gewaschen, die Sitzmatten erneuert. Auch nach geeigneten Kälbern suchten wir für das Festmahl. Wir wollten uns ja nicht blamieren, und die Tiere waren es wert, für diesen Anlass geschlachtet zu werden.

2004

Rechtzeitig bekam ich meinen Malariaschub, sodass ich wieder gesund sein würde, wenn die Zeremonie stattfand. In meinen Fieberträumen war ich in Usbekistan und im Iran, wohin ich immer noch reisen wollte. Inzwischen bin ich dort gewesen.

Vorher kamen noch zwei afghanische Gästeärzte aus Kabul, der orthopädische Chirurg Dr. Moosa und Dr. Salimi, ein Hals-Nasen-Ohren-Arzt. Ich hatte ihr Angebot, zwei Tage bei uns zu operieren, angenommen, weil wir selbst keine Orthopäden, auch keine HNO-Mediziner haben. Als die beiden sich vorgestellt hatten, mochte ich Dr. Salimi auf Anhieb. Dr. Moosa schien dagegen ein unsympathischer Zeitgenosse zu sein, glatt rasiert, in einen westlichen Anzug gepresst, Schmerbauch über den Gürtel hängend, die Knöpfe des Oberhemds drohten abzuplatzen. Zu der Besprechung ließ ich unseren OP-Pfleger Mohammed Gul holen, der mir hinterher sagte, dass Dr. Moosa nicht käme, um zu helfen. Er sei ein Geschäftsmann und habe Dollar-Zeichen in den Augen gehabt. Es stimmte: Er brauchte uns als Alibi, um gegenüber dem Gesundheitsministerium (MOPP) behaupten zu können, er würde auch in der Provinz arbeiten. Er galt als Überläufer – die Laufrichtung hatte ich nicht ausmachen können –, wodurch er wohl gezwungenermaßen einiges wiedergutzumachen hatte. Immerhin war Dr. Moosa bereit, jeden Freitag zu uns nach Chak hinauszufahren und einen unserer Ärzte im Bereich Orthopädie auszubilden. Das konnte ich nicht abschlagen.

Die Afghanen brauchen jede medizinische Hilfe. Im ganzen Land können keine Operationen am offenen Herzen durchgeführt werden, Hirnchirurgie, Organtransplantationen oder Dialyse sind vollkommen unbekannt. Bei Krebserkrankungen kann keine Chemotherapie vorgenommen werden, operativ kann höchstens eine erkrankte Brust amputiert werden. Schlaganfallpatienten liegen, wenn sie gelähmt sind, zu Hause herum, ohne Logopäden oder sonstige Hilfen, die wir im Westen kennen. Das durchschnittliche Sterbealter eines Afghanen liegt bei dreiundvierzig. Es gibt kein Altersheim, kein Behindertenheim, keine Behindertenförderung.

Als die beiden Gastärzte immerhin pünktlich und provinzgerecht gekleidet, also in einem Shalwar Kameez, zu ihrem Dienst bei uns erschienen, gingen sie sofort in die für sie vorbereiteten Behandlungsräume. Patienten mit orthopädischen oder HNO-Problemen hatten wir über das Kommen der beiden Ärzte unterrichtet. Letzteren mussten wir vor der Operation durchweg die Ohren waschen – nun war klar, warum so viele Afghanen so schlecht hören können.

Während dieser Arbeit tauchte Karim bei mir auf und meinte, Dr. Salimi habe seine Frau angesehen und zudem schlecht über die Burka gesprochen. Die Ehefrau unseres Fahrers war eine der Patientinnen des HNO-Arztes gewesen. Es stellte sich heraus, dass dieser der Ansicht war, die Frauen sollten sich bei der Untersuchung nicht so anstellen, um bei HNO-Erkrankungen eine Diagnose stellen zu können, müsse die Burka abgelegt werden. Natürlich waren die Frauen da anderer Meinung und machten nur das Nötigste im Gesicht frei und zierten sich dabei sehr. Da Karim gern die amerikanischen Soldaten für jeden Fehler verantwortlich machte, konnte ich es mir nicht verkneifen, zu sagen: «Das war übrigens kein Fehlverhalten seitens der USA oder anderer westlicher Nationalitäten, diese Äußerung über das Ablegen des Kopfschleiers kam aus dem Mund eines afghanischen Arztes!»

2004

VERPANZERUNG – EINE FORM DER DEMOKRATIE?

Zu unserer Jubiläumsfeier wollte ich gern traditionelle afghanische Musik spielen lassen, zumal die Taliban jede Art von Musik verboten hatten. Ständig musste ich mich jedoch rechtfertigen, als ich eine Musikgruppe aus Kabul engagierte. Natürlich kritisierte man mich nicht offen, aber die männlichen Mitarbeiter fragten: «Soll sie nur drinnen, also nur im Gebäude spielen oder auch draußen? Wann im Programm soll sie denn auftreten?» Zur Beruhigung aller erklärte ich, dass das Programm mit einem Maulawi, einem Koranlehrer, beginnen würde, danach würde ein Dorfältester sprechen. Anschließend trete ein Knabenchor auf, mit religiösen Liedern, danach gebe es afghanische Poeme. Erst wenn der offizielle Teil mit einem Rundgang durch das Krankenhaus beendet sei, würde das inoffizielle Programm beginnen, die Musiker würden dann ihre Lieder mit Rebab, einem afghanischen Streichinstrument, und Harmonium aufführen – und zwar im oberen Bereich des Krankenhauses, drinnen. Schließlich fragte ich: «Aber weshalb ist so wichtig, wann und wo die Musikgruppe auftritt?» Es stellte sich dann heraus, dass es in der Provinz immer noch nicht normal war, öffentlich Musik zu machen. Man hatte Angst, Schwierigkeiten zu bekommen. Unter den Taliban war es strafbar gewesen, Musik zu hören oder zu machen. Wurde im Auto oder im Haus eine Musikkassette gefunden, wurde ihr Besitzer ausgepeitscht.

Aha. In diesem Moment fiel es mir wieder einmal schwer, mich in die Menschen hier hineinzudenken, selbst nach über zwei Jahrzehnten, in denen ich mit ihnen zusammenlebte und arbeitete.

Naseer sprach im Vorfeld des Jubiläums mit dem Sicherheitskommandanten von Chak, um genügend Security-Leute abstellen zu können – einschließlich unser eigenen acht –, die so unauffällig wie möglich das Fest vor Störenfrieden sichern sollten.

Die offizielle Feier begann im Bereich des Wasserkraftwerks, dort, wo die Idee zum Bau des Hospitals 1989 geboren wurde. Für diejenigen, die aus Kabul anreisten, war die Provinz eher abschreckend. Dennoch kamen rund zweihundert Gäste, keiner von ihnen bekleidete jedoch ein politisches Amt. Die Regierung wollte ich aus dem Krankenhaus herauslassen.

Während einer Rede wurde junger Reis, der sich noch in seiner Hülle befand, aus dem Halm herausgeschält mit dem Wunsch, das Glück möge reifen und sich entfalten. Ein guter Wunsch.

Eigentlich hatten die Wahlen für die Wolesi Dschirga im Juni stattfinden sollen, doch immer wieder wurden sie verschoben. Wahllokale wurden nicht bekanntgegeben, weil man Angst hatte, dass man dort Sprengkörper anbringen könnte. Diejenigen, die den Afghanen Demokratie bringen wollten, behaupteten in diesen Monaten, sie gebracht zu haben. Ich konnte davon nichts erkennen. Oder waren Terrorismus, Hysterie und Angst die Nebenerscheinungen einer Demokratie? Verpanzerungen und groteske Formen der Verbarrikadierung?

Die ISAF-Soldaten führten ein Leben von Warnung zu Warnung. Ständig fanden sie Sprengstoffe an Menschen und in Autos versteckt. Extremisten und Warlords bezeichneten das als Kriegsverhinderung. Dazu gab es das passende Wetter in diesen Wochen, eine Atmosphäre voller Staub, die alle Konturen

2004

verschwinden ließ. Gelbgrauer Dreck drang durch alle Ritzen, legte sich auf die Zunge und die Nasenschleimhäute. Konnte man das symbolisch für den gegenwärtigen Stand Afghanistans werten: staubig und ohne Struktur? Ich hoffte, dass bald Lichtstrahlen diesen Dunst durchbrechen und wenigstens einiges klären würden.

Schließlich meldete man mir, dass die Wahlregistrierungen endlich abgeschlossen seien. Ich selbst war unter Druck geraten, weil ich erlaubt hatte, die Frauen in unserer Garage wählen zu lassen. In Wardak gab es die Drohung, dass Afghanen, die an der Wahl teilnehmen würden, mit Konsequenzen zu rechnen hätten.

Es wurde bekannt, dass im ganzen Land die Wahllokale, die langsam öffentlich wurden, von Männern mit Kalaschnikows geschützt werden sollten. In Logar, einer Nachbarprovinz von Wardak, wurde eine solche Einrichtung von Raketen beschossen, in Jalalabad hatte man Frauen getötet, die sich für die Wahlen starkgemacht hatte. Die Botschaftsangehörigen von verschiedenen westlichen Nationen wollten derartige Vorgänge nicht wahrhaben. Die Afghanen hatten versichert, dass die Wahlen frei seien – und so waren sie eben frei. Man war aber auch so frei, sie ein weiteres Mal zu verschieben, so könne eine Verstärkung der Sicherheitsmaßnahmen durch NATO-Soldaten gewährleistet sein. Nun sollten sie im nächsten Jahr stattfinden, also 2005.

Schließlich wurde es Herbst, überall holte man die Ernte ein, zuletzt wurde der Reis gesichelt, anschließend das Saatgut verteilt, die Zukunft für die Bevölkerung auf dem Land. Anfang November ging es wieder über Peschawar zurück nach Deutschland. Es wurde auch Zeit, dringend brauchte ich neue

Socken. Die alten zeigten mehr Fuß, als dass sie ihn bedeckten.

Mit im Gepäck: In diesen Tagen kam heraus, dass US-Soldaten, die «Befreier», im Gefängnis auf der Bagram Air Base, dem Hauptquartier der Streitkräfte der Vereinigten Staaten in Afghanistan, nördlich von Kabul gelegen, afghanische Inhaftierte gefoltert hatten, und zwar in den Jahren 2002 und 2003.

Amerikanische und afghanische Soldaten sollten ein geheimes unterirdisches Gefängnis unterhalten haben.

Weiterhin hieß es, dass man einige Provinzen verloren habe, dazu gehöre Paktia. Die Taliban würden sich auf den Weg nach Helmand, Farah, Kunduz und Badakhschan machen.

2005 EXPLOSIONEN, ENTFÜHRUNGEN UND BÖSE GEISTER

Wie die Nomaden im Frühjahr losziehen, um nach dem Winterquartier einen neuen Platz zu finden, wo sie ihre Zelte aufschlagen können, so musste auch ich mich in Chak nach meiner viermonatigen Abwesenheit einrichten und zurechtfinden. Zunächst versuchte ich einen Überblick über die Depots zu gewinnen. Dabei war nicht zu übersehen: Es herrschte eine Mäuseplage in unserem Verpflegungsdepot. Wir mussten also das Mehl, den Zucker und andere Nahrungsmittel in nagersicheren Räumlichkeiten unterbringen. Dabei entdeckten wir ein aus synthetischen Sackfasern zusammengezupftes Nest mit nackten Mäusejungen, das wir ins Freie trugen. Von den Afghanen war es nicht gesehen worden. «Afghanen haben keine Augen», hatte mir einmal unser früherer Administrator Ingenieur Mahmood erklärt, der mich auf vielen Reisen und bei Unterredungen mit Ältesten begleitete und sich bei seinen eigenen Landsleuten durchsetzen konnte. In unserer Sprache kennen wir ein ähnliches Bild: «Habt ihr denn keine Augen im Kopf?»

Ingenieur Mahmood kündigte 2001 seinen Job als Administrator, weil er beim UNHCR, dem Flüchtlingshilfswerk der Vereinten Nationen, eine besser bezahlte Stelle bekam. Zudem hatte man ihm ein eigenes Auto zugesichert. Um fünf Uhr nachmittags teilte er mir mit: «Am nächsten Tag bin ich

nicht mehr hier.» Sein Wechsel war verständlich, aber eine Katastrophe, eine große Enttäuschung. Jahrelang hatte er mich begleitet, er hatte mich auch öfter zu sich nach Hause eingeladen. Seine Entscheidung traf mich sehr.

Naseer, sein früherer Stellvertreter, wurde sein Nachfolger. So schön anzusehen wie Ingenieur Mahmood war er nicht, er war viel kleiner – oft trug er Schuhe mit höheren Absätzen, um etwas größer zu wirken –, aber er hatte ein nettes Lächeln. Naseer sprach zudem recht gut Englisch, und mit dem Computer konnte er sogar besser umgehen als sein Vorgänger. Ihm gefiel es – wie vielen Menschen –, dass er in seiner Position auf einmal das Sagen hatte und hofiert wurde. Wenn er dann hinter seinem großen Schreibtisch saß, musste ich manchmal dafür sorgen, dass er sich nicht zu sehr seinen Höhenflügen hingab.

Ein Krankenhaus in einer afghanischen Provinz zu führen, heißt auch, mit ganz anderen Hygienevorstellungen konfrontiert zu werden. Wäsche wurde beispielsweise häufig zum Trocknen auf Sträucher gelegt, eine hiesige Form der Desinfektion durch ultraviolette Sonnenstrahlen. Und natürlich musste man den Geisterglauben begreifen. Böse Ginnis verlassen nämlich ausgezehrte Körper und können dann viel Unheil anrichten. Gute Ginnis hingegen sorgen dafür, dass das Leben im Leben aufgehoben ist.

Es gab aber auch aktuellere, dringlichere Probleme: Jemand hatte das Gerücht gestreut, dass wir Heroinabhängige behandeln würden. In mühseligen Mitarbeitergesprächen musste ich deutlich zu verstehen geben, dass ich dies strikt ablehne, wir keine Drogensüchtigen im Hospital aufnehmen werden: «Begeben wir uns erst in die Heroinszene hinein, werden wir die Folgen davon bald nicht mehr kontrollieren können. Wir haben weder das nötige Wissen noch genügend Erfahrung, um diese Menschen zu behandeln.» Hier hatte man bewusst Gerüchte gestreut, in der Hoffnung, dass man am Ende doch darauf eingehen würde. In diesem Punkt blieb ich aber konsequent. Reichlich Ärger wäre nur vorprogrammiert gewesen.

Doch all diese Dinge rückten nach einer Weile in den Hintergrund, dafür trat die Politik in Afghanistan, drei Jahre nach dem Sturz der Taliban, in den Vordergrund. Einiges musste überdacht werden. Präsident Karzai wiederholte gegenüber einer deutschen Regierungsdelegation das, was schon sein Planungsminister im letzten Jahr hatte verlauten lassen: Er habe genug von den NGOs, sie würden nicht wirklich tätig werden. Um diese Vorwürfe nachvollziehen zu können, sollte man wissen, dass von den rund achthundert Hilfsorganisationen, die sich in diesem Land engagieren, zwei Drittel afghanisch sind. Seit Jahren ist bekannt, dass Afghanen für ihre Familie, für ihr Dorf Organisationen gründen, und seit 2002 hat jeder Minister selbst ein, zwei eigene NGOs, um über diese nebenbei Geld einzuholen. Der deutsche Botschafter, der die Delegation begleitete, konterte und sprach sich entschieden für die positive und wertvolle Arbeit der bundesrepublikanischen Hilfsorganisationen aus. Seltsamerweise erwähnte Karzai die Bemühungen der UN mit keinem Wort.

Im Frühjahr 2005 bekam ich Besuch vom Gesundheitsminister. Sayed M. Amin Fatimi tauchte mit einem ganzen Tross von Menschen im Krankenhaus auf. Seine Vertretung hatte mich noch im letzten Jahr aufgeblasen hinter seinem großen Schreibtisch empfangen. Danach führte er mir voller Stolz das Provinzhospital Maidan Shar vor, dabei hatte es noch nicht einmal stationäre Patienten, war nur bis zwölf Uhr mittags geöffnet und am Wochenende gar nicht. Das Personal wurde ab Donnerstagmittag nach Kabul gefahren.

Nun saß dieser Abteilungsleiter zusammengesunken und niedergeschlagen neben seinem Vorgesetzten. Es fand ein Austausch von Höflichkeiten statt, danach kündigte Sayed M. Amin Fatimi an, man habe unser Hospital ausgewählt, um uns ein Geschenk zu machen. Es bestand aus fünfzig Patientendecken und drei kleinen Ballen einfacher Baumwolle. Natürlich hatte ich mich zu freuen.

Eigentlich wollte der Mann sich nicht vorstellen, sondern mich unter die Lupe nehmen, eine Frau, noch dazu eine deutsche Frau, die ein großes Krankenhaus in der Provinz aufgebaut hatte und leitet. Zum Abschied wurde ein Foto gemacht, auf dem Sayed M. Amin Fatimi mit mir zu sehen ist. Das historische Ereignis – das Gesundheitsministerium vergibt Geschenke an das Chak-e-Wardak-Hospital – musste unbedingt festgehalten werden, auch auf Video. Selbst im Radio wurde es bekanntgegeben.

Das nächste politische Ereignis in diesem Frühjahr: Zaferuddin, der Sicherheitskommandant von Chak, wurde als Agent der Amerikaner entlarvt. Den Menschen aus dem Ort war er als früherer Kommunist bekannt, während der Taliban-Zeit hielt er sich im Iran auf, mit dem Beginn der Karzai-Regierung war er bei uns eingesetzt worden. Eine seiner Aufgaben war das Einsammeln von Waffen, doch über gefundene Kalaschnikows oder Zündsätze benachrichtigte er nicht den dafür Zuständigen in unserer Provinz, wie es verabredet war, sondern Angehörige des amerikanischen Militärs. Es lohnte sich anscheinend für ihn, diese und auch andere Kenntnisse weiterzugeben, denn auf einmal besaß er drei Pick-ups.

Mir drängte sich der Gedanke auf, dass die Geschichte doch letztlich aus dem Wiederholen von Fehlern besteht.

Ein Mitarbeiter des Bundesentwicklungsministeriums

(BMZ) stellte in dieser Zeit fest, dass der Terrorismus zwar ab-, die Kriminalität hingegen zunehme. Jeden Tag würde man Diebe und Geldwechsler fangen, in Kabul hätten sich Taxibanden organisiert. Naseer und Karim schienen davon auch gehört zu haben, denn als wir einmal in die Hauptstadt fuhren, ließen sie mich keinen Augenblick unbeobachtet. Selbst zur Abendgebetszeit, als wir später wieder im Auto saßen, auf der Rückfahrt nach Chak, wechselten die beiden sich mit dem Beten ab, damit sie die Situation immer unter Kontrolle hatten.

In der Hauptstadt hörte ich, wie wieder davon gesprochen wurde, dass die afghanischen Polizisten mehr Gehalt bekommen sollten, denn die Gelder der NGOs wurden zu bis zu fünfzig Prozent für Sicherheitsmaßnahmen aufgebraucht, da die Polizisten nicht in der Lage waren, Schutz zu garantieren. Man sagte mir, dass US-Militärs den deutschen Polizeiausbildern Schwierigkeiten bereiten, sie gegenüber Afghanen schlecht über die Deutschen reden würden.

Auf einem zentralen Platz, nicht weit vom Gesundheitsministerium entfernt, entdeckte ich ein neu aufgestelltes Monument von Ahmed Schah Massud, dem Helden der Nordallianz. Allein seine Größe legte die Vermutung nahe, dass es viel Geld verschlungen haben musste. Ich hörte die Bemerkung eines Paschtunen: «Das ist unnütz. Beim nächsten Regierungswechsel wird es zerstört.»

Ein Anliegen unseres Besuchs in Kabul war es, bei UNICEF einen Antrag abzugeben, in dem wir um ein Pulver für Durchfallkranke baten. Das Gebäude des Kinderhilfswerks der Vereinten Nationen lag in der Nähe vom ISAF-Camp Warehouse, rund zehn Kilometer östlich von der Hauptstadt gelegen. Die Militärbasis war früher ein Industrielager, in seiner jetzigen Funktion errichteten es hauptsächlich Bundeswehrsoldaten.

Hinter dem Stadtteil Mecurion entdeckten wir noch viele Mietshäuser aus der Sowjetzeit. Als wir uns dem Stadtrand näherten, sahen wir slumartige Viertel, die entstanden waren, als die Flüchtlinge aus Pakistan und dem Iran nach Kabul zurückkehrten und keine Bleibe fanden. Es gab auch keine Arbeitsplätze, und in den kalten Wintern registrierte man viele Kältetote – das alles hatte die Euphorie gedämpft.

Plötzlich verdichtete sich das Autochaos. Der Grund: Vor uns war im freien Gebiet eine ferngesteuerte Miene explodiert; sie hatte wohl vorbeifahrenden Schutztruppenwagen gegolten. Vorbeigehende, die wir befragten, sprachen von vier Verletzten. Weil man das Explosionsgebiet abgesperrt hatte, versuchten nun ISAF-Truppen den Verkehr mit herumfuchtelnden Armen zu regeln. Ihre afghanischen Kollegen standen, den Ausländern die Aufregung überlassend, einfach nur daneben.

Nach drei Stunden Stop-and-go erreichten wir schließlich das riesige Areal von UNICEF. Eigentlich sollte Naseer nur unseren Antrag abgeben, aber dann wurde ich am Empfang gebeten, die für unser Anliegen zuständige Ärztin zu treffen. Kleine Wagen, wie sie in Deutschland auf Ausstellungsgeländen zu finden sind, fuhren überall herum. Einer von ihnen brachte uns zum Haupthaus. Angestellte saßen im Freien unter Sonnenschirmen und tranken Cola. Als wir zum Büro der Medizinerin vorgedrungen waren, hieß es auf einmal, sie sei nicht da. «Kommen Sie doch morgen wieder!» Das war nicht in unserem Interesse. Wir gaben unsere Anträge ab, so wie wir es vorgesehen hatten, und damit war die Sache für mich erledigt.

Als wir auf dem Rückweg wieder an der Explosionsstelle vorbeifuhren, sahen wir, dass noch immer Erhebungen über den Anschlag gemacht, Umherstehende befragt wurden. Da wir danach eine andere Route wählten, überquerten wir eine

Brücke, die über den Kabul führte. Mich überraschte, dass in dem seit Jahren trockenen Flussbett Wasser war. An den Ufern, eigentlich überall, wo man hinblickte, sah man Kinder, die in Abfallhalden nach etwas Ess- oder Brauchbarem herumwühlten. Noch immer entstanden viele neue Häuser, sogar Hochhäuser, ein Baugerüst nach dem anderen konnte ich ausmachen.

Als ich mich später erkundigte, wer all diese Gebäude errichten ließ, erfuhr ich, dass Privatleute hinter den Bauprojekten stünden. «Woher haben sie das Geld?», fragte ich weiter. Als Antwort erhielt ich nur ein Schulterzucken.

Eine Schreckensnachricht dieses Frühjahrs gelangte bis nach Deutschland. Zu viel Schmelzwasser hatte Ende März den Staudamm Band-e-Sultan bei Ghazni durchbrochen. Während unserer üblichen Einkaufstour in dieser zentralafghanischen Stadt kamen wir an der größten und ältesten Talsperre des Landes vorbei. Ein riesiges Loch zeigte sich dort, wo der Damm gerissen war. Ausländische Medien berichteten, dass starke Regen- und Schneefälle die Wassermenge im Stausee so hatten ansteigen lassen, dass der Staudamm dem Druck nicht mehr hatte standhalten können. Das war aber nur die halbe Wahrheit. Der Wasserdruck hatte sich durch eine zusätzliche Detonationswelle verstärkt. In der Gegend waren von amerikanischen Soldaten umfangreiche Waffendepots entdeckt und zerstört worden. Das blieb, wie einem jetzt vor Augen geführt wurde, nicht ohne Folgen.

Das Ausmaß der Katastrophe war schrecklich: Die Wassermassen hatten alle Bäume umgeknickt, Felder und Gärten vernichtet. Die Brücke, über die wir normalerweise nach Ghazni gelangten, war zerstört, weshalb wir einen Umweg über miserable Landwege nehmen mussten. Im Stadtzentrum waren entlang des Flusses Ghazni sämtliche Geschäfte weggeschwemmt. Ismail Chan, seit diesem Frühjahr Minister für Wasser und Energie, ein früherer antisowjetischer Guerillakommandeur und berüchtigter Warlord aus Herat, versprach den Menschen, den Damm wiederaufzubauen. Er hielt sein Wort, knapp anderthalb Jahre später waren die Schäden behoben.

Von Woche zu Woche war nun zu beobachten, wie die Natur die Sonne aufsaugte und sich entfaltete. Die Aprikosenbäume streuten ihre Blüten vor mir als Teppich aus, eine Woche später wurde er durch zarte Kirschblüten erneuert. Aus den knorrigen Maulbeerbäumen schauten die ersten grünen Spitzen heraus. Ich musste daran denken, dass Chak einst Teil der alten Seidenstraße gewesen war. Sichtbar wird dies an einem Stupa, zu jener Zeit war das Land noch buddhistisch geprägt.

Im Mai musste ich zurück nach Deutschland, denn wichtige Vortragstermine standen an. Zu dieser Zeit hatte ein Bericht des amerikanischen Magazins Newsweek über Schändungen des Korans durch US-Soldaten antiamerikanische Proteste in der gesamten arabischen Welt hervorgerufen. Später erfuhr ich, dass es deswegen auch in Chak Unruhen gegeben hatte; insgesamt waren dadurch in Afghanistan fünfzehn Menschen ums Leben gekommen. Die Demonstrationen nahm ich zum Anlass, um in Deutschland erneut darauf hinzuweisen, welche Sensibilität, aber auch welche Konsequenz ein Arbeiten in Afghanistan erfordern würde. Immer sei es eine Gratwanderung, und wir mit unserem Krankenhaus, die wir letztlich von politischen Autoritäten des Landes abhängig sind, hätten erfahren, wie wichtig es sei, mit ihnen zu kooperieren und doch autonom zu bleiben. Über die Jahre hätte es sich bewährt, dass wir sozusagen die «medizinische Partei» vertreten würden. Unsere Devise «Weil es um die Menschen geht» habe sich herumgesprochen – und biete in einer traditionellen und sehr religiösen Gegend Schutz.

Bei einem meiner Vorträge über Afghanistan nahm auch der damalige Verteidigungsminister Peter Struck teil. Ich fand ihn sehr sympathisch. Er kam auf mich zu, um mit mir über meine Eindrücke zu sprechen, die ich seit dem Sturz der Taliban gesammelt habe. Zum Schluss versicherte er mir, dass er sich beim diensthabenden Oberst der ISAF-Schutztruppen für uns einsetzen wolle.

«Würden Sie auch wirklich kommen, wenn ich einen Termin bei ihm für Sie arrangiere?», fragte Peter Struck.

«Eigentlich bin ich zuverlässig», entgegnete ich.

DIE MÄNNER VOM BERG

So schnell ich konnte, flog ich zurück nach Afghanistan. Als ich nun im Sommer in Chak ankam, standen die Rosen mit ihren üppigen Blütenköpfen Spalier, um mich zu begrüßen. Der Wildwuchs der Natur nahm mir fast den Atem.

Nach dem Überfall auf mich vor zwei Jahren war es noch schwerer geworden, sich von Regierungsleuten unabhängig zu halten. Von vielen Seiten versuchte man uns zu vereinnahmen, häufig mit Hilfe des Gouverneurs von Chak. Insbesondere Zaferuddin, der damalige Sicherheitskommandant unserer Gegend, war daran interessiert gewesen, seine Leute bei uns unterzubringen. Für diesen Mann hätte es bedeutet, Einblicke in unsere inneren Angelegenheiten zu bekommen, die er nach draußen hätte tragen können. Seine Leute wären Fremde gewesen, nicht von uns ausgesucht, nicht von unseren Mitarbeitern respektiert, vielleicht auch nicht in der Tradition und Religion gefestigt. Naseer und Karim sagten über sie einstimmig: «Diese Männer kommen von den Bergen» – bei uns hätte man den Ausdruck «Hinterwäldler» verwendet –, «man steckt sie in eine Uniform, und dann spielen sie ihre Macht aus.»

Im ganzen Land gab es Demonstrationen gegen die Vereinigten Staaten. In Chak hatten hauptsächlich Schüler gegen die USA demonstriert, nicht weit von unserem Hospital befindet sich eine Jungenschule mit 2600 Schülern. Sie, aber auch andere strömten zum Sitz des Gouverneurs im Basar, zerstörten alles, brannten alles nieder; darunter drei Autos von Minensuchern, die gerade vor dem Gebäude standen. Der neue Sicherheitskommandant ließ wahllos in die Menge der Demonstrierenden schießen. Am Ende gab es einen toten Jungen sowie sieben Verletzte. Viele Schüler wurden inhaftiert. Der Gouverneur verließ Chak, und auch der gerade neu installierte Sicherheitskommandant flüchtete. Seitdem wurde und wird er gesucht. Als Reaktion auf die Koranschändungen wurden auch eine Stunde von uns entfernt Lkws niedergebrannt, die Materialien für die Amerikaner transportierten; mehrere Mädchenschulen fackelte man ab, die es damals noch gab. Aus alldem musste der Schluss gezogen werden, dass die Regierungsmitglieder in der Bevölkerung keinen Rückhalt haben und ebenso verachtet sind wie die USA.

Unserem Krankenhaus war nichts passiert, wieder einmal. Das wäre sicher anders gelaufen, wenn Regierungsleute bei uns angestellt gewesen wären. «Die Männer vom Berg» waren genauso schnell wieder verschwunden, wie sie gekommen waren, sehr zur Freude unserer Mitarbeiter. Es seien schlechte

Menschen gewesen, gab man mir zu verstehen, selbst das Gras, die Bäume und Blumen seien über ihren Weggang glücklich.

Es wurde notwendig, dass ich dem Provinzgouverneur einen Besuch abstattete. Seit zwei Jahren versuchte man Regularien für die Nichtregierungsorganisationen zu erarbeiten, in dem Ausschuss saßen Botschaftsangehörige, NGO-Vertreter und Mitarbeiter afghanischer Minister. In einem Entwurf ging es im Groben darum, dass die Mitarbeiter der NGOs sich zurückhaltend verhalten, sich an die Gepflogenheiten des Landes anpassen sollten, also beispielsweise keine großen Wagen besitzen, keine Partys feiern dürften. Natürlich war das auf Widerstand gestoßen. Da ich bislang Kabul mied, keine Zeit und keine Geduld für die Mühsal dieser Stadt hatte, wollte ich mich bei dem Gouverneur über den neuesten Stand der Diskussion erkundigen. Außerdem war es eine gute Gelegenheit, ihn kennenzulernen, er war erst seit drei Monaten im Amt. Naseer sollte mich als Fahrer und Übersetzer nach Maidan Shar begleiten, der Hauptstadt von Wardak, zwanzig Kilometer von Kabul entfernt.

Er empfing uns verspätet, wobei er hinter seinem Schreibtisch thronte, umkränzt von einer Fülle künstlicher, farbenfroher Gestecke, die man ihm sicher als Willkommensgruß bei seinem Dienstantritt überreicht hatte. Bevor ich ein Wort sagen konnte, musste er sich selbst als hohe Persönlichkeit in Szene setzen, denn er erzählte mir seine Biographie in aller Ausführlichkeit, auch von seiner Botschaftertätigkeit in Peschawar. Danach berichtete er, es habe ihn unglaublich entsetzt, als er feststellte, dass in der Provinz Wardak in den letzten drei Jahren kaum etwas geschehen sei. Er habe alle Administratoren zusammengerufen, doch seine Beschwerden seien ignoriert

2005

worden. Am Ende blieb ihm nichts anderes übrig, als sie zu entlassen. Wie solle er sonst seine großen Pläne realisieren? Von diesen hatte ich schon im Gesundheitsministerium gehört. So hatte der Gouverneur etwa in einem Park Stecklinge setzen lassen, die aber vertrockneten, da er vergaß, jemanden zu beauftragen, der sie bewässerte.

Der Mann sagte nun, dass er in der ganzen Provinz für Bildung sorgen und für die Kranken auf dem Land Ambulanzen einrichten wolle. Da ich ihn aus Gründen des Respekts nicht in seiner langatmigen Rede unterbrechen konnte, musste ich es für mich behalten: die Tatsache, dass es auf dem Land meist keine Elektrizität gab und damit auch keine Telefone, mit denen man eine Ambulanz hätte anrufen können. Ein fest stehendes Krankenhaus, zu dem alle kommen konnten, war die einzige Alternative. Was hatte sich der Gouverneur da nur ausgedacht? Das Ganze war von vornherein zum Scheitern verurteilt. Zum Schluss seiner Rede gab er zu verstehen, dass er sein Amt aufgeben werde, wenn es nicht so laufen würde, wie er es sich vorstellte. Schon jetzt sah er verlassen und überfordert aus, fand ich. Als ich endlich nach den NGO-Regularien fragen konnte, antwortete er sehr allgemein: «Wir sind nicht gegen die Nichtregierungsorganisationen.» Das war eine sehr hilfreiche Auskunft.

Auf dem Rückweg bemerkte Naseer: «Leute wie er denken, dass hinter jeder Ecke jemand stehen könnte, der sie töten will. Sie sind so ängstlich, dass sie nie etwas erreichen werden.»

Ich erwiderte: «Wahrscheinlich hatte er davon geträumt, als Gouverneur beachtet zu werden wie in alten Zeiten. Aber heutzutage fehlt der Hofstaat, weil die Mittel nicht mehr reichen.»

Ein paar Wochen später musste ich ihn erneut aufsuchen, weil der Kommandant von Chak – jener, der nach den eskalierten Schülerdemonstrationen eingesetzt wurde – uns einen Brief geschrieben hatte, in dem er die Rückgabe der Waffen unserer Sicherheitsleute verlangte. Damit konnte ich nicht einverstanden sein, schon gar nicht seit dem Überfall. Das sagte ich dem Gouverneur in Maidan Shar, und er sicherte uns seine Hilfe zu wie auch seinen Respekt. Er ließ augenblicklich ein Schreiben aufsetzen, in dem stand, dass der Kommandant zwar die Kalaschnikows zurücknehmen solle, aber im Austausch gegen bessere Modelle. Dies war eine geradezu salomonische Lösung, denn der Kommandant hatte unsere Waffen einkassieren wollen, um dafür Geld von der Regierung zu bekommen. Das war der Deal, sonst hätte wohl niemand diese Aufgabe übernommen.

Naseer und ich verabschiedeten uns, nicht ohne zuvor noch die zwei Ambulanzen zu bewundern, die Pakistan gespendet hatte. Aus Höflichkeit wagte ich es nicht, nachzufragen, ob sie auch in Betrieb waren. Insgesamt hatte ich den Eindruck, dass ich für den Gouverneur eine Hoffnungsträgerin bin. Man möchte mich unbedingt halten, da viele Ausländer die Provinz Wardak schnell wieder verlassen.

Von Maidan Shar aus fuhren wir an diesem Tag weiter nach Kabul, einiges stand auf meinem Programm. Gegen siebzehn Uhr kamen wir in der Hauptstadt an. Alle Straßen waren gesperrt, weil Karzai an der Polytechnical University gerade eine Rede hielt. So erreichten wir erst um 21.30 Uhr unsere Übernachtungsmöglichkeit. Der nächste Tag verlief umso erfreulicher. In der deutschen Botschaft konnte ich für die Renovierung unseres Kinder- und Frauenhospitals etwas Geld gewinnen – es wurde mir sofort zur Verfügung gestellt. Ohne Schwierigkeiten erhielt ich danach bei den ISAF-Schutztruppen einen Termin – das Gespräch mit Peter Struck erwies sich als sehr wertvoll.

Schon bei der Einfahrt ins Camp Warehouse wusste man über die Ankunft von Naseer und mir Bescheid, die ID-Cards für uns beide und das Auto waren schnell ausgestellt. Am Abend konnten wir dann ohne Probleme auf das Gelände zum Veranstaltungsraum fahren, wo ich einen Vortrag vor sehr interessierten Soldaten hielt. Ich erzählte von meinen Erfahrungen, von der Mentalität der Afghanen, ihren Traditionen und den Eigenheiten der jeweiligen Provinzen, die ich in der Vergangenheit noch über die Landstraßen hatte bereisen können. Von den Fahrten, auch von denen, die zu Kriegsfahrten wurden.

Natürlich war mir klar, dass ich in einem einzigen Vortrag kein umfassendes Bild eines so heterogenen Landes zeichnen, dass ich nur bedingt ein Verständnis für die Menschen vermitteln konnte. Die meisten Zuhörer wussten zum Beispiel nicht, was Tornados für Afghanen bedeuten. Für sie sind es keine Aufklärungsjets, sondern Kampfflugzeuge. Jagt eine solche Maschine über sie hinweg, erinnert sie das an die Herrschaftszeit der Mudschaheddin, in der nach dem Überfliegen ein Anschlag erfolgte. Klar, dass sie misstrauisch wurden und sich fürchteten. Jetzt sagten sie: «*This is very dangerous, taking maps and targets.*» («Es ist gefährlich, sie zeichnen Landkarten, machen Ziele aus.») Die Deutschen setzten Tornados zwar erst seit 2007 ein, unter der Kanzlerin Angela Merkel, die Amerikaner hatten jedoch schon früher damit begonnen. Nachdem man diese Problematik erkannt hatte, zog die Bundeswehr im September 2010 die Tornados aus Afghanistan ab.

Zwei Tage nach meinem Vortrag trat der Sänger Peter Maffay im Camp auf, um seine Anerkennung für die humanitäre Hilfe der ISAF-Friedenstruppen zu zeigen.

Es war meine letzte «Camp-Mission» gewesen. Durch die Sicherheitsbestimmungen war es immer schwieriger geworden, in das ISAF-Camp zu gelangen. Unser Geländewagen, Karim und ich wurden schon weit außerhalb von Kabul durchsucht. Es folgten viele weitere Kontrollstationen, wobei der Gipfel eine Art Schleuse war, in der spanische Soldatinnen einen unangenehmen Body-Check durchführten. Ständig musste meine Identitätskarte erneuert werden, weil sich die Afghanen als geschickte Fälscher erwiesen hatten. Gemerkt hatte man es daran, dass sich einige Campbesucher als Personen ausgegeben hatten, die sie nicht waren – für einen Hochsicherheitstrakt wie eine Militärbasis war das fatal.

Nicht nur die immer strengeren Kontrollen, auch die ständigen Warnungen vor Anschlägen hielten mich davon ab, meine «Mission» fortzusetzen, hinzu kam die umfassende Veränderung im Camp selbst. Die Zelte waren durch Fertigbaracken ersetzt worden, statt der schlammigen und sandigen Wege gab es nun asphaltierte Straßen. Die Infrastruktur hatte man erheblich aufgerüstet, mit einem Pub, einer Post, eigenen Shops. Im Grunde hatten die Soldaten dort alles, was sie aus Deutschland kannten. Kühlcontainer mit Salat und Brot wurden eingeflogen, denn die Parole lautete, dass ein deutscher Soldat in Afghanistan es so haben musste wie zu Hause. Das zeigte sich auch, als sich einmal eine Soldatin ungemein aufregte, weil sie im OP-Raum des Feldlazaretts eine Maus entdeckt hatte. Das war mit der deutschen Auffassung von Hygiene nicht vereinbar.

Ein unglaublicher Aufwand wurde betrieben. An die Kosten wollte ich gar nicht denken. Alles stand und steht ihnen zur Verfügung, sogar eine Intensivstation, dazu ein evangelischer und ein katholischer Militärpfarrer, Psychologen. Für mich war das nicht ganz nachvollziehbar.

2005

EINE MINE FÜR 250 DOLLAR

Für Menschen in Deutschland ist Afghanistan sehr weit weg, für Menschen in Kabul ist es Chak. Umso wichtiger waren die technischen Kommunikationsmittel, denn wenn sie nicht funktionierten, fühlte man sich erst recht in die Einsamkeit versetzt. Man wurde zurückgeworfen, hatte das Gefühl, etwas zu verpassen, sich selbst zu verpassen. Das Handy war auch nötig, damit Naseer und ich unabhängig voneinander in Kabul Dinge erledigen konnten. Lange Zeit waren wir diesbezüglich in Chak im wahrsten Sinn des Wortes benachteiligt. Erst spät gab es die Möglichkeit, mit dem Handy auch in den Bergen zu telefonieren.

Die Administratoren waren aber für die Zwischenzeit wie immer erfinderisch. Sie setzten eine Antenne auf den Bürobau. Dennoch brach die Telefonleitung ständig zusammen. Mit anderen Worten: Es fehlte ein Satellitenanschluss, den wir schließlich erhielten.

Endlich klappte alles viel besser, wir mussten nicht mehr so häufig in die Hauptstadt fahren, um etwa unsere Bestellungen fürs Krankenhaus abzuklären. Gut war der Anschluss jedoch noch längst nicht. Das Hospital liegt zwar in einem Tal, umgeben von Bergen, trotzdem in einer Höhe von 2300 Metern – allein aufgrund dieser geographischen Bedingungen war der Empfang schlecht. Zum Telefonieren musste man meist nach draußen gehen; Naseer stellte sein Handy oft in einen Schuh vor die Bürotür. Der Empfang war nicht nur von der Bewegung des Satelliten abhängig, sondern auch von der Witterung und den Aktivitäten der USA. Liefen bestimmte geheime Operationen, blockierten die Amerikaner ihn, um nicht abgehört zu werden. Ärgerlich war die Vorstellung eines weiteren Überfalls im Hospital. In dem Fall müsste man den Tätern sagen: «Moment mal, die Herren Räuber, wir müssen kurz ins Freie gehen, um den Satelliten zu finden. Nur so können wir Ihr Treiben hier melden!» Vorher würden die Männer einem die Kalaschnikow über den Schädel ziehen – oder noch Schlimmeres veranstalten.

Die ISAF-Truppen konnten wir übrigens nie telefonisch erreichen, aus Sicherheitsgründen. Jeglicher Kontakt lief über E-Mails. Der Computer durfte uns einfach nicht im Stich lassen.

Bei meiner nächsten Reise nach Kabul hörte ich mir einen Sicherheitsvortrag in der deutschen Botschaft an. Der Tenor dieser Veranstaltung war, dass die Zahl der Attentate zurückgegangen sei. Als jemand fragte: «Ist es nur die Ruhe vor dem Sturm, oder ist die Situation tatsächlich besser geworden?», konnte dies nicht eindeutig beantwortet werden. Da die Wahlen zum «Haus des Volkes» sowie die der Provinzräte anstanden – dafür war nach vielen Verzögerungen jetzt der 18. September festgelegt worden –, schien es denkbar, dass die Unruhen sich wieder verstärken würden, je näher der Termin rückte. Die NATO hatte deshalb zusätzlich zweitausend Soldaten nach Afghanistan geschickt, die USA 17 Millionen Dollar für die Parlamentswahlen zur Verfügung gestellt. Da immer noch 13 Millionen Dollar fehlten, hieß es sogar schon, dass man sie erneut verschieben wolle, auf das Frühjahr 2006. Es war anzunehmen, dass man mit dieser Forderung Druck auf die Vereinigten Staaten ausüben wollte.

In jeder der vierunddreißig Provinzen Afghanistans gab es Hunderte von Kandidaten, dabei wussten die eventuell gewählten Parlamentsangehörigen nicht einmal, ob und wer sie bezahlen würde, welche Aufgabenbereiche sie zu erfüllen hätten. Karzai hatte verkündet, dass niemand ins Parlament dürfe, der mit Drogen Geschäfte mache. Wie wollte er das überprüfen?, fragte ich mich. Wahlfälschungen schienen sowieso vorprogrammiert zu sein, denn es war zu hören, dass Wahlkarten abhandengekommen waren.

Die deutsche Botschaft wollte, falls Interesse bestand, ein Militärtraining für zivile Helfer anbieten. Weiterhin wurden wir darin geschult, wie wir uns im Falle eines Kidnappings verhalten sollten. Die Gefahr war nach wie vor sehr präsent. Im Mai waren beispielsweise sieben Mitarbeiter der Hilfsorganisation CARE auf der Straße von Kabul nach Kandahar im Bezirk Schahdschoiin in einen Hinterhalt geraten und erschossen worden. Kurz darauf hatte man in der Hauptstadt Kabul die italienische CARE-Mitarbeiterin Clementina Cantoni entführt. Man sagte uns Zuhörern, dass man nach Anbruch der Dunkelheit nicht mehr unterwegs sein sollte. Das aber wussten wir ohnehin schon. Wir wurden zudem vor Menschen mit Stöcken gewarnt, immer häufiger würde man mit ihnen und Steinen auf andere losgehen. Ich musste an Kampfhandlungen aus dem Mittelalter denken. Daneben existierten aber auch die modernsten Waffen: Terroristen bezahlte man 250 Dollar, wenn sie eine Mine in einem Auto oder an einem Gebäude anbrachten. Wir selbst drückten das medizinisch aus: «implantieren». Die Preise für Selbstmordattentäter waren mir nicht bekannt.

Auf dem Rückweg nach Chak kam uns ein Bulldozer entgegen, der seit einigen Monaten bei uns im Einsatz gewesen war, nachdem die Gesellschaft für Technische Zusammenarbeit in Abstimmung mit der Bundesrepublik und dem afghanischen Ministerium für Wasser und Energie die Aufgabe übernommen hatte, unser Wasserkraftwerk zu reaktivieren, Dämme und Kanäle zu säubern. Es war kaum zu glauben! Nachfragen ergaben, dass die Planierraupe in Kabul repariert werden müsse. Eigentlich sah der Bulldozer gar nicht danach aus, als sei er nicht mehr einsatzfähig. In Chak musste ich außerdem erfahren, dass ich mich nicht getäuscht hatte. Ismail Chan, der Minister für Wasser und Energie, war mit seiner Truppe regelrecht bei uns eingebrochen und hatte dem Technischen Hilfswerk, das im Auftrag der GTZ die Arbeiten ausführte, zu verstehen gegeben, es solle gehen, denn seine Arbeit sei unprofessionell und zu langsam. Statt der drei verlangten Turbinen würden nur zwei aktiviert werden, zudem sei der Kanal nicht weit genug entschlammt. Es sollte der Zustand des Wasserkraftwerks von 1938 wiederhergestellt werden. Der Minister war von seinem Vorhaben nicht abzubringen, trotz des Hinweises, dass sich der Grundwasserspiegel seit damals verändert und man die derzeitigen Aktivierungsvorhaben diesen neuen Gegebenheiten angepasst habe.

Die harten Worte sprudelten aus dem Munde eines einst korrupten Mannes, der immer noch wie ein Warlord agierte, wie ein Kommandant in der Regentschaft der Mudschaheddin. Auch sie hatten wahllos alles von ihrem Grund und Boden gescheucht. Bei Lichte besehen, war die einzige Neuerung seitdem, dass die Willkür nicht mehr von den Warlords, sondern von den Provinzgouverneuren und Ministern ausgeübt wurde.

Eine Woche später erschien bei uns im Krankenhaus eine imponierende Gestalt mit dichtem grauem Rauschebart. Er war gekommen, um mir mitzuteilen, dass man nun die dritte Turbine in Gang setzen wolle, natürlich ohne das Technische Hilfswerk, aber mit amerikanischen Geldern, dazu bräuchte man unseren Generator. Diese Bitte konnte ich ihm leider nicht abschlagen, denn auch unser Komplex steht auf dem Gebiet des Ministeriums für Wasser und Energie. Ismail Chan hätte uns gehörige Schwierigkeiten bereiten können, wenn ich nicht mit ihm kooperiert hätte. Zähneknirschend gab ich also meine Einwilligung. Die dritte Turbine wurde repariert, nur damit der Minister demonstrieren konnte, dass dies möglich war und dass man es auch billiger machen könne. Ich fragte mich nur, wie lange sie Energie erzeugen würde, da mir ja bekannt war, wie marode alles war. Nach meinem Eindruck wurde hier Augenwischerei betrieben, aber auch das konnte ich nicht laut sagen.

Mich erfasste eine tiefe Niedergeschlagenheit, da die deutsch-afghanische Freundschaft schnell beendet sein konnte. Schon lange hatte ich das Gefühl, dass sie, die auch zum Aufbau des Krankenhauses an diesem Ort geführt hatte, einer neuen Platz gemacht hatte, nämlich der Freundschaft mit den USA. Die Menschen mochten die Amerikaner nicht, die Minister hingegen schlugen sich auf deren Seite, weil sie von ihrem Geld abhängig waren. Wer da nicht mithielt, hatte das Nachsehen.

Kurz darauf wollte ein afghanischer Mitarbeiter von UNAMA (Unterstützungsmission der Vereinten Nationen in Afghanistan), die unter anderem die Wahlen in Afghanistan mit vorbereitet und begleitet hat, bei uns im Hospital übernachten. Er formulierte das in einem herrischen, fordernden Ton. Ich wies ihn darauf hin, dass wir kein Hotel seien. Ich könne auch nicht bei der UN übernachten, es sei denn, ich würde 80 Dollar bezahlen. UN-Mitarbeiter meinten häufig, sie hätten für alles eine Freikarte. Nur umgekehrt hatte man von ihnen nichts zu erwarten. Meine Mitarbeiter und ich bekamen bei ihnen nicht einmal einen Tee angeboten.

Außerdem war ich nach wie vor davon überzeugt, dass wir eine gewisse Distanz zur Politik und zu politischen Organisationen aufrechterhalten sollten, soweit es eben möglich war.

CHAK WIRD VON DEN AMERIKANERN BEFREIT

Geheim! Der zweite deutsche Botschafter kam am 11. Juli nach Chak, um sich unser Projekt anzuschauen, für das er sich einsetzte. Im Vorfeld hatte ich ihm den Weg erklärt. Außer meinen engsten Mitarbeitern sagte ich niemandem, dass wir hohen Besuch erwarteten, um ihn und das Krankenhaus nicht unnötig zu gefährden.

An dem vereinbarten Tag war es schon morgens sehr heiß und schwül, sodass um neun Uhr in der Nähe ein Blitz einschlug. Kurz danach erschienen zwei deutsche Security-Beamte, denen man das Krafttraining deutlich ansah. Sie schritten die Besichtigungsstrecke ab und wollten sich kundig machen, wie sie zu sichern sei. Da sie noch nicht gefrühstückt hatten, aßen sie hastig Spiegeleier und tranken Tee.

Als der Botschafter eintraf, begleitet von deutschen Bodyguards und afghanischen Polizisten mit ihren Kalaschnikows und bedeutungsvollen Mienen, begrüßte er mich mit den Worten: «Sie haben aber eine schlechte Straße!» Ich dachte daran, dass man Afghanistan im wahrsten Sinne des Wortes «erfahren» muss. Nur so lernt man das Land wirklich kennen. Wie oft hatte ich mich schon über eine Bemerkung geärgert, die mir in Kabul ständig begegnete: «Kommen Sie doch morgen wieder.» Aber so einfach ist es eben nicht, wenn man in der Provinz lebt.

Nachdem der Botschafter das Frauenhospital besichtigt hatte, meinte er: «Das ist aber groß.» Auch über die Anzahl der Patienten war er erstaunt. Was hatte er denn für Vorstellungen gehabt?, fragte ich mich, als er eine Flasche Wasser trank. Er verlangte nun nach Abkühlung, da ihm nicht nur die schlechte

Wegstrecke, sondern auch die Hitze und die Höhe zu schaffen machten. Bevor er wieder davonfuhr – sein Wagen hatte Air-Condition –, ließ ich ihm einen Ventilator bringen. Dazu musste der Generator angestellt werden. Die Bodyguards hielten weiter Ausschau nach Feinden. Doch an diesem Tag war die Höhensonne die einzige Bedrohung.

Schließlich besichtigte unser Besucher noch das Wasserkraftwerk, immerhin äußerte er sich beim Abschied zufrieden über alles.

Wieder musste ich nach Kabul, um das Krankenhaus als NGO neu registrieren zu lassen. Dadurch erhielten wir immerhin Steuerfreiheit. Schon unter den Taliban mussten wir uns registrieren lassen und alle sechs Monate einen Report abgeben. Wir waren oft wegen einer Unterschrift acht Stunden unterwegs. Manchmal war der zuständige Minister nicht da und unsere Fahrt vergebens. Diese Steuerregelung führte dazu, dass einige Minister sehr viele Hilfsorganisationen benutzten, um für ihre Familie steuerfreie Geschäfte abzuwickeln. Das hatte großen Unmut ausgelöst, und Kampagnen waren gegen Nichtregierungsorganisationen gestartet worden. Die NGOs, die mit solchen Machenschaften nichts zu tun hatten, mussten darunter leiden, und so wurde die Neuregistrierung veranlasst, um die schlechten Organisationen von den anderen zu trennen. Fast wie im Märchen der Brüder Grimm: Die guten ins Töpfchen, die schlechten ins Kröpfchen.

Einige von den schlechten NGOs wurden dadurch vielleicht aussortiert, aber viele werden Wege finden, um doch ins Töpfchen zu gelangen. So war es kein Wunder, dass wir nur aufstöhnten, als wir von der Neuregistrierung hörten. Wir hatten eine weitere bürokratische Hürde zu überwinden.

Als wir uns nach langem Stau endlich im Ministerium befanden, händigte man uns nach dem Austausch von vielen Höflichkeiten Formblätter aus. Wenn wir sie gleich ausfüllen würden, könnte alles noch am selben Tag erledigt werden, ich bräuchte dann nicht wiederzukommen, versicherte man uns. Als Naseer die Papiermengen sah, hätte er sich am liebsten gesträubt, aber ich gab ihm einen kleinen Schubs, damit er mit der Arbeit begann.

«Sie fordern indirekt Bakschisch», sagte Naseer.

«Wir zahlen kein Bakschisch», erwiderte ich streng. «Und wenn es dadurch auch länger dauert, die alten Zeiten sollen doch vorbei sein.» Natürlich war mir klar, dass das nicht stimmte.

Während Naseer nun die Bögen ausfüllte, sah ich mich um und entdeckte überall Regierungsangestellte, die ich schon aus der Taliban-Zeit kannte. Immerhin musste ich auf dem Passbild, das ich unserem Antrag beizulegen hatte, nicht mehr verschleiert sein – zumindest das hatte sich geändert.

Als wir die Papiere abgaben, sagte man uns, man würde sie der Kommission der Minister zur Entscheidung vorlegen, uns anschließend benachrichtigen. «Das heißt nichts anderes, als dass Sie dann erfahren, ob Sie weiterarbeiten dürfen oder auch nicht.» Ich erinnerte mich daran, dass ich in der Taliban-Zeit bei den Worten «oder auch nicht» zusammengezuckt war. Die Registrierung war eine Möglichkeit, Macht auszuspielen, Ausländer zappeln zu lassen, um am Ende eine Gehaltsaufbesserung «indirekt» herauszupressen.

«Wann setzt sich die Kommission zusammen?», fragte ich, das «oder auch nicht» diesmal vollkommen ignorierend.

«Das wird dauern», antwortete man uns, durch die bevorstehenden Parlamentswahlen sei man sehr beschäftigt.

Nach zwei Wochen erhielt ich in Chak einen Anruf: «Das

Planungsministerium hat ein Formblatt entwickelt, das Sie noch ausfüllen müssen. Es geht um Ihren Report über die Aktivitäten, die Sie vornehmen.»

«Unser Report liegt Ihnen doch vor», erwiderte ich genervt.

«Dennoch müssen Sie wieder nach Kabul kommen, um das neue Formblatt auszufüllen.»

Vor lauter Wut hätte ich fast den Telefonhörer an die Wand geworfen – wie immer war nichts an einem Tag erledigt, trotz aller Versprechungen. Es blieb die Hoffnung, dass der Minister, der dieses neue Formblatt hatte verfassen lassen, ausgetauscht wurde. Doch nichts dergleichen geschah. Sonst wechselten sie ihre Ämter wie andere ihre Socken, aber dieser Herr saß anscheinend ziemlich fest im Sattel. Als ich mehr darüber wissen wollte, was es mit den Aktivitätsreports auf sich habe, erfuhr ich, dass man ihre konkreten Budgetangaben dazu nutzen wolle, eine Einkommenssteuer zu berechnen, die die einzelnen NGOs zu zahlen hätten. Das Gesetz wurde dann später auch erlassen, das Finanzamt war jedoch nicht in der Lage, die Steuern einzutreiben. Ebenso wurde ein Gesetz verabschiedet, nach dem NGOs nur noch mit Sondergenehmigung bauen durften. Dieser ganze Aufwand wurde betrieben, weil die afghanischen NGOs zu achtzig Prozent Baufirmen waren und aus ihren gemeinnützigen Aktivitäten ein Geschäft gemacht hatten. So zogen wieder einmal die Schlechten die Guten in den bürokratischen Strudel. In unserer Provinz hatte man das Gesetz umgangen, als eine internationale Hilfsorganisation eine Jungenschule bauen wollte. Sie verbündeten sich mit dem Gouverneur, trafen mit ihm die Abmachung für den Bau. Wenn der erst einmal stand, würde man ihn auch nicht mehr abreißen, damit konnte man rechnen.

EXPLOSIONEN, ENTFÜHRUNGEN UND BÖSE GEISTER

Bevor ich ein weiteres Mal nach Kabul aufbrach, um mit Naseer das neue Formblatt auszufüllen, hatte man mir die Telefonnummer eines Chirurgen gegeben, der daran interessiert sei, in Chak zu arbeiten. Im Anschluss an den Termin im Ministerium traf ich mich mit Dr. Akber, und wir beschlossen, dass er mit uns fahren solle, um sich das Hospital anzusehen. Unterwegs erzählte mir der Chirurg seine Geschichte: Er habe in Deutschland studiert und seinen Doktor gemacht, insgesamt sei er dort siebzehn Jahre gewesen. Durch die dann einsetzende Ärzteschwemme sei er arbeitslos geworden, seine deutsche Frau habe sich von ihm scheiden lassen. Nun würde er seit fünfzehn Jahren als Junggeselle bei der Familie seines Bruders in Kabul wohnen. Ich rechnete nach, mithin war er seit 1990 wieder in Afghanistan, hatte die ganzen schweren Jahre mitgemacht, kannte also die Probleme seiner Heimat.

«Vor fünf Jahren», fuhr er fort, «habe ich ein Zertifikat als Chirurg vom Gesundheitsministerium bekommen und bin seitdem für dieses Amt tätig.»

Dr. Akber sprach ein ausgezeichnetes Deutsch, und guter Dinge machte ich ihn mit unseren Konditionen bekannt. Wir vereinbarten eine Probezeit von drei Monaten, vom Gesundheitsministerium wollte er sich dafür unbezahlten Urlaub nehmen. Das klang alles sehr vernünftig.

Im Laufe der Zeit stellte sich heraus, dass niemand dem neuen Arzt Beachtung schenkte. Er hielt sich in den Ecken auf, wirkte vernachlässigt wie ein Türsteher bei einer Versammlung der Ältesten. Dr. Akber war ein Beispiel dafür, wie nutzlos es ist, Amt und Würde in einem von Stammestraditionen beherrschten Land auf jemanden zu übertragen, der kein Ansehen genoss. Sprach ich mit einem Mitarbeiter über den Chirurgen und seine Funktion, erwiderte man mir: «Er ist nicht aus unserer Region.» Die Frauen vertrauten ihm nicht, weil er mit der ländlichen Bevölkerung nicht zurechtkam, die sehr schamhaft ist – was er ja eigentlich hätte wissen müssen. Die Situation spitzte sich so zu, dass man sich sogar in seinem Beisein abfällig über ihn äußerte. Noch in der Probezeit musste ich eine Entscheidung treffen und ihn entlassen.

Leicht hätte ich eine Frauenärztin und einen «akzeptierten» Chirurgen einstellen können, wenn ich mich flexibel gezeigt hätte. Aber das hätte bedeutet: ein monatliches Gehalt von 700 Dollar, nachts nicht arbeiten, eine Privatpraxis zulassen. Bislang hatte ich das abgelehnt, denn hätte ich diese Bedingungen einem zugestanden, hätten die anderen Ärzte am Hospital ähnliche Forderungen gestellt. Ich bin der Meinung, dass die Afghanen eine Verantwortung für ihre Landsleute übernehmen sollten; die NGOs sind nicht dazu da, Personal zu kaufen. Gleichzeitig dachte ich daran, wie widersprüchlich alles war: Aufgrund der schlechten medizinischen Versorgung in den Provinzen gingen die Leute vom Land dann doch zu Ärzten nach Kabul, also zu solchen, die nicht aus ihrer Region waren – und zahlten zudem viel Geld dafür, wenn sie es denn hatten. Eigentlich wäre es Aufgabe des Gesundheitsministeriums gewesen, diese Entwicklung zu unterbinden. Aber nichts passierte. Sollte man auf schlimmere Zeiten hoffen, nur damit die Minister den Ernst der Lage erkannten? Irgendwann würde den NGOs das Geld ausgehen, was dann?

Die Hinweisschilder, die auf der Hauptstraße Kabul–Ghazni angebracht sind, damit man die Abzweigung nach Chak und zu unserem Hospital nicht verpasst, waren auf einmal zuplakatiert – mit einem Parlamentskandidaten, den niemand kannte. Karim, unser Fahrer, murmelte mit zusammengekniffenen

Lippen, der Mann sei ein Agent der USA, er würde von ihnen finanziert werden. Zum Glück ließen sich die Plakate leicht entfernen. Chak war von diesem Kandidaten wieder befreit, sein Konterfei zerrissen und verworfen.

Wieder wurde mir ein Arzt angekündigt, ein Spezialist für Hautkrankheiten. Nach Sichtung der Papiere stellte sich heraus, dass er jahrelang im pakistanischen Quetta als Krankenpflegehelfer tätig war, jedoch nicht als Arzt. Keine Bezeichnung war mehr geschützt. Um diesem Missbrauch ein Ende zu machen, verkündete kurz darauf das Gesundheitsministerium, dass aus allen Provinzen Krankenpfleger, Laboranten etc. nach Kabul kommen sollten, um sich einer Zertifikatsprüfung zu unterziehen. Mir wurde berichtet, dass über sechshundert Personen an einem Tag befragt wurden. Die Urkunde, die sie daraufhin erhielten, bescheinigte ihnen ein Fachwissen, das auch international gültig sein soll. Für mich klang das äußerst fragwürdig.

Die Renovierung des Frauen- und Kinderhospitals ging nun zügig voran. Nach dem Auszug in diverse Provisorien wurden dunkle Glasscheiben eingesetzt, damit man von außen nicht in die Krankenzimmer schauen konnte (Voyeure gibt es auch in Afghanistan). Ein vollkommen neues Toilettensystem wurde installiert, mit Kanalisation und separaten Tanks. Zum Schluss ließen wir die Räume in Lindgrün und Orange anstreichen – dies sind die Farben, in denen der Operationssaal in meinem ersten Leben in Deutschland gestrichen war, sie wurden zu meinen Lieblingsfarben. Pure Nostalgie!

Schließlich stand der große Umzug an. Zuerst wurden die chirurgischen Patienten in die für sie vorgesehenen Zimmer getragen, danach die Kleinkinder; ihre Mütter und Geschwister folgten.

2005

Ein OP-Pfleger nuschelte: «Ein Winter, und alles wird wieder rauchig aussehen.»

Meine Entgegnung: «Warum essen, wenn man wieder hungrig wird?»

Ich jedenfalls war begeistert. Mit Tee, Keksen und Gebeten belohnten wir uns selbst, auch die Patienten waren zu der kleinen Feier geladen.

Da ein weiterer Interplast-Einsatz bevorstand, von Mitte bis Ende September, verbrachten wir die nächste Zeit damit, uns darauf vorzubereiten. Außerdem sollten ja die Wahlen bald stattfinden, sodass vieles durch zusätzliche Straßensperren und Kontrollen erschwert war. Am 4. Oktober begann der Fastenmonat. Ich blieb noch ein paar Tage in Peschawar, bevor ich zurück nach Deutschland flog. Als Wahllokal für Frauen kam unsere Garage nach den negativen Erfahrungen mit den Wahlplakaten im Krankenhaus nicht mehr in Frage.

2006 DIE GROSSE DEPRESSION

Die Sicherheitslage wurde immer schlechter – so wie ich es vorausgesehen hatte. Einer der Auslöser war ein US-Militärkonvoi, der Ende Mai in Kabul auf parkende Autos auffuhr, weil, so die offizielle Erklärung, die Bremsen versagt hatten. Zivilisten kamen dabei ums Leben. Die Situation eskalierte. Zuerst wurden Steine geworfen, Schüsse fielen, später erfolgte ein Marsch von mehr als zweitausend Leuten durch die Innenstadt bis zum Botschaftsviertel. Bilder von Präsident Karzai wurden verbrannt, «Tod Amerika, Tod Karzai und Tod der Polizei», wurde gerufen. Der Mob nutzte die Situation zum Plündern, das Hauptbüro der amerikanischen Hilfsorganisation CARE wurde in Brand gesetzt und vollkommen zerstört. Es traf noch viele andere Gebäude, darunter eine Polizeistation. Kabuls Polizisten waren geschlossen geflüchtet, sie hatten vom Stadtkommandanten die Order erhalten, nicht zu schießen. Ungefähr dreißig Menschen kamen insgesamt ums Leben. Man sagte, die amerikanischen Soldaten hätten unter Drogen und Alkohol gestanden, als der Verkehrsunfall geschah. Unter den Toten befand sich auch der Neffe eines Gärtners, den ich kannte. Er betrieb einen kleinen Straßenstand mit Gemüse, mitten im Schussfeld. Eine halbe Stunde vor den Ausschreitungen hatten Naseer und ich noch dort Obst und Gemüse gekauft. Dank an meine Schutzengel!

Ein ähnlicher Vorfall sollte sich im Juli 2010 ereignen. Nach einem tödlichen Zusammenstoß unter Beteiligung von Fahrzeugen der NATO-geführten internationalen Afghanistan-Truppe ISAF randalierten Dutzende Menschen vor der US-Botschaft in Kabul. Nach diesen Ereignissen hatten wir uns bei einer Organisation registrieren lassen, die täglich Informationen über die Sicherheitslage ausgab. Der Bericht einer Woche umfasste sechsunddreißig Seiten – man konnte es kaum noch schaffen, alles zu lesen.

Schon im Frühjahr 2006 hatten mir Informanten, die ich nicht nennen darf, erzählt, dass sich in Chak eine neue Gruppe formiert habe, die in Kontakt mit Vereinigungen in Quetta, einer Stadt im Nordwesten Pakistans, stehe, vermutlich auch Gelder von ihnen erhalte. Die Mitglieder dieser neuen Bewegung seien Gegner von Karzai, so hieß es, man setze sie auf Regierungsleute an, um diese zu jagen und zu töten. Sie griffen Regierungsposten an, Polizeiautos, Einrichtungen und Soldaten des US-Militärs. Man solle sich von solchen Menschen und Objekten fernhalten, um sich nicht selbst zu gefährden. Zugleich gab man uns zu verstehen, dass dem Hospital nichts passieren würde. Wenn wir Gäste erwarten würden, sollten wir vorher Bescheid sagen, dann würde ihnen nichts geschehen. Mein erster Gedanke: War ich nun mit den Terroristen auf Du und Du? Sollte ich jetzt mit ihnen Absprachen treffen?

Anfang Juni fanden unsere Security-Leute an der Tür ihres Wohnhauses ein Plakat. Darauf war zu lesen, dass sich die Gruppierung «Mudschaheddin» nennen würde. Zugleich warnte man davor, zwischen zehn Uhr nachts und vier Uhr morgens die Häuser zu verlassen, da man ansonsten Gefahr laufen würde, angehalten oder sogar in Schießereien verwickelt zu werden. Zivilisten werde geraten, nicht in einem Polizeiauto mitzufahren. Mir wurde auch gesagt, es seien Gruppierungen von Hekmatar und keine Taliban. Die Provinzen Wardak und Logar waren einst Hoheitsgebiete von Hizb-i-Abhängern. Der radikalislamische Guerillaführer und Warlord Gulbuddin Hekmatyar war in den achtziger und neunziger Jahren ein angesehener Parteiführer, hofiert vom Westen. Heute ist er ein Gegner des Paschtunen Karzai (der anfangs die junge Taliban-Bewegung unterstützt hatte), aber damals standen sie auf einer Seite, als sie sich gegen die sowjetischen Truppen wehrten. Hekmatyars Partei Hizb-i-Islami war die radikalste Widerstandsgruppe gegen die Sowjets, nun hatte sie sich mit islamistischen Terroristen verbündet. Inzwischen gehört Hekmatyar zu den meistgesuchten Terroristen, gleich hinter Osama bin Laden und Mullah Omar. Die internationalen Militärs machen ihn für Dutzende von Selbstmordattentaten verantwortlich.

Über unsere Köpfe hinweg wurde also von den Terroristen eine Sperrstunde verhängt. Augenblicklich dachte ich an die Patienten, die in Notfällen nachts zu uns kommen. Auch die Schutzleute gerieten ins Schleudern: Wie sollten sie nachts das Krankenhaus bewachen, wie sich so ablösen, dass das kein Ärgernis hervorrief?

In Pakistan war inzwischen eine starke islamistische Bewegung entstanden. Die Menschen, die sich ihr angeschlossen haben, wollen Afghanistan beherrschen, um das Nachbarland als Basis für Aktivitäten in anderen Teilen der Welt zu nutzen. Ein ähnliches Interesse hat der pakistanische Geheimdienst Inter-Services Intelligence (ISI), der von der eigenen Regierung kaum kontrolliert wird. Da Afghanistan die eigenen Landesgrenzen zum Nachbarn nie offiziell anerkannt hat, könnte es Anspruch auf die von Paschtunen bewohnten Gebiete Pakistans erheben. Um dem entgegenzuwirken, ist es für den Inter-Services Intelligence – er soll auch mit al-Qaida kooperieren – von strategischem Interesse, dass sich die Lage in Afghanistan nicht stabilisiert, damit es erst gar nicht auf die Idee kommt, sich um die Paschtunen-Regionen jenseits der Grenze zu kümmern. Ein erneuter Bürgerkrieg käme da gerade recht.

Ein Regierungsposten in unserer Provinz, in Sayed Abadt, zwei Stunden von Chak entfernt, wurde schon zweimal angegriffen. In der Folge übernachteten Älteste dort, um ihn zu schützen. Beängstigend war auch ein Raketenangriff auf den Regierungsposten in Chak. Nachts um eins riss er mich aus dem Bett, und da ich in der Dunkelheit nicht allein sein wollte, flüchtete ich mich zu den Männern ins Personalhaus. Nach dem Raketenbeschuss konnte ich hören, wie Steine herunterfielen. Es hallte so laut, dass ich erst annahm, eine Mauer unseres Hospitals sei eingebrochen, dabei war der Beschuss einen Kilometer von uns entfernt. Zusätzlich vernahmen wir heftige Schusswechsel, die bis halb drei andauerten. Jedes Geräusch wirkte bedrohlich, selbst die Sterne am nachtklaren Himmel glitzerten kalt und böse. Der diensthabende Arzt stellte mir sein Bett zur Verfügung, und Abdul Bari, einer der Pfleger, der ihn unterstützte, meinte beruhigend, dem Krankenhaus würde nichts passieren. Als der Morgen graute und es draußen wieder ruhig war, ließ ich mich zurück in mein Zimmer bringen.

Tatsächlich war dem Hospital nichts passiert, trotzdem war ich besorgt. Völlig deprimiert gingen mir sämtliche Konsequenzen durch den Kopf. Ich hatte schon genügend Kriegserfahrungen gemacht, stand vor keiner neuen Situation. Nach solchen Erlebnissen konnte ich das Land einfach verlassen, wenn ich wollte – die Afghanen nicht. Jetzt versuchte ich abzuschätzen, was der Angriff auf Chak zu bedeuten, was für Entscheidungen ich zu treffen hatte. Immerhin waren wir der

Bedrohung auf einmal unmittelbar ausgesetzt. Aber erst einmal musste ich mehr über das nächtliche Geschehen wissen.

Am Morgen vernahmen wir, dass rund dreißig schwerbewaffnete Männer gezielt den Ort des Geheimdienstchefs im Regierungszentrum angegriffen hatten. Wir erfuhren davon, weil dieser mit einer Verletzung an der Hand zu uns ins Hospital kam, er hatte also Glück gehabt, dass er bei dem Angriff nicht starb, was sicher beabsichtigt gewesen war. Einer der Patienten erzählte, dass er in der vergangenen Nacht unterwegs gewesen sei, man habe ihn gestoppt und ihm befohlen, sich flach auf den Boden zu legen, bis alles vorbei sei. Das hatte er dann auch getan, weiter war ihm nicht passiert. Die acht afghanischen Polizisten, die den Posten des Geheimdienstchefs bewachen sollten, waren geflüchtet.

Nachdem ich all diese Einzelheiten zusammengetragen hatte, kam ich am Ende des Tages zu der Erkenntnis, dass ich gegen eine Übermacht von schwerbewaffneten Männern keine Chance hätte, das Hospital zu verteidigen. Mir selbst würde bei einem solchen Angriff nicht einmal die Möglichkeit zur Flucht bleiben, die die afghanischen Polizisten bevorzugt hatten. Ich versuchte diese Gedanken zu verdrängen, denn ich wollte das Hospital nicht aufgeben. Aber so recht gelang es mir nicht.

Am nächsten Wochenende folgten Naseer und ich einer Einladung von Kasim, einem früheren Kommandanten von Wardak, der häufig Patienten zu uns gebracht hatte. Er hatte mich gefragt, ob ich ihn zu einem Ausflug zur Seenplatte Sabz Ob in der Provinz Ghazni begleiten wolle. Ich sagte zu.

Naseer und ich fuhren nun über die Berge, verfolgten einen Teil der alten Seidenstraße, eine Passstraße, die auf der einen Seite durch Bergketten begrenzt war, auf der anderen Seite lagen saftige grüne Flusstäler. Es war atemberaubend schön.

DIE GROSSE DEPRESSION

Kasim wohnte in einem traditionellen Haus in der Nähe eines Flusses, der sich auch durch Chak schlängelt. Er war ein zäher Afghane mit einem gesunden, festen Gebiss, seine ebenfalls starke Frau strahlte Fröhlichkeit und Herzlichkeit aus. Als man feststellte, dass die Gastgeberin und Naseers Mutter aus dem gleichen Dorf stammten, nannte sie den Administrator einfach «Sohn meiner Schwester». Wieder einmal wurde ich von dem Erfindungsreichtum der Afghanen überrascht, wenn es darum ging, Traditionen außer Kraft zu setzen. Normalerweise hätten sie Naseer kaum beachten dürfen, da er mit mir in keinem verwandtschaftlichen Verhältnis stand. Aber darüber setzten sich unsere Gastgeber einfach hinweg. Es gibt eben nicht nur Weiß und Schwarz, sondern auch viele Töne dazwischen. Die Menschen sind nicht erstarrt in den Traditionen ihres Landes.

Man hatte ein Mittagessen für uns vorbereitet, mit Fleischklößen und Beilagen, dazu Obst und Pudding. Zu einem afghanischen Gastessen gehört ein weißlicher Pudding, der in diesem Fall mit grünem und rotem Wackelpeter verziert wurde. Nach dem Essen konnte ich mich mit einem Buch in den Schatten von Apfelbäumen zurückziehen, die beiden Männer zogen derweil zum Fischen los. Ihre Beute brachten sie an Tragestöcken hängend nach Hause, dazu einige Pilze, die sie gefunden hatten. Alles wurde fürs Abendessen zubereitet. Wir redeten natürlich über die Situation in Afghanistan, über das wenig vorsichtige Vorgehen der Amerikaner.

Am nächsten Morgen, nach einer Eimerwäsche und einem Frühstück, brachen wir mit Kasim zur Seenplatte auf. In dem Distriktzentrum Deymerdad, vier Stunden von Chak entfernt, hatte unser Geländewagen einen Platten, doch zum Glück fanden wir einen Laden mit Leuten, die den kaputten Reifen flicken konnten. Währenddessen luden mich Frauen ein, im kühlen Schatten ihres Hauses zu warten, bis alles repariert war. Ich wurde mit Joghurt, Brot und Tee bewirtet, und eine große Kinderschar sammelte sich um mich. Die Jungen und Mädchen musterten mich aus neugierigen Mandelaugen. Die Menschen hier waren noch ärmer als in Chak. Die Frauen klagten, es gäbe kein Hospital, keine Medikamente, kein Gymnasium, auch keine Elektrizität.

Schließlich konnten wir weiterfahren, und es ging durch eine großartige, bergige Wüstengegend, Schatten erzeugten die unterschiedlichsten Gelb- und Brauntöne. Es ist Nomadenland. Niemandsland. Nach fünf Stunden erreichten wir unser Ziel, die Seenplatte. Weit und breit gab es keinen Schatten, die Ufer waren eingesäumt von hohem Sumpfgras.

Etwas lustlos folgte ich der Aufforderung meiner beiden Begleiter, näher ans Wasser zu treten. Immerhin bauten sie aus vier Stöcken und zwei Patus, den Baumwolldecken, die von Afghanen als Umhang benutzt werden, einen Sonnenschutz, unter den ich mich setzen konnte. Unser mitgebrachtes Picknick nahmen wir unter Gezwitscher und Gezirpe ein – der Grünstreifen um die Seen diente als Unterschlupf für viele mir unbekannte Vogelarten.

Leider mussten wir nach einer Stunde aufbrechen, da wir vor Einbruch der Dunkelheit Chak erreichen wollten. Für die Rückfahrt wählten wir die andere Seite des Berges. Unterwegs klopfte Kasim an einem traditionellen Lehmhaus an und bat um Buttermilch. Da sie kühl war, löschte sie unseren Durst. Gegen neunzehn Uhr kamen wir in Chak an – Kasim hatten wir unterwegs bei ihm zu Hause abgesetzt. Ich war glücklich, einen weiteren Teil Afghanistan erfahren zu haben. Wie ich es liebe, die Kinder, die Farben, die Landschaft.

DIE GROSSE DEPRESSION

Nach diesem Ausflug ließ sich der Alltag besser ertragen. Denn nicht nur die Sicherheitsrisiken wurden größer, sondern auch der bürokratische Aufwand, der einem abverlangt wurde, als hätte man es sich in Deutschland abgeschaut. Regelmäßig sollten wir nun an den Treffen teilnehmen, die im Provinzzentrum des Gesundheitsministeriums in Maidan Shar stattfanden. Als wir einmal nicht anwesend waren, erhielten wir sogleich einen Brief vom Distriktgouverneur, der als Warnung aufgefasst werden konnte. Beim nächsten Meeting schickte ich einen unseren ältesten Mitarbeiter hin, Fazel Hadi, ein sehr ehrlicher Mensch. Nach seiner Rückkehr informierte er uns, dass es bei der Zusammenkunft darum gegangen sei, dass immer mehr «*bad ladies*» unser Krankenhaus als Treffpunkt nutzen würden – gemeint war, dass man bei uns Frauen und Männer zusammen gesehen habe – und warum wir nicht mehr «*lady doctors*» beschäftigen würden.

«Wir sind für diese *bad ladys* nicht verantwortlich», erwiderte ich wütend. «Und das Medizinische geht sie auch nichts an. Die Regierungsleute sollen sich um ihre eigenen Probleme kümmern, davon haben sie doch reichlich.»

Sofort schrieb ich in einem Brief an den Provinzgouverneur, dass wir unsere Zeit für die Patienten benötigten und ich keinen Mitarbeiter mehr zu dieser Versammlung schicken würde. Mit Erfolg: Denn er veranlasste, dass der Distriktgouverneur uns in Ruhe ließ.

Die Risse in dem Land wurden ständig größer. Karzai gab mit verzweifeltem Stolz den Befehl aus, die Sicherheitsmauern und den Stacheldraht von den westlichen Botschaften zu entfernen. Er wollte damit demonstrieren, dass in seinem Land Frieden herrschen würde. Doch ohne den «übertriebenen» Schutz, von dem der Präsident sprach, könnten die Ministerien der Afghanen überhaupt nicht überleben. Karzai selbst wurde von einer US-Garde geschützt, weil er kein Vertrauen in die eigenen Leute hatte. War er unterwegs, wurden ganze Straßenzüge gesperrt.

Die Regierung hatte verordnet, dass Soldaten und Polizisten keine Bärte tragen durften. Auch das waren Vorschriften und Zwänge. Dabei hatte ich gehofft, dass nach dem Ende der Taliban-Herrschaft solche Kleidungsvorschriften verschwinden würden. Damals hatte man Bart, Turban und Shalwar Kameez, eine traditionelle Kleidung, die aus einem langen Hemd und einer Hose bestand, tragen müssen.

MANCHE HABEN ES EILIG, INS PARADIES ZU KOMMEN

Im Juli 2006 wurden viele Menschen von Durchfallerkrankungen geplagt. Über sechstausend Patienten waren mit diesem Krankheitsbild in den Sommerwochen zu uns ins Hospital gekommen, darunter auch einige Malaria- und Typhusfälle. Besonders getroffen hat mich in dieser Zeit aber das Schicksal eines jungen Mädchens, sie war elf Jahre alt und hatte starke Verbrennungen im Gesicht. Das Feuer war durch eine Laterne ausgebrochen.

Einst erhielten Ausländer von den Einheimischen noch einen afghanischen Namen. So wurde ich immer Sharifa genannt, was so viel hieß wie «die gute Frau». Häufig musste ich in diesen turbulenten Tagen daran denken, denn die afghanische Interpretation für eine gute Frau beinhaltet, dass sie sich im Haus aufhält. Dies traf nun keineswegs auf mich zu. Jeden Tag konnte ich morgens frische Baumwollkleidung anziehen, ohne sie selbst waschen und bügeln zu müssen. Eine gute Frau hätte die Sachen natürlich eigenhändig gereinigt.

Der auf die Sommersaison begrenzte Sport zum Dienstantritt – Slalomlauf durch die heruntergefallenen matschigen Maulbeeren – hatte wieder begonnen. Eine weitere beliebte Sportart hier ist die Fußwaschung in einem an der Wand befestigten Waschbecken. Wenn der Spagat gelingt, wird der staubige, heißgelaufene Fuß unter fließend kaltem Wasser erfrischt. Hier und da ist das Waschbecken den Verrenkungen nicht gewachsen, und es folgt die Retourkutsche: Das Becken geht zu Boden.

Viele Tage lang begleitete mich eine Weisheit, die ich in einem Roman des ungarischen Schriftstellers Sandór Márai gelesen hatte. *Die Glut* erzählt von einer ungewöhnlichen Liebesgeschichte, und darin heißt es an einer Stelle: «Selbst das Schweigen ist nicht frei. Tatsachen sind nicht die Wahrheit, nur das Ergebnis.»

Wieder gab es Ausschreitungen in Kabul, sie konzentrierten sich auf den Stadtteil Taimani, nahe dem Zentrum, in dem wir immer übernachteten, wenn wir in der Hauptstadt waren. Die Wohnung dort gehörte Peter Schwittek, der in den siebziger Jahren Mathematikdozent an der Universität Kabul gewesen war, seit 1984 unterstützte er Hilfsprogramme am Hindukusch. Er war wie ich der Meinung, dass das Vorgehen von George W. Bush nach dem 11. September zum Scheitern verurteilt war, jedenfalls was die Neuordnung Afghanistans betraf.

Bei den gewalttätigen Auseinandersetzungen hatte man es auf die Häuser von Ausländern abgesehen. Das wurde insbesondere von Jugendlichen zum Stehlen ausgenutzt. Sie nahmen alles mit, was sie in die Finger bekommen konnten, Büroausstattungen, Kissen, Waschmaschinen. Einmal musste Peter Schwittek über eine Leiter zu seinem Nachbarn flüchten. Seine Mitarbeiter stellten sich den Jugendlichen entgegen, erkannten sie auch, denn sie wohnten in der gleichen Straße. Somit passierte nichts weiter, nur das Büroschild wurde abmontiert. Andere Hilfsorganisationen wie Oxfam, International Organization for Migration (IOM), CARE oder der Malteser Hilfsdienst wurden ausgeraubt. Beim Technischen Hilfswerk hatte man den gesamten Maschinenpark einschließlich der Bulldozer zerstört.

Das Verständnis von Sicherheit wandelte sich spürbar. Ein Mitarbeiter des Tuberkolose-Zentrums meinte, in Chak sei ja jetzt schon seit einer ganzen Woche Ruhe. Daran kann man ablesen, wie dankbar die Menschen schon waren, wenn die Lage kurzfristig stabil zu sein schien. Doch unmittelbar danach wurde in der Nähe unseres Hospitals auf einen Flying Coach – einen kleinen Bus – geschossen, die Insassen konnten zum Glück fliehen. Zudem wurden von einer sich herumtreibenden Bande zehn Motorräder gestohlen. Es kam heraus, dass der Kommandant von Chak bei dem Raketenangriff auf den Regierungsposten vor einigen Wochen seine Hände mit im Spiel gehabt hatte. Er wurde durch einen neuen Kommandanten ersetzt.

Es war nicht zu übersehen, dass die ISAF-Truppen mehr und mehr aus dem öffentlichen Bild verschwanden. Ihre weißen, gekennzeichneten und mit Funkanlagen ausgestatteten Autos sowie ihre Panzer waren leicht auszumachen, wurden zu einer Angriffsfläche. Es war makaber, zu registrieren, dass sie eher die Gejagten waren und nicht mehr die Beschützer. Die Wagen deutscher NGOs konnte man kaum noch auf den Straßen von Kabul entdecken. Nach Bombenattentaten wurden die afghanischen Polizisten mit einem Werkzeug ausgerüstet, das einem Schraubenzieher ähnelte. Wenn ihnen ein Auto verdächtig vorkam, konnten sie mit diesem Gerät blitzschnell in die Reifen stoßen und es fahrunfähig machen.

Die deutschen ISAF-Truppen waren auch deshalb kaum noch in Kabul zu sehen, weil sie seit 2006 ein neues Wirkungsfeld hatten: Masar-e-Scharif. In den Medien wird ja häufig erklärt, dass der Norden Afghanistans noch relativ ruhig sei. Das hatte damit zu tun, dass den ganzen Sommer über amerikanische und britische Streitkräfte eine Großoffensive im Rahmen der Anti-Terror-Operation Enduring Freedom (OEF) gegen Taliban- und al-Qaida-Kämpfer im Süden Afghanistans starteten. Doch die Folge davon war, dass jetzt auch die Bundeswehrsoldaten im Norden verstärkt angegriffen wurden – die Radikalen machten keinen Unterschied zwischen Soldaten der ISAF-Schutztruppe und der OEF.

In Kabul passierte fast jeden Tag etwas Schreckliches. Es war erstaunlich, wie viele Selbstmordattentäter es gab, die es sehr eilig hatten, ins Paradies zu kommen. Ich bezweifelte, dass sie dorthin gelangten, denn sie rissen nicht wenige unschuldige Glaubensbrüder mit in den Tod. Der Unterschied zu den Selbstmordattentätern im Irak war, dass hier bei den Anschlägen meist weniger Menschen getötet wurden. Manchmal starb nur der, der sich in die Luft sprengte. Eine weitere makabre Erkenntnis, die an der Graumsamkeit der Attentate nichts änderte.

Das Gesundheitsministerium handelte immer unorganisierter. Von uns bestellte Impfstoffe waren nach drei Wochen noch nicht da. Zur Desinfektion sollten wir das Mittel Chlorin benutzen, es kam ebenfalls nicht, man sagte mir, es müsse erst in Pakistan eingekauft werden. In diesem Jahr gab es auch Schwierigkeiten mit unserem aus Deutschland eingetroffenen Container, der Medikamente und andere Materialien für unser

Hospital enthielt. Er stand in Herat, der drittgrößten Stadt Afghanistans, im Grenzgebiet von Iran und Turkmenistan gelegen. Als ein von uns beauftragter Afghane dorthin fuhr, um die Formalitäten zu erledigen, sagte man ihm, erst müsse man Muster aus dem Container entnehmen, denn nur bestimmte Arzneien aus Deutschland seien zugelassen. Nachdem das erfolgt war, musste sich der Mann anschließend mit den Mustern zum Gesundheitsministerium nach Kabul begeben, um eine Genehmigung einzuholen. Es erinnerte mich an die Taliban-Zeit, wo auch jedes Medikament in der Hauptstadt untersucht wurde. In beiden Fällen war es nur ums Geld gegangen, früher war es Bakschisch, jetzt brauchten wir zum Auslösen des Containers insgesamt drei Wochen – die Liegezeiten konnte man uns in Rechnung stellen.

Eines Tages erschien ein Provinzvertreter des Gesundheitsministeriums in meinem Büro, um mir das Kommen einer «ganz wichtigen» Delegation anzukündigen. Man munkelte sogar, so gab er mir zu verstehen, der Minister würde vielleicht höchstpersönlich erscheinen. Deshalb sei es doch sinnvoll, vorher im gesamten Krankenhaus zu putzen. Also putzten wir, das ist ja nie verkehrt.

Schließlich trafen die «ganz wichtigen» Gäste ein, die sich als vergleichsweise unbedeutende Leute herausstellten, darunter ein deutscher Honorarkonsul sowie ein Holländer. Diese Menschen sollten dem Provinzgouverneur und dem mir schon bekannten Vertreter des Gesundheitsministers dazu dienen, Geldgeber für irgendwelche anderen Dinge zu gewinnen. Eine weitere Unverschämtheit. Die beiden Männer führten das Hospital und mich regelrecht vor, meinten, was für ein tolles Projekt dies sei, und erst die Leitung ... Sie taten so, als gehöre ihnen das Krankenhaus, als sei es ihr Verdienst, dass es diese

Größe mit den verschiedenen Abteilungen und Einrichtungen hätte. Nach fünfzehn Minuten war der ganze Spuk vorbei, und der Tross zog wieder ab, die nächste Station war der Gouverneursposten. Das Gesundheitsministerium machte in seiner Planlosigkeit nur Druck, wurde jedoch nicht im eigentlichen Sinne aktiv.

ZUR BILDUNG GEHÖRT HERZENSBILDUNG

Schon unter den Taliban unterrichteten bei uns im Hospitalbereich Lehrer – wir hatten eine inoffizielle Schule für die Kinder unserer Mitarbeiter gegründet, vergleichbar mit Dorfschulen. Auch die Mädchen konnten so unterrichtet werden, sogar in den Wintermonaten. Normalerweise können die Schulen in den Provinzen in der kalten Jahreszeit nicht geheizt werden, sodass es mindestens drei Monate Winterferien gab. Als die Mitarbeiter fragten, ob ihre Kinder nicht durchgehend unterrichtet werden könnten, stimmte ich gern zu. Die Jungen und Mädchen saßen in einem warmen Raum, waren gut aufgehoben und lernten.

Nach dem Sturz der Taliban hatte es auch hier Veränderungen gegeben, aber nur bei den Lehrerinnen. Vor dem 11. September 2001 waren die weiblichen Lehrkräfte mit ihren männlichen Verwandten und kleinen Kindern angereist, und wir brachten alle für die Dauer eines Kurses – der sich über ein halbes Jahr erstrecken konnte – in unserem Ausbildungscompound unter. Der Unterricht ging morgens von acht bis zwölf und nachmittags von zwei bis fünf Uhr, oft saßen die Schülerinnen dabei an etwas ruhigeren Plätzen im Grünen. In diesen Stunden ach-

2006

teten die Männer auf die Kinder, zudem brachten sie für unser Hospital Materialien vom Basar mit oder trugen Waschwasser dorthin, wo es gerade gebraucht wurde. Nach dem Unterricht übernahmen die Frauen die Kinder, sie wuschen die Wäsche, putzten die Zimmer oder fegten den Compound.

Seitdem Karzai an der Macht war, kamen viele der Lehrerinnen in einem Sammelauto aus dem drei Stunden entfernten Kabul, denn sie hatten die Provinz inzwischen verlassen, um in der Stadt mehr Geld zu verdienen. Sie unterrichteten nur noch von acht bis zwölf, wobei jede einzelne Lehrerin nicht mehr als zwei Stunden arbeitete. Danach ging es wieder nach Hause. Diejenigen, die bei uns mit ihren Ehemännern und Kleinkindern im Compound übernachteten und nur über das Wochenende zurück nach Kabul fuhren, hinterließen ihre Unterkünfte jedes Mal völlig verdreckt. Ihre Männer taten nichts mehr, unsere Mitarbeiter brachten ihnen sogar das Essen. Wenn es nach ihnen gegangen wäre, hätten wir einen Koch einstellen sollen, der allein für sie die Mahlzeiten zubereitete.

Eine Lehrerin meinte: «Das Essen ist schlecht, aber sterben werde sie ja nicht davon.» Ich verkniff mir eine Bemerkung.

Als sie dann auch noch eine diensthabende Krankenschwester damit beauftragte, ihre Räume zu putzen, brachte mich das jedoch auf die Palme. Ich erlaubte es nicht, gab ihr zu verstehen, sie sollte sich eine Frau aus Chak anstellen, die ihren Dreck wegkehrt. «Die NGOs haben genug Geld, man muss aus ihnen herausholen, was man nur kann», das war die übliche Einstellung.

Fast wäre ich jetzt wirklich geplatzt, doch ich behielt mich unter Kontrolle und meinte vergleichsweise ruhig: «Sie sind als Lehrerin hier und können nicht einfach über meine Mitarbeiter bestimmen. Beachten Sie also die Zuständigkeitsgrenzen.»

DIE GROSSE DEPRESSION

Wortlos drehte sie sich um und verschwand im Compound. Diese Afghanin wollte auch das Frauenhospital nach ihren Vorstellungen organisieren. Es war deutlich zu spüren gewesen, wie sie versucht hatte, sich aufzuspielen. Sie weiß, wie abhängig Afghanistan von den wenigen gebildeten und selbständigen Frauen ist. Eine andere, noch sehr junge Lehrerin erklärte mir: «Die Stadtfrauen mögen die Landfrauen nicht.»

Diese Aussage beängstigte mich. Was bedeutet das für die Zukunft Afghanistans, wenn sie recht hat? Zur Bildung gehört auch Herzensbildung, davon war ich überzeugt. Nur wenn man selbst darüber verfügte, konnte man sie auch an die Kinder weitergeben. Ich fürchtete, dass es diesen Lehrerinnen, die man uns aus Kabul schickte, an Herzensbildung, an der nötigen Leidenschaft mangelte.

Umso erfreulicher war es zu sehen, wie aufgeschlossen einige Frauen aus der Provinz waren. Eine Frau kam beispielsweise aus dem Bergdorf Madu, jeden Tag machte sie sich bei praller Sonne auf den einstündigen Weg, um an einem Kurs für Gesundheitsdorfhelferinnen teilzunehmen, der zwei Monate dauerte. Sie war ein Dorfhebammentyp, dennoch ließ sie sich ihr Stilbewusstsein nicht nehmen. Passend zur blauen Burka trug sie rote Stöckelschuhe. Manchmal übergab sie den Lehrerinnen Eier und Aprikosen. Völlig unverdient, wie ich fand.

Die politische Lage war seit 2001 instabiler geworden – was ein Hindernis für langfristige Investitionen war, die das Land wirklich voranbringen würden, zu mehr Eigenständigkeit führen könnten. Außerdem lähmte die Kultur der Bestechungsgelder jeglichen Fortschritt. So hatte sich die Stromversorgung gegenüber dem Vorjahr verschlechtert, doch ohne Elektrizität konnte sich keine Industrie entwickeln. Das Einzige, was wirklich blühte, war der Opiumhandel, der die Taschen der afghanischen Oberschicht füllte. Opium war zweifellos der Motor für eine Scheinwirtschaft, die im immer noch währenden Bauboom wie in der rapide anwachsenden Zahl der Autobesitzer zum Ausdruck kam. Zugleich stieg jedoch die Zahl der Bettler.

Die Abschottung der Bundeswehrsoldaten konnte ich nicht gutheißen. So würden sie nie erfahren, wie der Alltag der Afghanen, der Zivilbevölkerung aussah. Noch schlimmer aber war: Wer wie sie in den Camps auf engstem Raum zusammenleben musste, dazu mit dem Wissen, ständig angegriffen werden zu können, musste ja Angstpsychosen entwickeln. Vermutlich lagen die Nerven blank. Auf Nachfragen, weshalb man das angeordnet hatte, bekam ich nur zu hören, dass dies die Führung so wolle. Es war abzusehen, dass Fehlreaktionen immer wahrscheinlicher wurden – und dass sie dann auch eintraten, war letztlich nicht mehr verwunderlich. Mir tat jeder Ausländer leid, der erst jetzt nach Afghanistan kam, in ein Afghanistan mit strikten Sicherheitsauflagen. Nach zwei heftigen Anschlägen auf die deutsche Botschaft wurde sogar ein Haus auf dem Botschaftsgelände gebaut, in dem alle Botschaftsangehörigen wohnen mussten. Einen privaten Bereich außerhalb dieses Geländes gab es für sie nicht mehr. Diese Ausländer konnten nie wie ich das «andere» Afghanistan erfahren, die großartige Landschaft, die zugewandten und freundlichen Menschen, die eindrucksvolle Kultur.

Ich hatte die Einladung zu einem monatlichen Treffen der NGOs in der deutschen Botschaft in Kabul angenommen, dabei stellte sich auch der neue Botschafter vor: Hans-Ulrich Seidt. Nachdem wir uns alle miteinander bekannt gemacht hatten, tauschten wir uns über die gegenwärtige Lage in Afghanistan

DIE GROSSE DEPRESSION

aus. Seidt hatte vor vier Jahren ein Buch über die Expedition von Oskar von Niedermayer geschrieben *(Berlin, Kabul, Moskau)*, jenes Offiziers und Abenteurers, der im Auftrag der deutschen militärischen Führung 1915 und 1916 mit einer kleinen Truppe nach Afghanistan entsandt worden war, um den Emir Habibullah von Kabul gegen die Engländer aufzuwiegeln. Angeblich sollte aus dieser Zeit die deutsch-afghanische Freundschaft herrühren. Der Emir hielt die deutsche Gruppe ein Jahr im goldenen Käfig fest. Zum Kampf gegen die Briten war der Emir jedoch nicht bereit.

Als ich die Botschaft verließ, es war noch Nachmittag, bot sich mir ein Bild, das für mich Symbolcharakter hatte: Der damals amtierende deutsche Militärattaché – er hatte ebenfalls an dieser Zusammenkunft teilgenommen – wartete nun in einem unscheinbaren Fahrzeug darauf, dass sich das Tor zur Straße öffnete. Er saß mit einer Moslemkappe im Auto, war auch sonst als Zivilist verkleidet.

Abends traf ich einige Mitarbeiter vom Deutschen Entwicklungsdienst (DED). Sie alle waren aufgebracht, ja aufgelöst, da das Bundesministerium für wirtschaftliche Zusammenarbeit und Entwicklung eine Entscheidung am grünen Tisch getroffen hatte: Ihre Ehepartner durften aus Sicherheitsgründen nicht mehr nach Afghanistan einreisen, die, die schon im Land waren, mussten es augenblicklich verlassen – es ging dabei hauptsächlich um die Ehefrauen. Eine heftige Debatte brach los, da der DED für eine intensive Arbeit in den jeweiligen Einsatzländern nur Zweijahresverträge vergibt.

Einer sagte empört: «Aber unsere weiblichen Mitarbeiter dürfen bleiben, zum Arbeiten sind sie denen in Deutschland gut genug.»

«Du kannst deine Frau ja hier einbürgern lassen, also gegen

Bakschisch», erhielt er als Antwort. «Die deutsche Botschaft wird dagegen kaum etwas unternehmen können.»

Lachen machte sich breit, doch an der grundsätzlich gedrückten Stimmung änderte sich dadurch nichts. Im Bürohaus des DED und der Gesellschaft für Technische Zusammenarbeit (GTZ) waren Bewaffnete eingebrochen, wie man mir nun erzählte. Die Wächter waren geschlagen und gefesselt worden. Mit einer Eisenstange konnten die Einbrecher den Safe öffnen, auch sämtliche Schreibtische hatten sie aufgebrochen. Insgesamt nahmen die Diebe 20 000 Dollar mit und alles, was sie als brauchbar ansahen – und das war viel.

«Täglich sollen in Kabul jetzt drei bis vier Häuser ausgeraubt werden», sagte jener DED-Mitarbeiter, der den Vorschlag mit dem Bakschisch gemacht hatte. «Es heißt, dass die afghanische Polizei und Armee ihre Hände im Spiel hätten. Vielfach werden Schutzgeldforderungen gestellt, und wenn diesen nicht gefolgt, wenn dies nicht als Warnung verstanden wird, kommt es zu diesen Überfällen und Einbrüchen. Oft trifft es auch Afghanen, die in ihre Heimat zurückkehren, um nach dem Sturz der Taliban voller Euphorie ein Projekt auf die Beine zu stellen.»

Wir alle im Raum beobachteten diese Entwicklung mit großer Sorge.

Ein paar Tage später standen plötzlich vor unserem Hospital fünfzehn bewaffnete Männer, angeblich Taliban – genau wusste man es eigentlich nie, da vieles in ihrem Namen getan wurde. Sie gaben unseren Wachleuten Bescheid, sie sollten nachts im Compound bleiben und nicht mehr vor das Tor kommen, um dort ihre Sicherheitsaufgaben zu erfüllen.

«Die Einmischung wird immer dreister», sagte ich zu Naseer.

DIE GROSSE DEPRESSION

«Wohin wird das führen?» Der Administrator schüttelte den Kopf. «Gestern hörte ich, dass man Brautleuten gedroht habe. Wenn sie auf ihrer Hochzeitsfeier Musik spielen würden, dann würde man die Veranstaltung stören.»

Wir sahen uns beide nur schweigend an. Amerikaner, aber auch andere westliche Nationen gingen noch immer davon aus, dass sie die Taliban zu Fall gebracht hätten. 2002 hatten sie die Bewegung tatsächlich weitgehend vertrieben. Aber man konnte es auch ganz anders sehen: Es war denkbar, dass das Vorgehen des US-Militärs insbesondere gegenüber der zivilen Bevölkerung dazu geführt hatte, dass die Taliban in Afghanistan wieder erstarkt sind. Da es vorkam, dass amerikanische Soldaten Einheimische in den Dörfern schlugen oder auf andere Weise misshandelten, weil sie diese für Terroristen hielten, und in Frauenbereiche eindrangen – auf den Verdacht hin, dass sie dort Extremisten versteckt halten würden –, förderten sie den Unmut in den Familien. Für sie war es nicht nachvollziehbar, dass die Menschen für die Handlungsweisen der Taliban verantwortlich gemacht wurden. Auch wenn Osama bin Laden von ihrem Land aus die Anschläge in New York und Washington geplant hatte, konnten die Afghanen nicht grundsätzlich als Verdächtige angesehen werden.

Den Amerikanern fehlte jegliches Gefühl für Traditionen und Stammeszugehörigkeiten, und so vermochten sie auch nicht zu begreifen, warum es Karzai gar nicht gelingen konnte, einen funktionierenden Staatsapparat aufzubauen. Sie dachten, wenn sie einen Mann einsetzen würden, der wenig Rückhalt in der Bevölkerung hat, könnten sie ihn besser lenken. Mohammed Sahir Schah, der nach 2001 aus dem Exil zurückgekehrte frühere Monarch und «Vater der Nation», hatte aufgrund seiner Neutralität eine solche Macht gehabt. Aber der Exkönig wurde

2006

von ihnen ausgeschaltet, weil er zu stark war – wobei es dabei weniger um Sahir Schah selbst ging als vielmehr um seine Familie. Der einstige Monarch war schon sehr alt, er starb 2007, mit zweiundneunzig Jahren. Kein Wunder also, dass die Amerikaner für die afghanische Bevölkerung ein rotes Tuch waren und die Unzufriedenheit weiter wuchs.

Eine große Depression überlagerte alles, sie befiel auch mich.

Die Lage stagnierte oder entwickelte sich gar zum Schlechteren. So ging es mit dem Jungengymnasium in der Nähe unseres Hospitals weiter und weiter bergab. Die guten Lehrer waren schon längst nach Kabul gegangen. Selbst den Lehrern, die noch geblieben waren, konnte die Regierung kaum mehr beziehungsweise nur unregelmäßig Gehälter zahlen, dabei gingen von jeder Familie aus der Umgebung mindestens zwei Söhne auf diese Schule. Immer deutlicher wurde, dass es ein Fehler gewesen war, die Araber des Landes zu verweisen, die in Chak, in ganz Afghanistan Krankenhäuser und Schulen mit äußerster Disziplin geführt hatten. Man hätte sie nicht in einen Topf mit den Extremisten werfen dürfen. Mit Vernunft hatten all diese in der Anfangszeit der Karzai-Regierung getroffenen Entscheidungen nichts zu tun. Die erste Generation der Minister hatte sich beim Wiederaufbau eines durch viele Kriege ausgebluteten Landes korrupt verhalten – und sie hatten damit noch längst nicht aufgehört. Eine große Chance war vertan.

Mein Stimmungstief führte ich teilweise darauf zurück, dass die Mitarbeiter des Hospitals sich an mich klammerten, als eine Art Hoffnungsträgerin und Motivatorin. Wenn auch ich aufgeben würde, dann würden die Fortschritte völlig zunichtegemacht, die in dieser Provinz in den letzten Jahrzehnten erzielt

DIE GROSSE DEPRESSION

wurden. Aber es kam nicht in Frage, alles dem Verfall zu überlassen. Nein. Außerdem hatte ich schon schlimmere Momente überstanden, Momente, in denen es einsichtiger gewesen wäre, wenn ich Afghanistan den Rücken gekehrt hätte – etwa nach dem Überfall. Dennoch konnte ich nicht umhin, diesen Ausweg in Betracht zu ziehen. Trotz aller Aufstockungen der Schutztruppen war für niemanden einzuschätzen, wie sich die Lage entwickeln würde. Von einem Tag auf den anderen konnte etwas geschehen, etwas, das einen solchen Entschluss notwendig machte. Davon war auszugehen, damit musste ich rechnen, das durfte ich in all meinen Überlegungen und Planungen nicht vollkommen ausschließen.

DER KÖNIG UND DER ORDEN

Anfang Juli traf ich Farooq Wardak, der, wie der Name schon suggerierte, aus der Provinz Wardak stammte. Seit vielen Jahren bin ich mit ihm befreundet, immer wieder hatte er mir in der Vergangenheit bei Schwierigkeiten geholfen. Er gehört zu jenen Afghanen, die schnell, intelligent und der englischen Sprache mächtig sind. Während der Taliban-Zeit arbeitete er von Pakistan aus für die UN und wurde bei kritischen Gesprächen als Berater in Genf oder New York hinzugezogen. 2002 berief ihn Karzai in seine Regierung, erst als Kabinettsekretär, 2006 wurde er dann Premierminister, zwei Jahre später Minister für Erziehung.

Farooq Wardak hatte bei all diesen Positionen seine Menschlichkeit und Ehrlichkeit nicht verloren. Er war auch in seinem Land diesem treu geblieben und noch immer ein überzeugter Friedensaktivist. Entscheidend war er bei den Parlamentswah-

2006

len im vergangenen Jahr involviert. Er handelte stets nach der Devise: «Alles wird gut.»

Als ich ihn in Kabul traf, lud er erst einmal all seine Sorgen bei mir ab, es sprudelte nur so aus ihm heraus.

Er sei mit Kriegsverbrechern konfrontiert worden. Er habe Morddrohungen erhalten, wisse nicht, wie man der um sich greifenden Gewalt Herr werden könne. Er habe keine Ahnung, wie man auf den Justizminister, einen korrupten Extremisten, zugehen solle. Er sei eine Hürde im demokratischen Prozess. Der Mann wurde kurz darauf mit großer Mehrheit aus seinem Amt entfernt.

Als ich Farooq Wardak beim Sprechen beobachtete, dachte ich: Er sieht stark infarktgefährdet aus. Plötzlich wechselte er das Thema: «Sie sind für den Malalai-Orden vorgeschlagen worden» – es ist die höchste afghanische Auszeichnung für Frauen –, «und zwar für Ihren Einsatz in Chak, immerhin hat das Hospital den Bürgerkrieg und die Taliban-Herrschaft nicht nur überlebt, sondern Sie konnten es sogar beständig weiterentwickeln.»

«Bestimmt wurde unser Projekt nicht für diesen Orden vorgeschlagen», erwiderte ich. Farooq Wardak stand unter Stress. Menschen können in solchen Situationen leicht etwas verwechseln.

«Doch, doch.»

Wieder zurück in Chak, sagte ich zu Naseer: «Eigentlich wäre der Orden ein Highlight für das Krankenhaus, gerade bei der generellen Depression. Bislang erhielten wir zwar Ehrungen aus Deutschland, Afghanistan bereitete uns eher nur Schwierigkeiten.»

Doch plötzlich überschlug sich alles. Am 21. August, einem Montag, bekam ich über Deutschland einen Anruf, ich solle mich umgehend mit dem Darul-Aman-Palast in Kabul in Verbindung setzen. Am Mittwoch hätte ich bei Dr. Farooq zu sein, der König würde mir den Malalai-Orden überreichen wollen.

Am Mittwoch fuhren wir also nach Kabul: Naseer, Dr. Tajudin, der auch zum Führungsstab des Krankenhauses gehörte und einen weißen Shalwar Kameez mit schwarzer Weste trug, und ich – in einem schwarzen Shalwar Kameez mit weißem Kopfschleier. Zuerst wollten wir Farooq Wardak im Regierungssitz aufsuchen, bekamen ihn leider aber nicht zu Gesicht. Sein zuständiger Sekretär gab Auskunft: «Der Gesundheitszustand des Königs hat sich verschlechtert, es ist fraglich, ob er den Orden heute überhaupt überreichen kann. Warten Sie bitte noch ein wenig.» Schließlich hieß es, am nächsten Tag würde man den König zu ärztlichen Untersuchungen nach Frankreich ausfliegen, man müsse die Verleihung wohl absagen, denn ihm sei es vorbehalten, den Orden zu überreichen. Dabei sprach der Sekretär, wenn er Sahir Schah meinte, nur von «Baba», dem «Vater», dem «Vater der Nation».

Die schnurlosen Drähte liefen aber weiter heiß, bis der Sekretär endgültig konstatierte, dass mit «Baba» nicht zu rechnen sei. Auf die Schnelle versuchte man dann eine Übergabeerlaubnis für den Vizepräsidenten Karim Khalili zu erwirken – ein aus vielen brutalen Kämpfen bekannter und nicht ganz unumstrittener Mann –, um die Zeremonie doch noch stattfinden zu lassen – vergeblich. Naseer und Dr. Tajudin frotzelten über all das ziemlich respektlos. Baba sei mit seinen einundneunzig Jahren für solche Dinge eben zu alt.

Uns wurde gesagt, wir sollten bis Donnerstag warten, eventuell könne dann die Verleihung vorgenommen werden. Gut, wir wollten bis Donnerstag bleiben. Es gab nur ein Problem: Wir hatten keine Ersatzkleidung eingepackt, sodass Shalwar

Kameez und Kopfschleier immer knittriger wurden. Am Nachmittag rief ich Farooq Wardak an, um zu erfahren, woran wir tatsächlich waren. Eigentlich war klar, dass auch am Donnerstag nichts passieren würde, denn langsam stellten sich die Hauptstadtbewohner auf das Wochenende ein, das in Afghanistan am Donnerstag beginnt. Und so war es dann auch. Farooq Wardak meinte, wir sollten zurück nach Chak fahren und am Samstag wiederkommen. Das klang vernünftig, so konnten wir uns auch besser auf das Ereignis einstellen – optisch und inhaltlich, denn in der Eile hatte ich mich nicht richtig auf meine Dankesrede vorbereiten können, wusste nicht viel über die Frau, nach der der Orden benannt ist.

Die Amerikanerin Nancy Dupree und ihr inzwischen verstorbener Ehemann Louis hatten sich einst in Afghanistan verliebt, ein Afghanisches Zentrum in Kabul gegründet und mehrere Bücher über das Land geschrieben. In diesen wurde ich fündig, ich hatte sie in meinem Zimmer im Hospital stehen. Ich las, dass Malalai, ein junges Mädchen, die Fahne eines am Boden liegenden Soldaten ergriffen hatte und mit dem Ruf «Verliert nicht den Krieg in Maiwand! Bei Allah, wenn ihr ihn verliert, wird man euch des schamvollen Versagens bezichtigen» vorwärtsgestürmt war. (Maiwand ist ein Ort in der südafghanischen Provinz Kandahar, rund achtzig Kilometer von der gleichnamigen Hauptstadt entfernt.) Malalai führte die Soldaten 1880 zum Sieg gegen die Engländer, nachdem die afghanischen Truppen schon aufgeben wollten. Sie war also eine Art Jungfrau von Orléans in Zentralasien. Auf dem Orden ist die Szene eingeprägt, in der Malalai dem gefallenen Soldaten die afghanische Flagge abnimmt.

Die Shalwar Kameez wurden wieder gewaschen und gebügelt, und am Samstag, am frühen Nachmittag, traten wir erneut bei Farooq Wardak an. Und dieses Mal verlief alles nach Plan. In einem Spezialauto wurden wir zum Palast gefahren, begleitet von US-Sicherheitsleuten. In den königlichen Gebäuden trafen wir auf den deutschen Botschafter Hans-Ulrich Seidt, ebenfalls anwesend waren der Gesundheitsminister Sayed M. Amin Fatimi, Vizepräsident Karim Khalili und noch einige andere.

Sayed M. Amin Fatimi, der in der Karzai-Regierung wenig zu sagen hatte und nicht sehr effektiv war – er war ideal für Repräsentationsaufgaben –, fragte mich, ob denn in der Zwischenzeit wieder Frauenärztinnen im Hospital arbeiten würden. Mir wurde die Antwort erspart, da der Vizepräsident mit seiner Rede begann, unterstrichen von salbungsvollen Gesten. Sein Haupt war überdacht von einem grauen Seidenturban, entsprechend seinem Alter. Der Mund lächelte, die Schärfe seiner Augen war nicht genau erkennbar, da es schmale Schlitze waren – üblich für einen Hazarat. In seiner Lobeshymne sprach er davon, dass ich «eine Heldin im Gesundheitswesen von Afghanistan» sei. Oder so ähnlich, denn der Übersetzer hatte einige Schwierigkeiten, dem Gesagten zu folgen.

Nachdem Karim Khalilis Worte verklungen waren, übergab er mir den Orden, begleitet von Gratulationen. Naseer und Dr. Tajudin waren aufgeregter als ich, so schien es jedenfalls, als ich meine Dankesrede hielt. Der Botschafter versprach am Schluss der Zeremonie seinen Besuch in Chak, er meinte, er wolle auch den Gesundheitsminister mitbringen. Im Spezialauto ging es anschließend zurück ins Ministerium, und dort feierten wir den «orden-lichen» Tag in Hochstimmung mit einem guten Abendessen.

Als wir am nächsten Tag in Chak eintrafen, überstreuten mich die Mitarbeiter mit Glitzerzeug und behängten mich mit

2006

farbenfrohen Kunstblumenherzen. Ich konnte sie erst in ihrer Begeisterung stoppen, als ich ihnen für den nächsten Tag ein kleines Fest versprach.

Im Frauen- und Kinderhaus ertönte dann auch tags darauf überall «*tabrik*», was man mit «Glückwunsch» übersetzen kann. Die Patienten erhielten ein besonderes Essen, und gegen Mittag wurde ein Tisch im Männerspeisesaal aufgebaut und mit frischen Blumen und Kränzen aus Kunstblüten verziert. Jeweils ein Vertreter der Waisenschule, des Wasserkraftwerks, des Gymnasiums sowie des TB-Zentrums erschien. Alle behängten mich mit weiteren bunten Herzen. Als das Essen serviert wurde – die Tische bogen sich angesichts der vielen Platten –, verabschiedete ich mich von den Männern, um mich zu den Frauen zu begeben. Dort erwarteten mich erneut Glitzer und in buntes Papier verpackte Bonbons. In Afghanistan ehrt und feiert man sehr farbenfroh, begleitet von einem ausgelassenen Klatschen. Die Mitarbeiterinnen erlaubten sogar, dass Naseer als Übersetzer im Frauentrakt bleiben durfte, ebenso ließen sie sich von Dr. Tajudin filmen, der dieses Fest mit seiner Videokamera festhalten wollte. Beiden Männern heftete man einen kleinen Blumenstrauß an ein Knopfloch ihrer Kleidung, und man konnte dabei zusehen, wie der ruhige, äußerst zurückhaltende Dr. Tajudin zwischen den künstlichen und menschlichen Blumen förmlich aufblühte. Naseer übersetzte den Frauen meine Palastrede und fügte hinzu – das hatte er auch schon bei den Männern getan –, dass dieser Orden Verantwortung bedeute, für die Zukunft, und dass sie alle dazu beitragen müssten, dass es eine gebe.

Tahera warf ein, dass man dann darauf achten müsse, dass die jungen Mitarbeiterinnen nicht heiraten. Alle lachten. Aber im Grunde hatte sie recht. Die meisten Mädchen, die wir an unserem Hospital ausbildeten, verließen uns, wenn sie einen Mann geehelicht hatten.

Am Ende des Tages nahm ich einige künstliche Blumenherzen mit in mein Büro und hängte sie an einen Infusionsständer, um den Farbenrausch nachhaltig auf mich wirken zu lassen. Irgendwann würde der Staub sie verblassen lassen – wie auch die Erinnerung an den Orden mit seiner Bedeutung bei den Menschen langsam schwinden würde. Doch allein für die Zeit eines gemeinsamen Erlebnisses hatte es sich gelohnt.

DIE TALIBAN WANDELN SICH

Eine Zeitlang war es tagsüber schwül gewesen. Ein Regenguss sollte die Atmosphäre reinigen und das Grau des Himmels hinwegfegen. Ein rumorendes Donnern machte sich bemerkbar. Gelblich braun wurden die Lichtverhältnisse. Allah! Es schüttete dicke Hagelkörner, die die Blätter zerfetzten. Auf dem grünen Boden sammelte sich grobes Weiß, das beim Betreten krachte und knirschte. Dieser Kälteeinbruch brachte mit eisigem Getöse den Herbst. Bei klarer Luft konnten nun die Äpfel zu Ende reifen.

Strahlend und mit von Stolz geschwellter Brust bat unser OP-Pfleger Leik um einen freien Tag. Nach fünf Mädchen – zwei davon waren gestorben – hatte ihm seine Frau den ersten Sohn geboren. Ich freute mich mit ihm. Und plötzlich sagte er unvermittelt, mit leiserer Stimme, dass er seine Mädchen unterrichten ließ. Zum Schluss wagte er sich sogar so weit vor, dass er mir mitteilte, es würden zwanzig Mädchen zu dem Unterricht kommen. Da es in unserer Provinz wie auch in anderen keine offiziellen Mädchenschulen mehr gab, lief es versteckt ab.

2006

Naseers Tochter ging auch in eine geheime Schule, die Eltern bezahlten gemeinsam die Lehrerinnen. Ein regulärer Schulbetrieb war das nicht, aber besser als gar keiner.

Erschreckend waren die Argumente, die Väter zu hören bekamen, wenn sie an offiziellen Stellen um eine Ausbildung für ihre Mädchen baten – sie erinnerten an die Taliban-Zeit:

Die Mädchen würden nur ungehorsam werden.

Mädchen können nicht so lange laufen wie Jungen, wenn sie eine weiter entfernt gelegene Schule aufsuchen müssten.

Mädchen können nicht Fahrrad fahren.

Als ich das hörte, fiel mir auf, dass ich in Afghanistan noch nie ein Mädchen auf einem Rad gesehen hatte.

Aber es war nicht nur eine Erinnerung an die Taliban. Sie waren nicht verschwunden, sondern hatten vielmehr in Chak auch jetzt wieder die Vorherrschaft übernommen. Oder sie behaupteten es zumindest. Wie zur Zeit des Nationalsozialismus in Deutschland waren Menschen in jungen Jahren fehlgeleitet worden. Die Folgen dessen wurden jetzt offenbar, denn die Ideologie der Taliban war nicht aus der Gesellschaft verschwunden. Es gab unter den politischen Taliban verschiedene Richtungen und Parteien, ähnlich wie unter den Mudschaheddin. Das sollte in den folgenden Jahren immer größere Probleme aufwerfen.

Bei einer nächsten Fahrt nach Kabul stießen wir nach einigen unbefestigten und langgezogenen Straßendörfern und etlichen Schlaglöchern unvermutet auf drei amerikanische Panzer. Aus den Panzeröffnungen schauten Soldaten, die wie abschreckende Kolosse aussahen. Sie waren mit Antennen verhelmt, steckten in stoffüberzogenen metallenen Rüstungen. Mit ihren Waffen hielten sie uns auf Distanz; wagten wir es, näher zu kommen,

DIE GROSSE DEPRESSION

um sie zu überholen, wurden wir mit energischen Handbewegungen gezwungen, Abstand einzuhalten. Sie schleppten einen defekten Panzer ab, daher das – selbst für uns – langsame Tempo. Als wir versuchten, diese Riesenpanzer durch Ausfallwege zu umfahren, wurden wir erneut mit Waffen und Handzeichen zurückgescheucht.

Schließlich erreichten sie eine freiere Wüstengegend. Der Konvoi hielt an. Uns blieb nichts anderes übrig, als es ihm gleichzutun. Kurz entschlossen stieg ich aus und ging mit hocherhobenen Händen auf die Panzer zu, die wie von einem anderen Planeten aussahen. Sie entließen gerade aus diversen Öffnungen ihre Bewaffneten. Auszumachen waren ein schwarzer US-Soldat, ein afghanischer Dolmetscher, ein afghanischer Soldat sowie ein weiterer Amerikaner, der glatt und rosig aussah. Die Männergruppe registrierte mich sicherlich mit Erstaunen – in dieser Gegend eine Frau!

Ich sprach sie an: «*I will not attack you.* Ich bin Deutsche und Leiterin eines Hospitals. Wir sind auf dem Weg nach Kabul, und ich bitte Sie darum, uns vorbeizulassen.» Mir fehlte nur noch die weiße Fahne, aber immerhin trug ich einen weißen Kopfschleier.

Es kam die Erlaubnis: «*You can go!*» Wahrscheinlich war das eine Art Frauenbonus. Oder es war ein Verhalten, das der neuen Order Rechnung trug, wieder das verlorene Vertrauen bei den Menschen zurückzuerobern. Spät hatte man sich diesen Fehler eingestanden, zu spät. Und wie sollte das jetzt geschehen? Splitterweste, Helm und Gewehr waren Teile ihrer Ausrüstung geblieben. Kein Bewohner eines afghanischen Dorfes würde einen solchen Außerirdischen in sein Haus lassen.

Schnell gingen wir zurück zu unserem Auto, schlugen die Türen zu, dann nichts wie vorbei an unseren «Beschützern».

2006

Wieder hatte sich die Sicherheitslage in der Hauptstadt verschlechtert, wie man uns kurz nach unserer Ankunft in Kabul mitteilte. Wenige Tage zuvor waren mehrmals Raketen auf den Flughafen abgefeuert worden. Nachts um drei erwachten Menschen durch den Einschlag eines Flugkörpers im Zentrum, in Park-e-Share Now, ein weiterer hatte den Generator einer NGO in der Nähe zerstört. Peter Schwittek hatte die Einschläge gehört und erfahren, dass die Raketen eine Reichweite von zwölf Kilometern gehabt hatten, gezündet im Auftrag des einstigen Warlords Abul Rasul Sayyaf. Er gehörte zu denjenigen, die Osama bin Laden nach Afghanistan eingeladen hatten. Seine Partei nennt sich «Ittehad-al-Islami» (Islamische Union), er vertritt die Wahhabiten, die Anhänger eines sektiererischen Islams. In seiner Auslegung der islamischen Lehre hält er es für gerechtfertigt, Ungläubige zu töten. Der Fundamentalist und Extremist ist äußerst frauenfeindlich, wie sollte es auch anders sein?

Es folgten mehrere Selbstmordanschläge auf das ISAF-Camp in Kabul. Zu dieser Zeit durften die Soldaten es kaum verlassen. Weiterhin wurde davon gesprochen, dass Amerikaner in der Wüstengegend der Südprovinz Helmand einen riesigen Flughafen anlegen, damit die tausend Flugzeuge dort landen können, sogar einigermaßen sicher, denn die Amerikaner hätten Gelder an die Taliban gezahlt. War das ein Gerücht, dass ankommende Lastkraftwagenfahrer, die Helden der modernen Karawanserei, bei Laternenlicht und Tee ausgesponnen hatten – oder die Wahrheit? Nach all den Erfahrungen fiel es immer schwerer, dies zu beurteilen. Der Flugplatz, so wurde weiter verbreitet, sei ein Hinweis darauf, dass sich die Amerikaner gegen den Iran wappnen würden. Was auch immer das heißen mochte. Außerdem bräuchte man ihn für den Bau

DIE GROSSE DEPRESSION

der Erdgas- und Erdölpipeline – auch das war immer noch ein wichtiges Thema.

Nach unserer Rückkehr gab es in zwei aufeinanderfolgenden Nächten heftige Raketenangriffe auf den Regierungsposten und Schusswechsel. In der dritten Nacht vernahmen wir nur eine Explosion. Die Regierungssoldaten wehrten sich, es gab Verwundete.

Auf die Vorfälle wurde mit einer umfangreichen Razzia reagiert. Haus für Haus wurde durchsucht, von afghanischen und amerikanischen Soldaten. Dabei kam heraus, dass hauptsächlich Heroinabhängige für die Aktionen bezahlt worden waren; sie brauchten Geld für ihren Stoff. Bei dieser Razzia wurde ein bekannter Mörder in Frauenkleidern gefangen. Diese Tarnmethode hatte sich ja unter den Mudschaheddin bewährt, nun schien sie wieder aufzuleben. Einige verdächtige Personen konnten bei den Festnahmen flüchten, wobei hinterher gesagt wurde, dass dies nicht immer mit rechten Dingen zugegangen sei. Ein Polizist hatte einem Gefangenen die Uhr abgenommen, woraufhin ein anwesender Verwandter den Staatsdiener fragte, ob er Polizist oder Dieb sei. Der Polizist erwiderte: «Du kommst auch gleich mit!»

Als Dr. Tajudin von dem monatlichen Treffen mit Regierungsmitgliedern aus dem Gesundheitswesen in Maidan Shar zurückkehrte, sagte er: «Die Leute haben immer mehr Angst. Jetzt tragen sie alle wieder die traditionelle Kleidung, den Shalwar Kameez, um nicht aufzufallen. Keiner soll denken, dass sie zur Regierung gehören.» Zuvor waren Anzug und Krawatte Pflicht gewesen. Mitarbeiter des TB-Zentrums berichteten mir, als ich ihnen von Dr. Tajudins Beobachtung erzählte, bei ihnen seien letztens UN-Vertreter in einem alten Taxi angereist, ebenfalls gekleidet mit einem Shalwar Kameez.

2006

Bemerkenswert war, dass der deutsche Botschafter Hans-Ulrich Seidt tatsächlich in dieser unruhigen Zeit nach Chak kommen wollte. Während der Verleihung des Malalai-Ordens hatten wir einen Termin ausgemacht, aber ich hatte genügend Erfahrungen, um nicht zu wissen, dass er angesichts von Gefahren auch wieder geändert werden konnte.

Es war ein Freitag, an dem Dr. Hans-Ulrich Seidt das Hospital besuchen wollte. Einen Tag vorher rief ein Sicherheitsbeamter an, um den Termin abzusagen. Seine Begründung:

«In Jagathu» – der Ort liegt ebenfalls in der Provinz Wardak – «haben sechzehn bewaffnete Männer die Mitglieder einer Hilfsorganisation verjagt, mit der Drohung, dass man sie töten werde, würden sie weiterarbeiten. Sie können für Chak keine Sicherheitsgarantien abgeben, oder?»

«Das stimmt, das kann ich nicht», antwortete ich. «Aber in Kabul passiert auch ständig etwas. Doch eigentlich ist der jetzige Zeitpunkt günstig, weil es gerade in Chak eine große Razzia gab. Man weiß nicht, was sich später wieder zusammenbraut.»

«Gut, dann werden wir kommen.»

Wiederum weihte ich nur Naseer und Dr. Tajudin in die Ankunft des deutschen Botschafters ein.

Er erschien mit drei Bodyguards in zwei normalen blauen Landcruisern. Der Besuch verlief gut, viele Fragen wurden über das Hospital gestellt. Naseer raunte mir zu, was ihm die Mitarbeiter zugeflüstert hatten: «Alle mögen ihn.»

Als sich Hans-Ulrich Seidt verabschiedete, sagte er: «Ich würde gern wiederkommen.» Die Sicherheitsleute verdrehten die Augen.

IMMER WIEDER KORRUPTION

In der Provinz Wardak liefen seit längerer Zeit Schura-Verhandlungen, die auch unser Krankenhaus betrafen, deren Hintergründe ich aber nie ganz verstanden hatte. Langsam stieg ich dahinter. 1989 hatte die Europäische Union Gelder für je ein Hospital in Baraki-Barak, in Jagathu und in Chak zur Verfügung gestellt. Die für Jagathu verschwanden größtenteils in den Taschen des dortigen Kommandanten, sodass nur eine Ambulanz eröffnet werden konnte. Er benutzte die Gelder, um nach Frankreich auszuwandern und einen Teppichhandel aufzuziehen, mit dem er immer noch Geschäfte machte. Lange Zeit war es auch nicht möglich, dass eine Hilfsorganisation in Jagathu Fuß fasste, aufgrund der anhaltenden Korruption. Da die Provinz Wardak unter der Schirmherrschaft des Swedish Committee steht, finanziert durch die Weltbank, nutzten deren Mitarbeiter wiederum bestimmte Besprechungen, um sich beliebt zu machen. Schließlich gaben sie sogar bekannt, sie würden das Chak-e-Wardak-Hospital übernehmen. Als ich das hörte, dachte ich: Na fein, sich einfach ins gemachte Nest setzen. Dies alles geschah, weil einige Schura-Mitglieder sich benutzen ließen oder sich profilieren wollten. Für mich war das ein einschneidendes Ärgernis in Sachen Seilschaften, das aber zumindest erfolgreich verhindert werden konnte. Sie wollten mich erpressen: Wenn ich keine Gynäkologin fände, würden sie das Hospital dem Swedish Committee übergeben. Ich sagte ihnen klipp und klar, dass auch sie verantwortlich seien. Sollten sie eine Frauenärztin finden, ich würde sie sofort einstellen. Außerdem gab ich ihnen deutlich zu verstehen, würden sie mit unserer Arbeit nicht zufrieden seien, sollten sie uns einen entsprechenden Brief schreiben. Wir würden gehen.

2006

An einem Sonntag hatte ich in Kabul meinen Pass abgegeben, um ein pakistanisches Visum eintragen zu lassen – vor meiner winterlichen Rückkehr nach Deutschland wollte ich wie immer einige Zeit in Peschawar verbringen. Es hieß, am Donnerstag könne ich meinen Ausweis wieder abholen. Also fuhr ich an diesem Tag erneut in die Hauptstadt, um meine Dokumente in Empfang zu nehmen. Dabei fiel mir auf, dass man mir nur einen Aufenthalt von einer Woche gewährte (ansonsten waren es neunzig Tage) – und das für eine Gebühr von 55 Dollar und bei einem zweitägigen Zeit- und Energieverlust. Der Grund für die begrenzte Dauer waren die anhaltenden Spannungen zwischen Pakistan und Afghanistan. Selbst auf dieser Ebene konnte demonstriert werden, dass Afghanistan von Pakistan keine Hilfe zu erwarten hatte, auch nicht für ein Hospital.

Abends traf ich mich mit einigen Mitgliedern der Christusträgerschaft, wie immer teilten wir uns die neuesten Entwicklungen mit, um auf dem Laufenden zu bleiben.

«In den Ministerien soll es angeblich keine Disziplin mehr geben», berichtete Bruder Jacques, der schon viele Jahre für German Medical Service (GMS) tätig war. «Es gibt zu viele, die absahnen wollen. Das ist ja nichts Neues, aber die Situation scheint sich weiter verschärft zu haben.»

Bruder Georg wiederum konnte etwas wirklich Neues erzählen: «Man will tatsächlich die religiöse Polizei wieder einführen. Karzai hat dem jetzt zugestimmt.» Anfang Juni 2006 hat ein muslimischer Rat dies gefordert. 2001 hatte man sie aufgelöst.

«Und was heißt das?», fragte ich. «Soll alles wieder so werden wie vor dem 11. September? Soll die Religionspolizei wieder jedes Vergehen melden, jede Frau, die nicht vorschriftsmäßig gekleidet ist?»

DIE GROSSE DEPRESSION

«Man will es nicht ganz so streng handhaben wie unter den Taliban. Ein Schleierzwang soll nicht bestehen, aber man will eine genauere Kontrolle über Drogen, Alkohol und Prostitution. Diese Polizisten sollen auch streng überwachen, dass die Geschäfte während der Gebetszeiten tatsächlich geschlossen sind.»

Das waren keine guten Nachrichten. Gehört dies zusammen?, fragte ich mich. Das maßlose Verhalten der Minister und die konservativen Zugeständnisse von Karzai?

Ich war zu müde, um weiter darüber nachzudenken. Eigentlich wollte ich in diesem Moment überhaupt nicht mehr über Afghanistan nachdenken, darüber, wie alles immer schwieriger wurde. Bruder Jacques, Bruder Georg und den anderen erging es ähnlich, und so träumten wir von Deutschland, von Pflaumenkuchen mit Schlagsahne, von Konzerten, die wir gern besuchen würden.

Hoffnungslos und niedergeschlagen fuhr ich mit Karim und Naseer am nächsten Morgen zurück nach Chak. Doch die vielen anstehenden Aufgaben ließen mir keine Zeit, mutlos zu sein. Wir kümmerten uns um die angekommenen Getreidesäcke, die die Lepco-Klinik für die Tuberkulosepatienten noch immer bekam. Ordentlich wurden sie in unserem Depot gestapelt.

Anschließend erfolgte die Inventur der medizinischen Materialien, zudem bereiteten wir die nächste Impfaktion vor. Achtundvierzig Männer und Frauen sollten dafür in einem Seminar vorbereitet werden, danach würden sie in Gruppen einzelne Dörfer aufsuchen.

Ramadan stand bevor, und so nutzten wir den Beginn der Fastenzeit, um uns selbst unter Druck zu setzen: «Bis Ramadan müssen wir das und das erledigt haben ...» Ramadan ist auch die beste Entschuldigung für Fehler, für eigenes Versagen, ideal, um Vorteile auszuhandeln.

«Überall gibt man den Leuten am ersten Ramadan-Tag frei», sagte eine Mitarbeiterin.

«Was sollte der Grund dafür sein?», fragte ich.

«Man braucht den Tag für Gebete.»

«Das ist nicht der Sinn von Ramadan. Beten kann man auch so. Die Arbeit für die Patienten ist auch ein Gebet.»

Die Mitarbeiter bekamen keinen freien Tag.

«Könnten wir anlässlich des Ramadan nicht ein zusätzliches Essen erhalten?» Diese Frage stellte ein Helfer aus dem OP-Bereich.

«Ramadan ist ein Fastenmonat, vergessen? Ihre Forderung ist das genaue Gegenteil von dem, was der Sinn dieser Zeit ist.»

Wieder musste ich eine Ablehnung erteilen.

Viele unserer Mitarbeiter, die in den traditionellen Häusern wohnten, brachten ihre Familien für diesen Monat nach Kabul, um nicht gegen die Regeln zu verstoßen, die da heißen: nicht über einen anderen schlecht sprechen, nicht schlecht handeln, tagsüber nicht essen und trinken, keinen Geschlechtsverkehr haben. Eigentlich bedeutete das Wegschicken der Familien nur eins: «Und führe mich nicht in Versuchung.»

Interessant war ein Besuch von Ulrich Tilgner, der während des Ramadan in Chak anreiste. Damals arbeitete er für das ZDF als Auslandskorrespondent im Iran und im Irak, seit 2005 war er auch für Afghanistan zuständig. Wir hatten uns in einer Talkshow kennengelernt, in der wir gemeinsam aufgetreten waren. An einem Montagnachmittag rief er mich an, sagte, er würde gern einen Bericht über die Menschen und ihre Meinung in Afghanistan machen, fünf Jahre nach dem Sturz der Taliban.

DIE GROSSE DEPRESSION

Dabei ging es ihm weniger um die Ansichten der Afghanen, die in der Hauptstadt leben, ihm sei es wichtig, Äußerungen aus der Provinz zu hören. Könne ich ihm dabei behilflich sein?

Ich sagte ihm meine Unterstützung zu und versicherte ihm auch, Personen zu finden, die weder Propagandistisches noch die üblichen Höflichkeitsbezeugungen von sich geben würden.

Am Dienstag holten Naseer und ich Ulrich Tilgner in Kabul ab, er wurde von einem Kameramann begleitet. Die beiden Männer waren sehr müde, da sie während des Nachtflugs kaum geschlafen und schon einiges in der Hauptstadt gedreht hatten. Am nächsten Morgen, gegen sieben Uhr, begannen die beiden Männer erneut zu filmen, zuerst zeichneten sie den Weg eines unserer Patienten von seiner Ankunft im Hospital bis zur Begegnung mit dem Arzt auf. Das sah so aus und ist bis heute nicht anders: Der ambulante Patient erwirbt durch einen Minimalbeitrag ein Ticket, das gleichzeitig seine Behandlungsnummer ist. Bevor er aber untersucht wird, muss er am Unterricht der Gesundheitserzieher teilnehmen. Es geht dabei um Hygienemaßnahmen und die Wichtigkeit des Impfens. Der Gesundheitserzieher zeichnet das Ticket ab, ohne Unterschrift wird der Patient nicht zum Arzt vorgelassen. Damit erzwingen wir die Gesundheitserziehung, doch ohne sie würde sich nie etwas ändern.

Nach der Untersuchung wird der Patient je nach Bedarf zum Labor oder zum Röntgen geschickt. Anhand der abgeschlossenen Befunderhebung verschreibt der Arzt die notwendigen Medikamente und gibt Anweisungen. Mit dem Rezept geht der Patient dann zur Apotheke. Für die Arzneien müssen bei uns fünfzig Prozent des Basarpreises gezahlt werden, der Apotheker vermerkt die Summe auf dem Rezept. Ist diese im Ticketoffice bezahlt, werden die Medikamente ausgehändigt. Ist ein

Patient schwerkrank, wird er stationär aufgenommen. Krankenhausaufenthalt, Therapie und Verpflegung sind in diesem Fall kostenlos. Auch mittellose Menschen sollten ein Anrecht auf eine angemessene medizinische Versorgung haben. Daran war mir immer am meisten gelegen.

Nachdem diese Aufnahmen fertig waren, fuhren wir in die Dörfer, wo Naseer einige Interviewpartner ausfindig gemacht hatte. Sie alle brachten ihre Unzufriedenheit über die gegenwärtige Situation zum Ausdruck, über die Deutschen war man enttäuscht, sie seien nicht viel besser als die Amerikaner. Später erfuhr ich, dass einer der Interviewpartner ein Extremistenkommandant war. Gegen Mittag brachten wir die beiden Fernsehleute zurück nach Kabul, von wo aus sie über Dubai nach Teheran flogen, um dort den Beitrag zu schneiden und zu betexten.

Auch ich sollte bald darauf Afghanistan verlassen. Anfang Oktober stieg ich in ein Flugzeug, das mich nach Peschawar brachte. Ich blieb dort ein paar Tage – länger durfte ich ja nicht – und kehrte schließlich nach Deutschland zurück, um mich um Spenden zu kümmern. Im nächsten Jahr musste das Krankenhaus ja auch überleben und damit die Menschen, die mit ihren Leiden zu uns kamen.

2007 MULLAHS BETEN NICHT MEHR FÜR DIE REGIERUNG

Eine große Erleichterung! Anfang März konnten wir ein Ärzteehepaar für unser Hospital in Chak gewinnen. Dr. Shala ist Gynäkologin, ihr Mann Ashraf Chirurg – später im Jahr kam ein weiteres Ehepaar hinzu, ebenfalls eine Frauenärztin, Dr. Fahima, mit dem Kinderarzt Dr. Mehmet verheiratet. Dieser wunderbare Zugewinn zog aber auch Konsequenzen nach sich. In der Folge wurden mehr Medikamente benötigt, ebenso chirurgisches Nahtmaterial, da nun mehr Patienten operiert wurden. Für die frisch Operierten – deren Anzahl stieg nun erheblich – musste zudem ein Aufwachsaal eingerichtet werden. Naseer erzählte mir am Telefon, dass bis zu 260 Frauen pro Tag zu Dr. Shala und Dr. Fahima kommen und der Chirurg jeden Tag operieren würde, sogar Dr. Shala würde kleinere Eingriffe vornehmen, sie hätte sehr geschickte Hände. Es klang so gut, dass ich mich vor dem Tag fürchtete, an dem die beiden Ehepaare wieder weggehen würden – dabei hatte ich sie bislang nicht einmal gesehen.

Zu dieser Zeit war ich noch in Deutschland, und für mich bedeutete die Nachricht über den Ärztezuwachs, dass ich so schnell wie möglich alles für die Erweiterung unseres Teams und seiner Arbeitsmöglichkeiten auf den Weg bringen musste. Der Container mit den Medikamenten sollte Mitte

April Richtung Afghanistan gehen – und es fehlte Geld für die Mehranschaffung. Ich tat, was ich tun konnte, und am 22. März 2007, einem Mittwoch, landete ich dann völlig erschöpft in Pakistan.

In Peschawar hatte ich keine Gelegenheit, mich zu erholen, denn ich besorgte zusammen mit Abdul Latif weitere Medikamente, die hier günstiger als in Afghanistan eingekauft werden konnten, wenn man sie überhaupt in Afghanistan bekam, und schon jetzt dringend in Chak benötigt wurden. Bis zur Ankunft des Containers konnte nicht gewartet werden. Abdul Latif und ich agierten nach der Devise: «Was erledigt ist, ist erledigt.» Wir erstanden auch ein Entbindungsbett, und ich kaufte mir einige Handarbeiten, die afghanische Flüchtlingsfrauen angefertigt hatten.

Durch den Vorsatz, alles möglichst schnell zu erledigen – in meinem Kopf packte ich bereits die Sachen für Chak –, übersah ich bei unseren Einkäufen eine höhere Steinschwelle, stolperte und fiel der Länge nach auf den Boden. Mein Kopf schlug dabei so hart auf den Stein auf, dass grelle Blitze durch mein Hirn fuhren. Den Aufschlag fing aber ausgerechnet jene Schulter auf, die erst vor kurzem, im November 2006, operiert worden war – auch eine Folge eines unglückseligen Sturzes. Ein Vorgang, der sehr dramatisch in einem Atemstillstand geendet hatte und zu einem wochenlangen Albtraum wurde.

Abdul Latif half mir beim Aufstehen. Unter Schock und begleitet von lautem Jammern meinerseits, schafften wir es, zusammen meine Unterkunft zu erreichen. Meine Verzweiflung und meine Angst waren grenzenlos, mein Schmerz auch.

Als Erstes bat ich Abdul Latif, eine Frau zu finden, die mich waschen und zur Toilette begleiten konnte. Der zweite Gedanke: Ich muss so schnell wie möglich zurück nach Deutschland. Ich vermutete, dass der Arm gebrochen und an der operierten Schulter etwas abgerissen war.

Der Flug nach Deutschland war sofort gebucht, doch erst kommenden Dienstag sollte sich die Maschine Richtung Westen erheben. Jetzt galt es, die nächsten drei Tage bis zur Abreise zu überstehen. Je länger ich aber über die mögliche Problematik meines Sturzes nachdachte, umso klarer wurde mir, dass ich auf keinen Fall in ein pakistanisches Krankenhaus wollte. Schon gar nicht an einem Sonntag – der Unfall war am Samstagabend passiert. Ich hatte genug Erfahrungen mit pakistanischen und afghanischen Hospitälern gemacht, sonntags war nie ein Arzt in diesen Einrichtungen aufzutreiben.

Am Montag half mir ein Orthopäde und langjähriger Bekannter des Interplast-Chirurgen Dr. Joch. Er legte mir einen Fixierverband an, damit mein Arm Halt hatte. Für den Rückflug nach Deutschland war das wichtig.

Die nächsten Stunden waren eine einzige Qual. Die Pakistani, die Abdul Latif ausfindig gemacht hatte, um mir zur Seite zu stehen, eine ältere Frau, war nicht gerade geeignet, meine Bedürfnisse zu erfüllen. Sie wusste nicht einmal, wie sie mich waschen sollte, und wenn ich auf die Toilette musste, schlief sie so fest, dass sie selbst dann nicht wach wurde, wenn man laut ihren Namen rief.

Endlich näherte sich der Abflug. Ich wies Abdul Latif an, mir einige Sachen für meine Rückreise zusammenzupacken, immerhin ging die Maschine am frühen Morgen, sodass ich den Sitzmatten und Kissen, auf denen ich meinen weiterhin höllisch schmerzenden Arm abgestützt hatte, entfliehen konnte. Die Betreuung auf dem Flughafen von Peschawar war ausgezeichnet, anstandslos wurden die Pass- und Gepäckformalitäten für mich erledigt. Beim Umsteigen in Dubai gab man sich die größte Mühe, dass alles möglichst einfach für mich verlief. Während der gesamten sechzehn Stunden – so lange dauerte die Reise – war ich durch eine hohe Dosis Schmerzmittel leicht weggetreten. Aufgrund von Allergien vertrage ich nur ein einziges, und dieses enthält Opium.

In Dortmund angekommen, halfen mir zwei Freundinnen, damit ich noch am selben Tag im Krankenhaus aufgenommen wurde. Es war mittlerweile nach zweiundzwanzig Uhr. Nun folgte eine zweieinhalbstündige Diagnostik, ich war völlig fertig – obwohl diese Formulierung irreführend ist, denn dies hätte bedeutet, dass nichts mehr ging. Und davon konnte nicht die Rede sein. Inzwischen hatte der Chefchirurg auch festgestellt, dass kein Bruch vorlag. Ob etwas gerissen war, konnte jedoch nur eine Kernspinaufnahme zeigen. Doch noch war ich nicht bereit dafür, da ich panische Angst vor dem Ergebnis hatte. Ich brauchte erst einmal Ruhe. Das musste auch der Chefarzt gespürt haben, denn er übte keinerlei Druck auf mich aus. Als ich mich im Spiegel betrachtete, erkannte ich mich kaum wieder: Das Gesicht war blutunterlaufen, vollkommen verquollen. Eine der Freundinnen meinte, ich sehe tragisch aus. Sie hatte recht, aber besser schlafen konnte man davon auch nicht.

Schließlich fühlte ich mich so stark, dass ich einem Kernspin zustimmte. Es war ein Gang nach Canossa. Wieder und wieder malte ich mir den Albtraum aus, den ich Ende 2006 erlebt hatte. Doch wie groß war hinterher die Erleichterung, als man mir mitteilte, dass die damals eingesetzte Plastik an der Schulter noch intakt sei.

«Und warum habe ich dann so immense Schmerzen?», fragte ich.

«Sie haben im Gelenk einen riesigen Erguss, der bis hinunter zum Ellbogen geht. Er wird sich zurückbilden, und dann verringern sich auch Ihre Schmerzen.» Der Chefarzt blickte mich optimistisch an.

Nach einer intensiven Physiotherapie konnte ich am 7. Mai wieder mit Emirates, der Fluggesellschaft der Vereinigten Arabischen Emirate, nach Peschawar fliegen, wenn auch noch ziemlich beeinträchtigt. Abdul Latif übergab mir bei meiner Ankunft sogleich einen Brief von Naseer. Darin schrieb er: «Es ist, als ob erst jetzt der Frühling anfängt, wir sind froh, dass Sie wieder da sind. Wir alle hier brauchen Ihre Gesundheit.»

Bevor ich jedoch nach Afghanistan einreisen konnte, benötigte ich ein neues Visum. Das afghanische Konsulat in der Gul Mohar Lane, nahe der Universität, hatte natürlich einen Extraeingang für Frauen, Abdul Latif, der mich begleitete, traf ich erst hinter dem Kontrollbereich wieder. Anfangs wollte man mir nur ein Visum für einen Monat geben, ich hätte dann in Kabul mit vielen Mühen einen Nachfolgeantrag stellen müssen, was ich angesichts meiner Schulterprobleme nicht unbedingt auf mich nehmen wollte. Schließlich fiel mir ein, dass ich ja eine «besondere Person» bin.

«Ich bin Trägerin des Malalai-Ordens», sagte ich und hielt dem Konsulatsangestellten den entsprechenden Ausweis hin. Dieser ließ Mohammed Arash, einen schlanken, gutaussehenden Afghanen von vielleicht achtundzwanzig Jahren, sofort von seinem Stuhl aufstehen, um in einem Nebenzimmer zu verschwinden. Als er zurückkehrte, verkündete er:

«Sechs Monate.»

«Aus welchem Ort stammen Sie?» Ich fragte ihn, weil ich in seinem Gesicht Liebe zu seinem Land las, aber trotz seiner Jugend auch Ohnmacht.

«Kunduz», erwiderte er. «Nachdem die Taliban meine Stadt

erobert hatten, floh ich nach Russland. Jetzt arbeite ich wieder in der Fremde. Aber ich hasse Pakistan, weil es meinem Land nur Schlechtes angetan hat und es noch immer tut. Es will Afghanistan an sich reißen. Früher gab es keine Selbstmordattentäter, jetzt schon, daran ist nur Pakistan schuld.» Es floss ein wilder Strom der Anklage aus ihm, und es gab kein Halten mehr, als er hörte, wie nebenan drei Usbeken ein Afghanistan-Visum beantragten: «Die Usbeken sind Zöglinge Pakistans. Ich bin sicher, dass sie eines Tages dazu benutzt werden, Afghanistan, ganz Zentralasien zu kontrollieren. Usbekische Kinder kommen auf eine Koranschule in Lahore, wo sie alles umsonst erhalten, sogar eine Gehirnwäsche. Ihre einzige Verpflichtung: eine Rückzahlung in Form von ständiger ideologischer Bereitschaft. Die spätere Einforderung, sich als Märtyrer zu opfern, um ins Paradies zu kommen. Und das mit dem Wissen, dass die zurückbleibende Familie versorgt ist.»

Mohammed Arash hatte Luft abgelassen, nun drückte nicht nur sein Gesicht Ohnmacht aus, sein ganzer Körper wand sich in stiller Verzweiflung.

Betreten verließen Abdul Latif und ich das Konsulat.

«Nach den Vorkommnissen der letzten Zeit muss ich dem Angestellten recht geben. Pakistan hilft nicht im Geringsten dabei, dass Afghanistan sich positiv entwickelt», sagte ich, als wir einige Schritte auf der Gul Mohar Lane entlanggegangen waren.

«Schon 2002 trieb das Land die afghanischen Flüchtlinge völlig unvorbereitet in ihre Heimat zurück», bestätigte Abdul Latif. «Für die Verbliebenen wie mich wurde ein Passzwang eingeführt. Und als ich kürzlich einen neuen Ausweis beantragte, wurde mir dieser nicht genehmigt. Ich erfuhr auch den Grund. In meinem alten Pass befand sich ein indisches Visum, das ich überhaupt nicht benutzt habe. Ich hatte es mir vorsorglich besorgt, weil mein Bruder an Leukämie erkrankt ist und eine Knochenmarkspende benötigt, wofür er sich in Indien aufhält. Derzeit werden meine anderen Brüder getestet, ob sie als Spender in Frage kommen. Ohne Pass darf ich ja nicht reisen, und den alten hat man mir sofort abgenommen. Jetzt suche ich alles zusammen, auch die Bestätigung, dass mein Bruder schwer erkrankt ist. Vielleicht haben die pakistanischen Behörden dann Erbarmen.»

«Was aber geschieht, wenn du aufgegriffen wirst – was bei Afghanen ja häufig passiert – und keinen Ausweis vorlegen kannst?»

«Jeder Afghane landet dann im Gefängnis – oder muss sich freikaufen. Es ist eine hervorragende Einnahmequelle für die pakistanische Polizei.»

Alles Notwendige mussten wir nun für Chak verpacken, und es stellte sich die erwartungsvolle Freude ein, die bei jeder Fahrt von Pakistan nach Afghanistan aufkam. Als wir den Khyberpass erreichten, den Ort Torkham, der das Gebiet zwischen Pakistan und Afghanistan markiert, hatte sich am Grenzposten seit dem letzten Jahr viel verändert. Komplett umgebaut, ummauert, Abfertigung durch Gitter. Die Menschen, dachte ich, schaffen sich überall selbst ihre Gefängnisse.

Den pakistanischen Checkpoint konnten wir problemlos passieren. Nur die afghanischen Uniformierten rissen unsere so gut verpackten Kartons auf und liefen mit grimmigen Mienen hin und her. Auf Abdul Latifs Gesicht zeichneten sich immer mehr Ärgernisfalten ab. Schließlich verschwand er mit meinem Pass in einem Büro. Nach einer Weile kehrte er zurück, sichtlich geglättet. In dem Office hatte er – welch glücklicher Zufall – Mohammed Arash angetroffen, den Botschaftsangestellten. Er war drei Tage in Kabul gewesen, wie mir Abdul Latif erzählte. Und als er, Abdul Latif, sich über das schlechte Benehmen der afghanischen Grenzer beschwerte, bestätigte Mohammed Arash deren Fehlverhalten. Man entschuldigte sich, sagte, dass die einfachen Soldaten die «Unterschiede» noch nicht kennen würden, ja, sie wüssten nicht einmal um den Status eines Diplomaten Bescheid. Man würde sie nach Dienstschluss zurechtweisen.

Wir fuhren weiter, machten Picknick in einem kleinen Park mit gebratenem Hühnchen und würzigen Köften, die uns Abdul Latifs Frau eingepackt hatte. Wieder auf der Hauptstraße, entdeckte ich bescheidene Rasthäuser. Ins Auge fiel ein großes Schild über einer Bretterbude, auf dem zu lesen stand: «Kabul Duty Free». Besondere Waren konnte ich nicht erkennen, aber die üblichen aufgeschichteten Pepsi-Dosen.

Am Eingang von Kabul warteten Naseer und unser neuer Fahrer Moheb auf uns, wir hatten unterwegs per Handy mit ihnen Kontakt aufgenommen, damit sie sich zeitlich auf uns einstellen konnten. Bei der Begrüßung nahm der Administrator meine rechte Hand zwischen seine beiden und sagte: *«This is enough.»* Das ist genug. Meinte er, ich sei lange genug fort gewesen? Es konnte aber auch etwas anderes bedeuten: Es reicht aus, wenn ich nur da bin. Ich entschied mich für letztere Variante.

Er hatte extra seinen besten weißen Shalwar Kameez angezogen, mit weißbestickter Borte, um auch mit seinem Äußeren gefällig zu sein. Als ich ihn deswegen lobte, sagte er strahlend: «Ich habe einen noch schöneren Shalwar Kameez in Auftrag gegeben.» Es rührte mich, zu sehen, wie die Menschen in diesen schwierigen Zeiten immer wieder versuchten, sich aus dem Alltag herauszuheben. Naseer ist das beste Beispiel. Er ist Anfang dreißig, nicht besonders groß, auch nicht, wie schon gesagt, besonders attraktiv. Sein Haar lichtet sich etwas, der Bartwuchs wirkt leicht fusselig. Aber er gewinnt durch sein sehr schönes Lachen, durch seine fast kindlichen Bemühungen, stets in einem hübschen und frisch gewaschenen Shalwar Kameez zur Arbeit zu kommen. Einmal sagte er zu mir: «Jeden Tag nehme ich jetzt eine Dusche, das ist für mich ganz selbstverständlich geworden. Seitdem fühle ich mich auch viel wohler.» Das nahm mich sofort für ihn ein. Einmal hatte ich nämlich ihm gegenüber erwähnt, ob er sich nicht hinters Lenkrad setzen könne, der Fahrer würde so bestialisch stinken. Dabei bat ich ihn, dem neuen Fahrer im Vertrauen beizubringen, dass er sich doch waschen möge. Karim hatte ich entlassen müssen, er hatte Naseer beschuldigt, dass er sich an Frauen rangemacht hätte. In Gesprächen in der Moschee und im Esssaal hatte er versucht, mich als Spionin darzustellen, da ich Kontakte zu den deutschen Soldaten und den Menschen in der deutschen Botschaft hätte. Sicher machte er sich nur mit seinem angeblichen Wissen wichtig. Mir tat es sehr weh, hatte ich doch viele besondere Fahrten mit ihm gemacht.

AUFSCHREIE UND FANATIKER

Nachdem ich mich als deutsche Nomadin wieder in Chak eingerichtet hatte – aus meinen beiden Seesäcken holte ich Bücher, Musik, Marmelade, Körperpflegemittel, Parfüm und Räucherstäbchen –, kümmerte ich mich um die neu bei uns arbeitenden Ärzteehepaare. Bislang hatte man mir ja nur von ihnen berichtet. Als ich sie jetzt kennenlernte, war ich sofort begeistert von ihnen, man sah ihnen an, dass die einzelnen Paare füreinander Zuneigung und Achtung empfanden. Die Männer lobten und unterstrichen die Fähigkeiten ihrer Frauen, ließen sie gewähren, förderten sie. Die Ehepartnerinnen, wenn sie dabei waren, verfolgten die Reden ihrer Männer mit liebevollen Blicken, korrigierten und ergänzten gegebenenfalls. Sie hatten durchaus ihre eigene Meinung, die sie stets ruhig vertraten.

Dr. Shola war attraktiv, temperamentvoll, intelligent und beherrschte auch ein paar Worte Englisch. Ihr Mann Ashraf, der Chirurg, erschien stiller, wirkte manchmal etwas depressiv, was wohl damit zusammenhing, dass er die heftigen Bürgerkriegsjahre in Kabul mitgemacht hatte. Er sprach sehr gut Englisch, ebenso wie der Kinderarzt Dr. Mehmet. Seine Frau, Dr. Fahima, war älter als er, ein sehr mütterlicher Typ. Hatte ihr Mann Nachtdienst, bereitete sie ihm das Essen zu, für mich gleich mit.

Da ich wegen meiner Schulter noch immer beeinträchtigt war, bemühte ich mich um eine unterstützende Physiotherapie. Der Gedanke war naheliegend, denn wir hatten in Chak schon einige Kurse über Frauenphysiotherapie für alle Provinzen Afghanistans abgehalten. Dr. Tajudin versprach mir, dass einmal in der Woche eine Physiotherapeutin aus Sayed Abad zu mir kommen würde. Sayed Abad lag zwei Stunden von Chak entfernt – aber Entfernungen sind in Afghanistan relativ.

Halima kam, ausgerüstet mit allerlei Gerät. Sie war die Frau des Koordinators und hatte ihre Ausbildung bei uns erhalten. Zusammen mit Tahera gingen wir in mein kleines Zimmer. Tahera hatte ich gebeten, Halima zuzuschauen, vielleicht konnte sie dadurch lernen und zusätzliche Übungen mit mir machen.

Augenblicklich schritt Halima zur Tat. Zuerst wurde ich mit Speiseöl eingerieben, danach setzte sie ihre Foltergeräte an, die heftig vibrierten, mich schüttelten und bis zu meinem Hals hochrobbten. Feste Hände kniffen, zerrten an Fingern und Armen. Aufschreie meinerseits. Es war, als würde Halima Brotteig kneten. In meine Nase zog der herbe Geruch der Oliven. Schließlich sprang Halima, überwältigt von ihrem Können, in temperamentvoller Darstellungskunst auf mein Bett, um mir einige Übungen zu zeigen. Ihr langer Zopf peitschte dabei durch die Gegend; sie war nicht zu bremsen. Ich ließ sie sich austoben, denn sie war völlig überzeugt von ihrem Tun, genau wie Tahera. In dieser sie befriedigenden Vorstellung verließen sie meinen kleinen Raum, ich blieb mit Schmerzen zurück.

Unabhängig von meiner Gesundheit ging ich auf Distanz zu Kabul. Alles, was ich hörte, ließ einen vermuten, dass in dieser Stadt Anarchie herrschte. Diese Befürchtung lastete schwer auf mir. So war auch Yasser wieder frei, ein uns bekannter Fanatiker aus Chak, der mit extremistischen Arabern zusammengearbeitet hatte. Anfang März 2007 hatten Terroristen unter dem Kommandeur von Südafghanistan, Mullah Dadullah Akhund – einem der Feldherren Mullah Omars –, den italienischen Reporter Daniele Mastrogiacomo in der südafghanischen Provinz Helmand verschleppt, ebenso seinen Dolmetscher und einen Fahrer. Letztere waren Afghanen. Die Karzai-Regierung verhandelte mit den Entführern, der Journalist kam im Tausch gegen fünf hochrangige Taliban-Inhaftierte, die im Hochsicherheitsgefängnis Pol-i-Charki in Kabul saßen, Ende März frei, darunter Yasser. Besser gesagt: Sie wurden freigepresst. Anscheinend wurde aber nicht für die gekidnappten Afghanen mitverhandelt, denn die Verschlepper enthaupteten den Dolmetscher Adjmal Naqshbandi, Dadullah schnitt ihm die Kehle durch. Dieser wurde Anfang Mai wiederum von Koalitionstruppen getötet und in Kandahar öffentlich vom dortigen Gouverneur ausgestellt, aber Yasser trieb weiter sein Unwesen.

Daraufhin entführte man seinen Bruder, der aber auch gegen Geld freikam – ein ewiges Karussell. Bei einem Bruder eines früheren Jamiat-Kommandanten – Jamiat-i-Islami ist die Partei des Religionslehrers Burhanuddin Rabbani, der mit Ahmed Schah Massud zu den Helden gehörte, die gegen die Sowjets kämpften –, passierte Ähnliches. Naseer meinte, eigentlich brach es aus ihm heraus: «Sämtliche Gruppierungen arbeiten nur für sich, eine Einheit wie unter den Taliban gibt es nicht mehr. Nun bekriegen sie sich gegenseitig – oder die führenden Köpfe fahren doppelgleisig.»

Dies vermutete man auch bei unserem Provinzgouverneur. Als ich ihn zufällig traf, wirkte er verloren, wenn er auch standhaft behauptete, dass die Situation sich gebessert habe. Glauben konnte man ihm das keinesfalls. Tatsache war, dass Auftragskiller unterwegs waren, die für Geld töteten. Ganz in der Nähe des Hospitals wurde wieder ein Regierungsmitarbeiter von einem Motorrad aus erschossen. Die Täter waren stets maskiert, sodass man sie nicht erkennen konnte. Sie handelten, wie eben Kriminelle handeln. Ich wusste nicht, ob sie Taliban waren. Viele von diesen Tätern zetteln Kämpfe unter dem Deckmantel der Taliban an. Die meisten von ihnen, so hieß es, hätten keine Heimat mehr, seien Inlandsflüchtlinge und verdienten sich mit Kidnapping ihr Auskommen. Es gebe auch Warnungen, dass Verschlepperbanden jetzt im Norden unterwegs seien.

Fassungslos berichtete Naseer mir einmal: «Bei Toten, die mit der Regierung zusammenarbeiteten, wollen die Mullahs nicht einmal mehr bei der Bestattung beten. Sie haben Angst, erschossen zu werden. Und mit der Regierung wollen sie auch nicht mehr kooperieren, denn ein Mullah wurde getötet, der das in der Provinz Paktia gemacht hatte. Er soll ein guter Mann gewesen sein, doch selbst bei der Beerdigung des Geistlichen betete kein anderer Mullah.»

Eine Hisbi-Gruppe – auch ihre Anhänger wurden seit längerem den Taliban zugerechnet – fackelte in der Nacht zum 1. August zwei Mädchenschulen ab, Home-Schools, andere Schulen gibt es in unserer Provinz nicht mehr. Eine davon lag in der Nähe des Hauses von Redi Gul, dem Mitarbeiter unserer Röntgenabteilung. Man hatte vierzig bewaffnete Männer gezählt. Sie sammelten die Schulmaterialien ein, Bücher, Plastikteppiche, trugen alles nach draußen, ins Freie, und verbrannten die Sachen. Die Häuser verschonte man. Auch in diesem Fall wurde gesagt, dass die Männer, die das taten, Geld für ihr Handeln bekämen.

Die Anschläge hörten nicht auf.

Einen Tag später wurde ein junger Regierungsangestellter aus unserer Provinz um acht Uhr morgens auf dem Weg zur Arbeit von Maskierten erschossen. Sie machten sich nicht einmal die Mühe, es irgendwie zu vertuschen, sie realisierten den Mord in aller Öffentlichkeit. Gut vierundzwanzig Stunden danach wurden ein langjähriges Mitglied der Schura und sein Neffe im Auto erschossen. Naseer lachte hysterisch auf, als er davon hörte: «So einfach ist das Töten, und auch wenn es eine private Rache ist, so geschieht es im Namen der Taliban.»

Uns wurde gesagt, dass viele Kandahari jetzt auch tagsüber mit Waffen in unserer Gegend herumlaufen würden. Im Gegensatz zu den Killern verhielten sie sich aber ruhig. Es schien auch zu stimmen, was afghanische Zeitungen bislang nur vermutet hatten: Yasser hielt sich in Chak auf. Er war wohl der Drahtzieher all der vergangenen Überfälle in unserer Provinz. Er ist verrückt, fanatisch, nicht berechenbar in seinem Hass. Zu Naseer sagte ich: «Es ist davon auszugehen, dass er mit anderen kriminellen Gruppen rivalisieren wird und dadurch Kämpfe ausbrechen werden.»

Unser Administrator nickte: «Wir haben alle Angst vor diesem Mann.»

«Ja, man muss vor ihm Angst haben.» Ich bestätigte seine Sorgen, konnte sie ihm nicht nehmen.

Eine von unseren Krankenschwestern, Leiluma, erhielt einen anonymen Anruf, dass sie sofort ihre Arbeit aufgeben solle. Das ging nicht aufs Konto von Yasser, hier handelte es sich darum, dass ihr Mann bei der Armee war. Sie meinte nur, in ihrer Nachbarschaft würden radikale jugendliche Taliban wohnen, vielleicht wäre einer von ihnen der Anrufer gewesen. Sie wollten über andere Menschen Macht gewinnen. Wenn jemand sich entgegen ihren Vorstellungen verhielt, setzten sie diese Menschen unter Druck, erpressten und bedrohten ihn. Wer in der Armee war, arbeitete mit der Regierung zusammen. So dachten die Menschen. Einer der Brüder von Leiluma wurde gehängt, als er seine Familie besuchen wollte, da er für das US-Militär tätig war. Ein zweiter Bruder ist bis heute verschollen.

EINE BOMBE IM DRUCKKOCHTOPF

Ich ordnete in dieser Zeit an, dass der Pick-up und der Laptop in Kabul bleiben sollten, um das Krankenhaus so wenig Risiken wie möglich auszusetzen. Naseer wollte wissen, ob ich selbst in Gefahr sei, und befragte einen Wardaki. Er erwiderte:

«Karla ist in Gefahr.»

«Aber warum? Sie hat doch nichts gemacht.»

«Es besteht die Gefahr, dass sie durch Kriminelle gekidnappt wird.»

2007

Ein paar Tage später erschien Naseer in meinem Büro und berichtete, ein Bekannter habe ihn gewarnt, sein Name sei genannt worden.

«Warum?», fragte ich. «Warum ist dein Name genannt worden?»

«Ich weiß es nicht», erwiderte der Administrator. «Aber ich werde ein paar Vertraute fragen, die sich umhören sollen.»

Kurz darauf trat er wieder an mich heran und sagte, er sei letzte Nacht bei einem kleinen Patienten im Krankenhaus gewesen, da habe er einen Anruf seines Bruders erhalten. Der erzählte, er und ein paar andere seien von einer Gruppe von Männern mit Schusswaffen und Raketen umringt. Was solle er tun? Er, Naseer, habe seinen Bruder dann gebeten, sich ruhig zu verhalten, er würde sofort kommen. Danach habe er die Polizei benachrichtigt.

«Und was war dem vorausgegangen?», fragte ich. Ich hatte langsam wirklich das Gefühl, dass unser kleines Paradies namens Chak-e-Wardak-Hospital von Jahr zu Jahr, von Monat zu Monat massiveren Bedrohungen ausgesetzt war.

Naseer berichtete: «Sie waren in unser Haus eingedrungen und hatten alle Räume durchsucht. Sie zerschlugen meinen Fernseher. Es waren Taliban. Als sie meinen Bruder und mich nicht fanden, packten sie meinen Sohn und wollten von ihm wissen, wo denn sein Vater sei. Voller Angst sagte er ihnen das, woraufhin einige Bewaffnete meinen Bruder suchten, andere blieben im Haus. Durch die heranfahrenden Autos der Polizei wurden sie aber gewarnt und konnten flüchten. Der Junge konnte jedoch einen der Angreifer erkennen, einen bekannten Dieb und Opiumraucher.»

Der Mann wurde später nicht festgesetzt. Es kam aber heraus, dass in derselben Nacht noch weitere traditionelle Häuser heimgesucht worden waren. Man tröstete Naseer, dass dies einzig ein kleiner Sturm gewesen sei, der nur die Blätter rauschen ließ. Ghulam Mohammed, Naseers Stellvertreter, eigentlich ein großer und stabiler Mann, entfernte aus Angst seinen Fernseher aus seinem Haus und montierte die Antenne vom Dach.

Nach und nach fügten sich einzelne Informationen zu einem Gesamtbild zusammen. Ich dachte daran, dass sich in unserer Nähe unmittelbar neben einem Waisenhaus ein islamisches Zentrum befand, geführt von einem jungen Geistlichen, der schon im letzten Jahr Hasstiraden verströmt hatte. Überhaupt liefen schon seit längerer Zeit wieder entsprechende Kampagnen in den Koranschulen, von denen es in Chak einige gab. Die älteren Schüler sammelten sich zu Gruppen von fünfzig, sechzig Personen, ebenfalls schwerbewaffnet – nachts hatten sie dann die Ortschaft im Griff. Nur die Patienten, die ins Krankenhaus wollten, ließen sie durch. Inzwischen sollen sie sehr gut organisiert sein, ihre Rädelsführer sitzen im Süden Pakistans, von dort kommt auch das Geld, um die Koranschulen zu finanzieren.

Naseer erzählte von einer Hochzeit, auf der nach traditionellem Brauch wohl um die zweihundert Gäste waren, einschließlich aller Dorfnachbarn. Er hörte, wie auf der Feier ständig über Handy telefoniert wurde, und zwar unter den Gästen. Einer der Wortführer war ein Mann, den man kurz zuvor aufgrund bei ihm gefundener Sprengsätze inhaftiert hatte. Er war aber nach einem Tag wieder entlassen worden, wohl weil er gute Fürsprecher hatte, bis in die Ministerien hinein. Jetzt vernahm unser Administrator, wie der zu einem anderen Wortführer während der Hochzeitsgesellschaft ins Handy rief:

«Ich brauche Geld.»

Die Antwort, die er erhielt: «Ich habe Geld, du wirst welches bekommen.»

2007

Damit war ein Deal gemanagt, welcher Art auch immer. Es wurde nicht einmal der Versuch unternommen, zu verheimlichen, dass man in bestimmte Geschäfte verwickelt war. Das war eine Feststellung, die ich immer wieder traf. Jeder konnte sich seine eigenen Gedanken zu den einzelnen Sachen machen.

Ein anderer Anruf lautete: «Sind deine Aprikosen versorgt?»

Der Angerufene bestätigte: «Ja, ich habe meine Aprikosen versteckt.»

Die Aprikosen waren noch längst nicht reif.

Ein paar Tage später fanden Kinder auf dem Weg von der Schule nach Hause Kabel an der Straße. Die Polizei wurde benachrichtigt, und man fand einen großen Druckkochtopf voll mit Sprengsätzen, die über die Kabel bei Bedarf gezündet werden konnten. Im wöchentlichen Security-Bericht stand es dann offiziell: «*IED Recovery: June/05/na/Chak District, Mada Village: A police discovered and defused four IEDs (an anti personal mine, two mortar riunds an a pressure cooker rigged with explosives). The IEDs were found on the Chak-Maidan main road. Police investigation is underway.*»

Als Gegenreaktion wollte man einen Angriff auf den Regierungssitz im Basar von Chak vorbereiten. Es wurde getuschelt, dass Panzer kommen würden. Wann, das wurde natürlich nicht bekannt. Die Regierungsleute ließen sich nicht in die Karten schauen. Ich fürchtete den Raketen- und Waffenlärm, und vorsichtshalber hatte ich mir schon eine Möglichkeit zur Flucht ins Männerpersonalhaus ausgedacht.

Ein paar Tage nach der Entschärfung der Bombe platzte Naseer empört mit der nächsten Neuigkeit heraus. «Regierungsleute sind aufgetaucht und haben mitten am Tag wahllos viele

Dorfbewohner festgesetzt, darunter auch eine ältere Person, die für uns schon seit Jahren Materialien von Ghazni nach Chak transportiert.»

«Was für eine Dummheit!», erwiderte ich.

Zwanzig Älteste aus dem Dorf sahen es ähnlich und gingen zu den Aktionisten, um ihnen klarzumachen, dass diese gefangen genommenen Menschen nichts mit der Bombengeschichte zu tun hätten. Sie seien nicht darin involviert. Es sei besser, man würde nachts das Gebiet beobachten, dann würde man diejenigen finden, die dafür verantwortlich sind.

Man ließ die Dorfbewohner frei. Wieder einmal zeigte sich an diesem Beispiel, wie schwach die Regierung ist. Nachts trauen sie sich nicht, unterwegs zu sein. Dadurch konnten sich die einzelnen Extremistengruppierungen völlig frei bewegen, sich sammeln oder Verbindungen zu machtvollen Fürsprechern aufnehmen.

An Naseer konnte ich förmlich beobachten, wie er in seiner berechtigten Angst die Sensoren ausfuhr, jede Witterung aufnahm. Er hatte seine Zuträger, deren Neuigkeiten verarbeitet werden mussten. Das setzte uns zusätzlich unter Druck.

An den Gerüchten kann etwas dran sein oder auch nicht. Es kann etwas passieren oder auch nicht, man kann es kaum einschätzen. Welche Bedrohung musste man ernst nehmen? Wie konnte man verhindern, sich zu leicht einschüchtern zu lassen? Es ist eine ständige Gratwanderung.

Eine Krankenschwester, die sich bei uns bewarb, sagte, ihr Vater sei der Meinung, Chak sei sehr unsicher. Sie komme aus Jagathu, dort sei es viel sicherer. Im Security-Bericht aber stand, dass Jagathu unsicher sei. Mit anderen Worten: Jeder hatte auf seine Weise recht.

Tatsache war, dass an mich von der deutschen Botschaft eine Warnung erging, dass ich das Hospitalgelände nicht verlassen solle. An den Rat hielt ich mich. Ich wusste auch, wie ich mich unauffällig zu verhalten hatte. Es war nicht der erste Krieg, den ich erlebte.

EIN ERMORDETER FRAUENHELD

Plötzlich tauchte erneut das Gerücht auf, Naseer habe sich an Patientinnen herangemacht – ein Gerücht, das schon unser früherer Fahrer Karim verbreitet hatte. Wollte man ihm übel mitspielen? Ihn anschwärzen? Ich konnte das nicht einschätzen. Um diesem Gerücht nachzugehen, rief er denjenigen, der etwas gesehen haben wollte, in sein Büro. Zur Rede gestellt, sagte derjenige, nein, er habe nichts beobachtet. Andere, die diese Nachricht – oder diesen Klatsch – ebenfalls verbreitet hatten, so der Mann, der bei uns die gesamte Krankenhauswäsche wusch, wurden auch von dem Administrator einem Verhör unterzogen: «Habt ihr etwas Eindeutiges zur Kenntnis genommen?» Die Befragten verneinten ebenfalls, es gab keine Beweise. Es schien sich also nur um üble Nachrede zu handeln, so wie man mir einmal unterstellte, ich sei eine Spionin, nur weil ich Kontakt zur deutschen Botschaft in Kabul und zu den Schutztruppen habe. Der das behauptet hatte, wurde sofort von mir entlassen. Mithin: Ich glaubte dem Verdacht nicht, wehrte ihn ab, war der Meinung, man wollte ihn anschwärzen.

Zu Naseer sagte ich: «Steck deine Nase nicht überall rein. Gerade das Frauenkrankenhaus ist in der Bevölkerung hochangesehen, und ich will, dass es so bleibt.»

«Natürlich», versicherte der Administrator. «Ich passe da sehr auf. Die Frauen müssen beschützt werden.» Und das stimmte, er hatte stets dafür gesorgt, dass alles seine Ordnung hatte.

«Man munkelt auch, dass du mit den Extremisten kooperierst», fuhr ich fort. «Dein Name wird in diesem Zusammenhang genannt. Du weißt, dass wir in diesem Hospital nicht politisch sind.»

Einige Zeit darauf hörte ich, dass die Ältesten einen Brief ans Gesundheitsministerium abgeschickt hätten. In ihm stehe, Naseer würde eine Physiotherapeutin belästigen. Kurze Zeit später forderte mich das Ministerium auf, unseren Administrator zu entlassen. Wieder nahm ich Naseer in Schutz, weil derjenige, der seine Kündigung verlangte, bekannt für sein korruptes Verhalten war. Naseer suchte ich in seinem Büro auf. Ich wollte von ihm wissen, ob an diesen Vorwürfen etwas dran sei. Immerhin war Amina, die Physiotherapeutin, eines Tages nicht mehr zur Arbeit im Krankenhaus erschienen – und die Mitarbeiter hatten ihr Fortbleiben Naseer angelastet. Nein, nein, beteuerte er und sah mich mit seinen großen Kinderaugen an. Ich glaubte ihm ein weiteres Mal, denn auch Amina hatte nicht den besten Ruf.

Doch damit war die Geschichte noch längst nicht zu Ende. Als Nächstes hieß es, unser Administrator habe eine gewisse Vorliebe für eine unserer Krankenschwestern – zugegebenermaßen war Zahida eine reizvolle Erscheinung. Dennoch: Das konnte doch nicht wahr sein. Und wieso tauchten die Gerüchte – wenn es denn welche waren – gerade jetzt auf? Dem Ganzen musste ein Ende gesetzt werden, um das Krankenhaus nicht in Verruf zu bringen. Streng sagte ich zu ihm: «Entweder du hältst dich von Zahida fern, oder du heiratest sie.»

Naseer war zwar schon mit Ellaha verheiratet, aber mir war es wichtig, dass er die Angelegenheit in Ordnung brachte. Und wenn die Erstfrau einwilligte, konnte das Problem auf diese Weise aus der Welt geschafft werden.

«Ja, daran habe ich schon gedacht», erwiderte der Administrator treuherzig. «Ihr Vater würde mir seine Tochter auch zur Frau geben...» Zum ersten Mal leugnete er nicht, dass es da eine Beziehung zu einer Frau gab, die nicht seine war. Das hätte mich stutzig machen müssen, tat es aber nicht. Ich sagte nur:

«Dann weißt du ja, was zu tun ist.»

Als ich wieder in Deutschland war, erhielt ich die Nachricht, man habe Naseer getötet. Er hatte weiter mit der Krankenschwester Kontakt gehabt, sie aber nicht geheiratet, ebenso hatte er versucht, mit einem jungen Mädchen, das eine Stunde vom Hospital entfernt wohnte, eine Liebschaft anzufangen. Man brachte die junge Frau dazu, ihn in seinem Büro anzurufen und ihn zu sich zu locken, wobei sie einen bestimmten Treffpunkt vorgeschlagen hatte. Er fuhr los, zusammen mit dem Fahrer Moheb, der sich unerlaubterweise von der Security eine Kalaschnikow ausgeliehen hatte. Naseer und Moheb waren befreundet.

Unterwegs lauerten der Vater des Mädchens und einige andere den beiden Männern auf. Als sie die Abenteuerlustigen angehalten hatten, forderte der Vater des Mädchens Moheb auf zurückzufahren, Naseer wollte er einbehalten. Moheb stellte sich aber auf die Seite seines Freundes und fing an, die Kalaschnikow abzufeuern. Daraufhin wurde Moheb mit der Schaufel erschlagen und einem Messer erstochen. Am Ende lag auch der Frauenheld Naseer erschlagen und erstochen auf der Erde.

Warum hatte er sich an die Frauen rangemacht?, überlegte ich. Er wusste doch, was das in seiner Gesellschaft bedeutete, mit welchen Konsequenzen er zu rechnen hatte. Heute denke ich, dass er vielleicht nicht von Anfang an so war. Doch je länger er in seinem Amt als Administrator war, umso mehr bestärkte ihn dies in seiner Eitelkeit.

Der stellvertretende Administrator Ghulam Mohammed sowie Matiullah wurden Naseers Nachfolger. Keiner der beiden Männer hatte genügend Fähigkeiten, um die Stelle allein auszufüllen. Einmal kam Ghulam Mohammed zu mir, da lebte sein einstiger Chef noch.

«Ich möchte mich über Zahida beschweren», fing er an. Zahida war die Krankenschwester, die Naseer gefallen hatte.

«Was hat sie dir getan?», fragte ich.

«Wir hatten eine Streitigkeit.»

«Um was ging es dabei?»

«Sie hat etwas gesagt.»

«Was hat sie gesagt?» Langsam wurde ich ungeduldig.

«Das nächste Mal kannst du mir deinen Penis zeigen.»

«Was?» Ich konnte kaum glauben, was ich da gerade gehört hatte.

Ghulam Mohammed wiederholte Zahidas Äußerung.

«Ich werde mich darum kümmern.»

Zahida stammte aus demselben Dorf wie Ghulam Mohammeds Frau, und sie hatten sich schon früher immer gestritten und angestachelt. Als ich Zahida fragte, warum sie diese Worte denn zu Naseers Nachfolger gesagt habe, meinte sie: «Ghulam Mohammed behandelt mich schlecht. Die Gehaltsauszahlung knallt er mir immer so unfreundlich hin.»

Anschließend knöpfte ich mir wieder Ghulam Mohammed vor.

«Das ist kein Benehmen. Wie willst du mit einem solchen Verhalten jemals eine Führungsposition übernehmen?»

Zahida gehörte für mich zu den Frauen, die sich durchzusetzen und zu wehren wussten.

2007

FRAUENAUSFLUG INS HOSPITAL

Ich traute meinen Augen nicht: Vor dem Hospital erstreckte sich eine lange Schlange parkender Autos, sogar Busse befanden sich darunter. Nach einer Weile fand ich heraus, was das zu bedeuten hatte: Man wollte die neuen Frauenärztinnen, von denen man nun auch in weiter Ferne gehört hatte, in unserem Hospital besichtigen.

So hieß es unter den versammelten Frauen: «Wir haben schon beutelweise Medizin genommen, rote, grüne, weiße Kapseln, nichts hat geholfen. Inschallah, aber jetzt werden wir hier eine Wundermedizin bekommen. Die Ärztinnen in diesem Krankenhaus werden uns verstehen. Hier finden wir von Ohr zu Ohr Gehör ...» Statt der Hadsch, der Pilgerreise nach Mekka, hatten diese Frauen eine medizinische Reise nach Chak-e-Wardak unternommen.

Die Angekommenen trugen ihre beste Burka, hatten all ihren Schmuck angelegt; die Kunststoffreife klimperten, die Ringe glänzten, meist Erbstücke ihrer Mütter – Goldschmuck als Morgengabe des Ehemannes ist bei Landfrauen eher selten. Hier und da wurde ein hungriges Kind an die Brust gelegt, dazu zog man einfach das Kleid hoch. Manche Babys wurden in ein frisches Tuch gewickelt, ein über Kreuz geschnürtes Band hielt es. Windeln gibt es in der Provinz nicht.

Während ich umherging, nahm ich weitere Gesprächsfetzen auf:

«Dies ist eine schlechte Frau, sie hat Schande über die Familie gebracht.»

«O weh, du hast nach so vielen Jahren Ehe immer noch keine Kinder?»

«Du hast nur Töchter, keinen Sohn?»

«Ich habe zu viele Kinder, dabei hatte ich auch noch Fehlgeburten.»

Die Frauen flüsterten ihren Ehemännern das zu, was sie von Dr. Fahima oder Dr. Shala oder den anderen Frauen zu hören bekamen. Zwischendurch betete man, Fladenbrote wurden zerrissen und Stücke in Tee getaucht, den sie in Thermoskannen mitgebracht hatten.

Schließlich war der gemeinsame Ausflug zum Krankenhaus beendet. Nach diesem besonderen gesellschaftlichen Ereignis brach man wieder auf, um in die jeweiligen Heimatdörfer zurückzukehren. Eine Fahrt von meist drei, vier oder sogar mehr Stunden lag vor ihnen. Für genügend Gesprächsstoff unterwegs war gesorgt, die Hoffnung auf ein Genesungswunder gab ihnen Auftrieb – bis zum nächsten «Picknick».

Im August 2007 sagte Mullah Omar in einer Ansprache, dass Afghanistan abermals von «Kolonialtruppen besetzt ist wie damals von Großbritannien». Weiter hieß es: «Die Feinde des Islams und der Unabhängigkeit des Landes haben eine satanische Propaganda unter den Losungen von Demokratie und Freiheit gestartet, und sie versuchen, die Afghanen zu entzweien und daraus Nutzen zu ziehen.» Omars Botschaft wurde durch Taliban-Sprecher Kari Mohammed Jussuf verbreitet.

Das Problem für uns waren aber nicht nur all jene extremistischen Taliban, die angefangen hatten, untereinander Krieg zu führen. Auch die kriminellen bewaffneten Banden, die im Namen des Islams nächtliche Übergriffe ausführten, um an Geld zu kommen, diese Herren der Finsternis, wurden immer mehr zu einer Bedrohung für die Bevölkerung. Ich konnte nur hoffen, dass das Hospital auch diese Phase überstehen würde.

Der Fastenmonat Ramadan fing in diesem Jahr Mitte September an. Ich zog meinen Abflug nach Deutschland vor. So verließ ich schon Mitte August Chak, um die Zeit zu meiner eigenen Gesundung zu nutzen. Halimas Künste reichten für mein Problem dann doch nicht aus. Von Afghanistan aus hatte ich schon Termine für eine Physiotherapie ausgemacht.

2008 FLUCHT AUS DER PROVINZ

Es war kaum möglich zu schlafen – die Nächte nach meiner Ankunft in Peschawar waren heiß, sehr heiß. Nachdem ich alles mit Abdul Latif für Chak organisiert hatte, flog ich nach Kabul. Im Gegensatz zu den letzten Jahren war es nicht mehr möglich, den Straßenweg zu benutzen. Im Grenzgebiet am Khyberpass, in der Tribal Area, fanden zu viele Entführungen statt, Kämpfe zwischen islamischen Sunniten und Schiiten, Angriffe auf Nachschubkonvois der ISAF.

Nach der Ankunft fuhren Matiullah und ich zu dem neuen Haus von Peter Schwittek – er musste aus seinem alten Domizil ausziehen, weil sein Vertrag ausgelaufen war. Wie schon zuvor mieteten wir wieder zwei Zimmer bei ihm. Da das Gebäude rund um die Uhr bewacht wurde, hatte es den Vorteil, dass wir keine eigenen Wächter bezahlen mussten.

Die Nächte waren ähnlich heiß wie in Pakistan, aber darin bestand für mich nicht das Hauptproblem. Ich musste etwas akzeptieren, was für mich mehr als niederschmetternd war: die Erkenntnis, dass ich nicht mehr nach Chak reisen konnte. Gezwungenermaßen musste ich in Kabul bleiben. Sicher, ich hätte alle Warnungen in den Wind schlagen und meinen Dickkopf durchsetzen können, aber um welchen Preis?

Es war nicht von der Hand zu weisen: Die Situation in der Provinz Wardak hatte sich seit dem letzten Jahr dramatisch verschlechtert, besonders die Hauptverkehrsstrecke zwischen Kabul und Ghazni, an der das Hospital liegt, wurde als äußerst gefährlich eingestuft. Ich erfuhr, dass es gerade in Jilga, drei Autostunden hinter Chak gelegen, heftige Kämpfe gegeben hatte. Die Verwundeten lagen noch immer bei uns im Krankenhaus. Fast jeden Tag gab es jetzt einen Anschlag in dieser Region. Die Extremisten zeigten sich nicht mehr nur nachts mit ihren Kalaschnikows, sondern auch tagsüber. Autos wurden immer häufiger, immer wahlloser von ihnen angehalten, die Staatsgewalt konnte sie nicht im Geringsten mehr kontrollieren. Alles war auf einmal vollkommen undurchschaubar, unberechenbar geworden.

Dr. Eesan, unser medizinischer Direktor, vervollständigte den Lagebericht: «Die Polizisten sitzen mit ihren Gegnern zusammen, sie rauchen gemeinsam Haschisch, danach trennen sich wieder ihre Wege. Der Gouverneur von Wardak hat aufgegeben, der Sicherheitskommandant von Maidan Shar ist weggelaufen. Viele Wardakis bringen ihre Familien nach Kabul, weil sie Schlimmeres fürchten. Auch Redi Gul, unser Röntgenmann, hat seine Frau und seine Kinder in die Hauptstadt gebracht. Er fragt sich: ‹Was soll ich sonst tun?›» Ja, was sollte er sonst tun? Darauf wusste ich auch keine Antwort. Ständig war ich nun in Sorge um die Mitarbeiter des Hospitals.

Es war ein schwarzer Tag, als ich entschied, dass ich mein Büro nach Kabul verlegen musste. Kabul ist nicht mein Platz. Hier fehlen mir die Natur, die Fahrten über Land, schlicht und einfach Chak.

Damit mir die Decke nicht auf den Kopf fiel und ich in Trübsal versank, ließ ich mir einen Fernseher besorgen, mit dem ich ZDF, RTL, BBC, Euronews sowie den arabischen Nachrichtensender Al Jazeera empfangen konnte. Installiert wurden auch

Laptop und Drucker von einem der Administratoren aus Chak. Er erzählte mir nach seiner Ankunft in Kabul, dass in der vergangenen Nacht unentwegt Raketenangriffe stattgefunden hätten, bislang sei das Krankenhaus aber verschont geblieben. Er sagte: «Das Hospital mit seinen Mitarbeitern ist eine friedliche Insel in dem sonst chaotischen und gefährlichen Chak. Das liegt daran, dass es von allen Gruppierungen akzeptiert wird.»

«Ist es nicht anders? Befinden wir uns nicht einfach nur zwischen den Fronten?», fragte ich.

«Nein, alle mögen das Krankenhaus, weil hier jeder behandelt wird. Die Menschen kommen zu uns, egal ob sie Polizist oder Taliban sind.»

Unsere Strategie, sich aus den politischen Angelegenheiten herauszuhalten, sich von der Regierung zu distanzieren, ganz gleich, wer an der Macht war, erwies sich als das einzig richtige Verhalten. Hoffentlich würde das auch in Zukunft so bleiben.

Kurz danach folgte eine Schreckensmeldung nach der anderen, die meine Entscheidung, von Kabul aus das Hospital zu leiten, bestärkte: In Maidan Shar hatte es eine große Explosion gegeben. Sechs Dieseltrucks der Amerikaner waren in die Luft gesprengt worden. Dieser Irrsinn! Danach bombardierte man ein Dorf am Hang in der Nähe der Waisenschule, die nicht weit von uns entfernt lag. Vier Tote. Die nächste Nachricht: Bei Peschawar, im Gebiet des Khyberpasses, hatten tausend Soldaten pakistanische Extremisten angegriffen. Intern ging man davon aus, dass es eher ein Kampf zwischen rivalisierenden Stämmen war. Die Straße über den Khyberpass konnte nun überhaupt nicht mehr befahren werden. Ich selbst fürchte aber nicht die Taliban, ich fürchte die Leute, die kidnappen. Diesen Kriminellen ist es völlig egal, wen sie entführen. Hauptsache, es wird gezahlt. Aus diesem Grund blieb ich in Kabul.

Die Führungskräfte von Chak reisten an, die Begegnungen waren anrührend. Afghanen möchten niemanden traurig sehen, deshalb begrüßten sie mich so fröhlich, wie sie konnten. Sie kamen mit den verschiedensten Anliegen, einmal wurden neue Stühle gebraucht, die ich dann auch genehmigte. Bewegend war, dass sie für mich einen Spezialstuhl kauften, einen richtigen Chefsessel mit hoher Lehne. Sie freuten sich, mir diese gelungene Überraschung bieten zu können, die ihren Respekt und ihre Anerkennung für mich als «Boss» ausdrückte. Meist fuhren sie gegen fünf Uhr morgens vom Krankenhaus aus los und waren gegen sieben, acht Uhr in Kabul. Mohammed Isaak, unser Pharmazeut, erzählte mir den Grund für diese frühen Zeiten: «Um diese Zeit schlafen die Taliban.» Auch die Extremisten müssen manchmal ruhen.

Einem Ingenieur aus Chak gab ich die Richtlinien zum Kostenvoranschlag für die Sanierung des Wasserrohrsystems. Durch den schweren Kälteeinbruch im letzten Winter war es zu erheblichen Frostschäden gekommen. Nahezu das gesamte System musste ausgetauscht werden. Durch die vergangenen Bedingungen – es waren Kriegsbedingungen, anders konnte man es nicht mehr nennen – waren sämtliche Reparatur- und Baumaßnahmen mehr oder weniger in Eigenregie durchgeführt worden. Auch jetzt erklärten sich die Mitarbeiter bereit, selbst Hand anzulegen, um Kosten zu sparen.

«Es ist ja wieder Krieg», konstatierte Ghulam Mohammed. Der Administrator hatte ursprünglich ein Studium als Ingenieur absolviert, und so konnten sie tatsächlich auch das Wasserrohrsystem – zumindest erst einmal im Personalhaus – erneuern.

Von Dr. Sefatiuallah, einem unserer Internisten, erfuhr ich, dass das Gesundheitsministerium nur noch ein Krankenhaus außerhalb von Kabul fördern würde, und dies sei das Chak-e-Wardak-Hospital. Ich nahm diese Nachricht hin, dachte aber sofort daran, dass diese scheinbare Ehre auch bedeutete, bei bestimmten Anliegen noch eine weitere Stelle kontaktieren zu müssen, um Genehmigungen für Förderungen einzuholen. Meine Überlegung resultierte daraus, dass die Organisation einer Klinik aus der Distanz schon kompliziert genug war. Viele lange und mühsame Besprechungen mit den Mitarbeitern fanden in den von Peter Schwittek gemieteten Räumen statt, die sonst einfach im Alltagsbetrieb des Hospitals wie selbstverständlich und nebenbei erfolgten. Die Liste der Verpflegungsmittel musste für die nächsten Monate erstellt, überhaupt ein Leitfaden für die Zukunft entwickelt werden. Zu klären war außerdem, wo die nächste Impfkampagne stattfinden sollte. Wie immer gingen die Männer in die Dörfer, die Impffrau blieb im Hospital, um dort den ankommenden Frauen und Kindern das Serum zu geben. Die Impfstoffe erhielten wir von UNICEF, finanziert wurden sie vom Swedish Committee. Der Impfstoff gegen Kinderlähmung kam wiederum von der Weltgesundheitsorganisation (WHO), bezahlt hatten ihn aber die Rotarier. Das war schon ein eigenwilliges Netzwerk.

Der nächste Schock ließ nicht lange auf sich warten. Mit vielen Dingen hatte ich gerechnet, nicht aber damit: Die deutsche Regierung wollte uns in diesem Jahr keinen Zuschuss mehr für unsere Medikamente geben. Bislang hatten wir von ihr in den vergangenen Jahren rund 50000 Euro erhalten. Und nun hieß es auf einmal: Im Moment können wir den Zuschuss nicht gewähren. Der Bescheid kam vom Bundesrechnungshof. In der Begründung, die man uns gab, stand weiter: Etablierte Krankenhäuser, wie wir es ja seien, dürften nicht mehr unterstützt werden, nur noch Nothilfemaßnahmen, hinzu käme, dass wir uns nicht im Bereich der deutschen Schutztruppen befinden würden.

«So ein Quatsch!», rief ich aus, nachdem ich das Schreiben gelesen hatte. «Was sind denn 50000 Euro, wenn man weiß, was in das Militär gesteckt wird!» Ein Committee-Mitglied, Pfarrer Klein, stellte darauf den Kontakt zu einem Abgeordneten her. Ich wusste, dass dieser unser Projekt schätzte, zudem saß er in einem entsprechenden Haushaltsausschuss. Als ich später wieder in Deutschland war, trafen wir uns persönlich in Berlin.

Mein Engagement hatte Erfolg, wenigstens für einen begrenzten Zeitrahmen. Über einen sogenannten Stabilitätsfonds erhielten wir für 2008 und für das darauffolgende Jahr noch einen Zuschuss, verbunden mit dem Hinweis, dass wir 2010 nichts erwarten dürften. Es wurde uns dann zwar erlaubt, für 2010 einen Antrag zu stellen, doch wie vorausgesagt, wurde er abgelehnt. Seitdem war es mit den Geldern aus der Bundesrepublik vorbei. Weil wir kein Militär zulassen, weil wir mehr für die Menschen getan haben als Bataillone von Soldaten – und zwar ohne sie.

Wahrscheinlich hätte ich Gelder von einer amerikanischen Organisation bekommen können, damit hätte ich das Hospital jedoch einer viel größeren Gefahr ausgesetzt – jede Unterstützung, jede Förderung aus den USA hätte den Extremisten Grund gegeben, es zu stürmen.

Zum Glück wurde das Haus von Peter Schwittek nicht nur bewacht, es gab auch einen Koch, der uns mit exzellenten Mahlzeiten versorgte. Im Hinterhaus mieteten wir zwei weitere Zimmer an, sodass die afghanischen Mitarbeiter in Ruhe arbeiten konnten, ohne sich ständig bei mir aufhalten zu müssen.

Als ich die deutsche Botschaft aufsuchte, erfuhr ich, dass Hans-Ulrich Seidt sein Amt nicht verlängern wollte, auch der dort Zuständige für Kleinobjekte wechselte. Die Botschaft förderte uns einmal im Jahr mit einem Betrag von rund 7000 Euro, auch bezahlte sie kleinere Anschaffungen wie zum Beispiel ein Anästhesiegerät. Laufende Kosten und Medikamente fielen nicht darunter.

Nicht nur die Mitarbeiter der Botschaft, sondern auch die von der GTZ oder dem DED lebten jetzt mehr oder weniger kaserniert. In einem Restaurant sprach mich eine Frau an, die die internationale Polizei koordinierte. Sie sagte, dass sie wie die Soldaten stets mit kugelsicherer Weste herumlaufen müsste, egal ob im Auto oder jetzt hier, beim Besuch in diesem Restaurant.

Peter Schwittek, der aufgrund der Gefahren, die mich in Kabul hielten, auch nicht mehr in unsere Regionen fuhr, erzählte mir von einem afghanischen Lehrer, der für seine Organisation tätig war. Er hatte in einer Schule in der Provinz Wardak nach dem Rechten sehen wollen, dabei wurde er gekidnappt – und seine Organisation sei um 50 000 Dollar erpresst worden. Er habe die Entführer auf 5000 Dollar herunterhandeln können. Der Lehrer kam schließlich frei. Daraufhin schloss Peter Schwittek die Schule und das unserem Hospital gegenüberliegende Tuberkulose-Zentrum. Zunächst machte er zur Auflage, dass er die Einrichtungen erst wieder öffnen würde, wenn das Geld zurückkäme und der für das Kidnapping verantwortliche Extremist bestraft werden würde. Man kannte die Person. Leider wurden Schwitteks Forderungen nicht erfüllt, die so wichtigen und guten Einrichtungen blieben geschlossen, später wurden sie aufgelöst.

EINMAL RAUS AUS KABUL

Immer schwieriger wurde es, neues Personal zu gewinnen. Eine Krankenschwester hatte sich vorgestellt, ein Pfleger, ein Chirurg waren unter den Interessenten. Aber im letzten Moment sagten alle ab. Chak war jetzt so berüchtigt, dass wohl kaum noch jemand zu finden sein würde, der bei uns arbeiten wollte. Dabei herrschte im Krankenhaus gerade Hochbetrieb, die Durchfallzeit hatte angefangen – im Juni waren 702 stationäre Patienten im Hospital, und das in einem Sechzigbettenhaus. Den Mitarbeitern machte ich nochmals die Gefahr einer HIV-Infizierung klar, die Krankheit hatte in Afghanistan erschreckend zugenommen.

Brüder von der Christusgemeinschaft berichteten mir begeistert, dass sie mit ihren fünfundvierzig Mitarbeitern einen Betriebsausflug an einen Fluss in der Nähe des US-Militärflughafens Bagram gemacht hätten. In der Gegend sei es vergleichsweise sicher – ein Kriterium, das von Jahr zu Jahr bedeutsamer geworden war und 2008 als eine Ausnahmesituation erschien. Weil die Brüder so euphorisch von diesem Ort erzählt hatten, wollte ich dies auch mit den Leuten aus Chak erleben. Und zwar sofort, denn die Sicherheitslage konnte sich dort ebenso schnell wieder ändern. Zudem hatte ich das Bedürfnis, endlich einmal Kabul verlassen zu können. Und so reisten zehn von ihnen an, nur männliche Mitarbeiter, und dann machten wir uns gemeinsam auf den Weg.

Der Fluss, den wir in einem Minibus erreichten, lag eingebettet im Koh-i-Daman-Tal, in der intensiven Sonne glitzerte er. Anfangs saßen wir geschützt in traditionellen offenen afghanischen Pfahlbauten und tranken Tee. Zuerst wirkten die Männer sehr in sich gekehrt, aber nach dem Tee ließen sie das

Kind heraus, das noch in ihnen steckte. Auf Pferden sitzend, die man dort mieten konnte, ritten sie in den Fluss und stellten sich stolz für ein Foto zusammen. Dr. Eesan war völlig aus dem Häuschen, erzählte, dass seine Eltern einst Pferde besessen hätten und er sich noch gut daran erinnern könne. Im Gebirgswasser wurden Melonen und Cola-Dosen gekühlt und bei einem Händler ein Fisch ausgesucht. Der wog vier Kilogramm, genau das richtige Gewicht, damit er keine kleinen Gräten hatte.

Nach dem Fischessen, das allen Spaß gemacht hatte, verdrückten sich die Männer etwas verschämt an einen anderen Platz, sie wollten sich im Fluss erfrischen. Von weitem sah ich, wie sie entweder eine Badehose aus einem Tuch wickelten oder nur mit der Hose ihres Shalwar Kameez bekleidet ins Wasser gingen. Ausgelassen genossen sie das kühle Wasser und bespritzten sich gegenseitig. Es fiel der Satz: «Sie sind wieder jung geworden, weil sie ihre Depressionen abspülen konnten.»

Als wir zurück in Kabul waren, hieß es, voneinander Abschied zu nehmen. Er gestaltete sich auf beiden Seiten traurig, da der Betriebsausflug zugleich das Ende meines diesjährigen Aufenthalts in Afghanistan war.

«Hört nicht auf zu arbeiten», bat ich meine Mitarbeiter, «dann könnt ihr auch weiter mit der Unterstützung aus Deutschland rechnen.»

Matiullah und der Fahrer Zamarak, der Nachfolger des erschlagenen Moheb und ein jüngerer Bruder unseres Administrators, blieben noch bis zum Abflug nach Pakistan bei mir. In Peschawar tauchte ich wieder in die feuchte Hitze der Stadt ein. Gerade angekommen, erfuhr ich durch eine Sicherheitsorganisation, dass hinter Maidan Shar erneut Kämpfe stattfinden würden. Sofort rief ich Matiullah an, vielleicht war er noch in

Kabul. Ich wollte ihn warnen. Maidan Shar lag auf der Strecke nach Chak.

Matiullah ist ein sehr ehrlicher Administrator, der fast geizig ist, also sehr sorgsam mit Geld umgeht. Einmal brachte er sogar angefaulte Paprikas mit und Obst, das auch nicht gerade von der besten Qualität war. Da ich die Mitarbeiter ständig zum Sparen anhalte, konnte ich ihm nicht wirklich Vorwürfe machen. Sein Verhalten drückt sich selbst in seinem Äußeren aus. Er ist besonders dünn, dennoch sehr zäh.

Zamarak hatte ich entgegen meiner Regel eingestellt, Verwandte von Mitarbeitern nicht zu beschäftigen. Die Ausnahme von der Regel ließ ich zu, weil ich mich in der verschärften Unsicherheitslage mit den beiden Brüdern sicherer fühlte.

«Sollten die Gefechte noch andauern, ist es besser, Sie bleiben dort, wo Sie sind», gab ich ihm zu verstehen. Er versprach, sich zu erkundigen und mich zu informieren. Nach einiger Zeit meldete er sich: «Ich bin wieder in Chak, mir ist nichts passiert. Die Kämpfe waren vorbei, als ich aus Kabul losfuhr. Die Taliban haben in Maidan Shar eine kleine Brücke gesprengt, die über ein ausgetrocknetes Flussbett führte, außerdem wurde der Sicherheitskommandant von Chak umgebracht. Am Fluss Kabul gab es Auseinandersetzungen zwischen der Polizei und extremistischen Taliban, dabei starben zwei Kinder, zwei wurden verletzt. Sie waren gerade aus der Schule gekommen. Weiterhin beschlagnahmten die Taliban eine Ambulanz.»

Anfang Juli war ich wieder in Dortmund.

Wie sollte es bloß weitergehen?

2008

2009 LEBEN MIT VIELEN TOTEN

Das Telefon klingelte in meiner Wohnung in Dortmund, kurz vor meinem Abflug nach Afghanistan. Ghulam Mohammed war am Apparat, aufgeregt sagte er, eigentlich schrie er fast: «US-Soldaten sind in unser Krankenhaus gekommen, um nach Extremisten unter den Patienten zu suchen. Eigentlich sind sie nicht gekommen, sie haben die Türen eingetreten und den Pförtner gefesselt. Sie hätten doch auch sagen können: ‹Macht auf!› Klar, dass sie ein Maschinengewehr in der Hand halten müssen, aber muss man wirklich so brutal vorgehen?»

«Könnt ihr denn nicht mit ihnen verhandeln?», fragte ich, für einen Moment hatte mein Herzschlag ausgesetzt. Was würde es für das Hospital bedeuten, wenn die Menschen erfuhren, dass Amerikaner dort waren?

«Sie hören auf niemanden. Wir sind für sie nichts.»

«Einer von euch muss dem Kommandanten Bescheid sagen. Ruf mich wieder an, wenn ihr was erreicht habt.»

Nach einiger Zeit, die mir wie eine Ewigkeit vorkam, meldete sich Ghulam Mohammed wieder: «Der Kommandant kann auch nichts machen. Die Soldaten ignorieren ihn einfach.»

Am nächsten Tag erfuhr ich, dass die Militärs keinen Verdächtigen gefunden hatten. Die Soldaten waren vor dem Hospital von Extremisten angegriffen worden. Es hatte eine Explosion gegeben, Schüsse waren abgefeuert worden. Sämtliche

Fensterscheiben zerbrachen, der Frauen- und Kindertrakt war getroffen worden, eine Schwangere verwundet. Später stellte sich heraus, dass es auch Einschüsse im Dach gegeben hatte, denn als es das nächste Mal regnete, tropfte es in das Gebäude. Für die Reparatur mussten wir 2000 Euro bezahlen.

Woher wussten die Terroristen, dass Amerikaner in unserem Hospital waren? Hatten sie einen Hinweis erhalten? Das war zu vermuten. Es konnte sich aber auch schnell herumgesprochen haben, denn Chak und Umgebung waren jetzt zu fünfundneunzig Prozent in der Hand der Extremisten, wie uns gesagt worden war. Wenn US-Soldaten auftauchten, konnte das eigentlich niemandem aus der Bevölkerung entgehen, es konnte nicht geheim bleiben. Nach der Genfer Konvention hatten Soldaten nichts in Krankenhäusern zu suchen. Und als ich schließlich selbst in Chak war, teilte ich sowohl den Extremisten, über die Dorfältesten, wie auch den Amerikanern, durch eine E-Mail, mit, dass sie ihren Kampf woanders austragen sollten, nicht in oder vor dem Hospital, da hätten sie nichts verloren.

Natürlich befinden sich unter unseren Bettlägerigen Taliban, sicher auch Terroristen, aber zuallererst ist jeder, der das Krankenhaus wegen gesundheitlicher Probleme aufsucht, ein Patient. Nichts anderes. Ich nenne Taliban auch bewusst nicht religiöse Fundamentalisten oder Fanatiker. Denn das, was in Afghanistan passiert, ist nicht Fundamentalismus, sondern Extremismus und Terrorismus.

GEFESSELTE FREIHEIT

Wieder in Kabul. Zwei Kampfhubschrauber durchdrangen die Nacht. Schlafende wurden in Angst versetzt. Wie Raubvögel schlugen die Soldaten zu, wie Krallen bohrten sich ihre Waffen in die Körper der Gegner, trugen in ihren Fängen überlebende Männer zu Gefängnissen, wo sie verhört wurden. Frauen und Kinder blieben in Schrecken zurück, so ging das Tag für Tag.

Traditionen und Werte wurden mit Militärstiefeln getreten, zertreten. Gewalt öffnete zwar Türen, hinterließ aber auch Verletzungen und Hass, forderte Gegengewalt heraus. Auf der Strecke blieben die Wehrlosen, die im Elend ertranken. Minen wurden weiterhin an den Straßenrändern implantiert, von US-Militärangehörigen aufgespürt, geräumt, damit der Nachschub an Soldaten und Material wieder rollen konnte. Die Zerstörungswut räumte man damit nicht aus. Die ständigen Ausschreitungen dämpften den Aufbauwillen der Zivilisten.

Auf jeder noch so kurzen Strecke geriet man in Polizeikontrollen. Die Uniformierten suchten, um etwas zu finden. Auch Bakschisch. Bei uns kam es trotz erheblicher Bemühungen nur zu negativen Befunden. Jedes Mal ging es den Polizisten darum, sich aufzuspielen, etwas zu erzwingen. Sie hatten nicht die Berechtigung dazu, aber sie fragten dennoch: «Haben Sie einen offiziellen Brief, dass Sie diese Plane bei Ihrem Wagen benutzen dürfen?» Man wusste nicht, was man dazu sagen sollte. Nur Matiullah, unserem Administrator, der mich immer in Kabul begleitete, rutschte heraus: «Oh, alle Ministerien sind mit einer Abdeckung wie der über unserer Ladefläche überzogen.» Hätte man ihn deswegen verhaften wollen, hätte er sich immer noch herausreden können: Zu dieser Zeit war das Gesundheitsministerium tatsächlich mit Planen verhüllt, sah aus wie ein Projekt der Künstler Christo und Jeanne-Claude, die 1995 den Berliner Reichstag verpackt hatten.

Schon die Anreise nach Kabul hatte sich in diesem Jahr ein weiteres Mal verkompliziert. Die Sicherheitslage in Peschawar war so ungünstig, dass ich von Dubai nicht direkt in diese pakistanische Stadt hatte fliegen können. Ich musste nach Islamabad, um von dort über die Straße in die Hauptstadt der Provinz Khyber zu gelangen.

Abdul Latif empfing mich mit Blumen. Er gehört zu jenen Mitarbeitern, die sich strikt an islamische Regeln halten. Er erzählte mir, dass seine Brüder ihm und seiner Frau eine Pilgerreise nach Mekka ermöglicht hätten. Die Hadsch würde ihm Lebenskraft geben, einen Monat würde die Reise insgesamt dauern. Ich verglich seinen Glauben mit unserem Hospital: Wenn man ein solches hat, ist es wichtig, es mit Aktivitäten zu füllen und für sein Überleben zu sorgen.

Beim üblichen Einkauf von Medikamenten fanden wir in dem Depot, das wir aufsuchten, alle möglichen Lebenselixiere, aber leider keine einzige Medizin gegen Dummheit, Arroganz, Korruption, Gewalt, Hass oder Skrupellosigkeit. Gerade die Dummheit, verbunden mit Arroganz, wucherte wie Unkraut, doch nicht nur in Afghanistan.

Am Flughafen von Kabul holten mich Matiullah und Zamarak ab, und zwar in unserem unscheinbarsten und ältesten Auto, das noch ein ziviles Nummernschild vorweisen konnte. Das Verkehrsministerium hatte nämlich den Austausch der Nummernschilder angeordnet, alle NGO-Fahrzeuge sollten nun durch ein Schild in einem knalligen Orangerot zu erkennen sein. Für mich war das eine gefährliche Entscheidung, denn so waren diese Wagen für Räuber und Terroristen schon von weitem auszumachen. Unseren Pick-up konnten wir aus diesen Gründen nicht mehr in der Provinz benutzen, einzig in Kabul.

Unterwegs entdeckten wir eine ehemals weiße Taube, nun

saß sie zerzaust, verkommen, in einem schmutzigen Grau gefangen in einem Stacheldrahtverhau. War sie übrig geblieben von den einstigen Friedenstauben? Menschenmassen bewegten sich durch die Straßen von Kabul wie bunte Teppiche, geknüpft aus unzähligen Kopfknoten.

Über vielen Besprechungen mit den Hospitalmitarbeitern wurde es langsam Herbst, und die Kinder in Kabul ließen ihre farbenfrohen Drachen steigen. Gefesselte Freiheit, die auf- und absteigt, je nach Windstärke. Die Dunkelheit nahm immer mehr Besitz vom Tag, bald würde sich die Kälte einschleichen.

KUNDUZ UND DIE EXTREMISTEN

Der 4. September war der Tag des Luftangriffs auf Kunduz. Zwei Tanklastwagen, gestohlen von Extremisten, und die in nächster Nähe befindlichen Menschen wurden bombardiert; es starben rund 140 Personen, darunter viele Zivilisten. Hinterher gab es deshalb einen großen Aufschrei. Hier wurde mir wieder klar: In Afghanistan kann nie eine klare Linie gezogen werden zwischen den Menschen, die Taliban sind, und jenen, die wir als Zivilisten ansehen. Bei einem Angriff halten die Familien zusammen, die Söhne helfen den Vätern, die Väter den Söhnen, ein Bruder dem anderen Bruder. Weil die Familienbande so eng sind, wird keiner aus der nächsten Verwandtschaft den Terroristen unter den ums Leben gekommenen als Extremisten identifizieren, er wird immer ein Ziviler für sie sein. Keiner wird seinen Bruder, Sohn oder Vater verraten, auch wenn die eigene Familie noch so gegen sein Dasein als extremer Taliban ist. Natürlich gibt es afghanische Spione, die der Regierung oder US-Soldaten ihr Wissen über diese oder jene Personen mitteilen, die für Klarheit sorgen wollen. Nur müssen sie damit rechnen, dass sie gehängt werden oder ihre Verwandten zu Schaden kommen.

Derartige hysterische Angriffe seitens des Militärs bedeuten nur weitere Zerstörung. Wenn ich in deutschen Schulen über Afghanistan rede, sage ich den Kindern und Jugendlichen: «Kaputte Menschen kann man nicht wieder aufbauen, auch nicht eine völlig kaputte Gesellschaft, die mit so vielen Toten leben muss.» Als ich dann erfuhr, dass die Deutschen Entschädigungen für die Zivilisten von Kunduz zahlen sollten, empörte mich das. Wer zahlt denn eine Entschädigung für die getöteten ausländischen Soldaten? Für afghanische Soldaten, die die Regierung unterstützen und deshalb ihr Leben lassen? Wer für die ums Leben gekommenen Zivilisten bei Suizidattentaten?

Es ist auch kein Geheimnis, dass US-Soldaten diese Extremisten teilweise kaufen. Wenn ein amerikanischer Konvoi unterwegs ist, bezahlen sie in manchen Gegenden pro Auto 1000 Dollar Schutzgeld, damit dieser nicht angegriffen wird. Was aber nicht heißt, dass man den nächsten Konvoi nicht wieder attackiert. Mit Geld geht alles. Man hatte sogar vor, den Extremisten Geld zu geben, um sie zur Umkehr zu bringen. Erkaufte Gutmenschen. Aber letztlich war klar, dass sie nur ruhig bleiben würden, solange das Geld fließt. Würde man den Hahn zudrehen, würde alles wieder von vorne anfangen. Ein weiterer Unsicherheitsfaktor wäre auch der gewesen, dass die Fanatiker nicht einer einheitlichen Meinung folgen. Hätte man vielleicht die eine Gruppierung gewonnen, wäre das noch längst nicht bei der anderen der Fall. Meiner Ansicht nach wäre es schier unmöglich, dies in den Griff zu bekommen. Das ganze wahnhafte System zeigt sich etwa daran, dass selbst Dorfälteste teilweise

Geld erhalten, damit sie gegen die Extremisten arbeiten. Doch eigentlich sollten Älteste parteilos und unbestechlich sein, um vermitteln zu können. Eine wichtige Tradition wird damit unglaubhaft.

DER STOLZ DER ARMEN

Im Herbst, genauer gesagt am 16. Oktober, wollten wir unser Jubiläum feiern – zwanzig Jahre existierte nun schon das Chak-e-Wardak-Hospital in Afghanistan. Seit Monaten hatten wir an der Hängebrücke zwischen Ost und West geflochten, Halteseile angebracht, um sie für Gäste begehbar zu machen, damit sie nicht abstürzten. Diese Seile trugen den Namen Security. Das Fest war besonders wichtig für die Mitarbeiter, die in ihrem Krankenhausalltag manchmal in tiefe Abgründe blicken und für ihr Durchhaltevermögen in dieser kritischen Zeit belohnt werden mussten.

Die Einladungskarten gestaltete Dr. Efdaluddin, ein berühmter türkischer Kalligraph, auf ihnen stand: «*Bismillah* – Im Namen Gottes» – und «*Ya Shafi*e – O du Heiler». Für unser Hospital hatten wir diese Worte passend gefunden. Das Fest selbst sollte am Freitag stattfinden, dem islamischen Wochenende, dieser Tag war gewählt worden, weil an ihm nur ein Bereitschaftsteam zur Versorgung der Patienten nötig war, zumal das Jubiläum nicht in Chak begangen wurde, sondern in Kabul, im Interconti-Hotel.

Wir hatten diese Lokalität gewählt, da der jetzige deutsche Botschafter, Werner Hans Lauk, aus Sicherheitsgründen nicht an einen beliebigen Ort kommen konnte. Außerdem war das Interconti dem Ereignis angemessen, würdigte den Einsatz der

Mitarbeiter des Chak-e-Wardak-Hospitals. Mit einem organisierten Transport reisten die Mitarbeiter zum Fest in die Hauptstadt.

Das Rednerpult zierten die deutsche und die afghanische Flagge, doch bevor große Worte geäußert wurden, zeigten wir einen zwanzigminütigen Film, der das Krankenhaus und alle seine Abteilungen zeigte. Ein Mitarbeiter, der OP-Pfleger Farooq, hatte ihn gedreht, weil viele der geladenen Gäste es aufgrund der schwierigen Sicherheitslage bislang noch nicht gesehen hatten. Danach überreichte mir ein Vertreter des Gesundheitsministeriums eine Urkunde, eine Belobigung wegen «guter Führung». Keiner der anschließenden Redner vergaß, «die Deutschen» zu erwähnen, die hinter unserem Projekt standen. Die allgemein gute Stimmung steigerte sich, als die männlichen Mitarbeiter des Hospitals anfingen, kraftvoll herumzuwirbeln. Sie präsentierten Atan, den berühmtesten afghanischen Kriegssiegertanz.

Die Ältesten aus Chak, die ebenfalls angereist waren, nutzten die Gelegenheit, um mit mir zu sprechen. Es war ihnen anzumerken, wie schwer sie es ertragen konnten, dass sie keinerlei Macht mehr besaßen, dass sie den Respekt verloren hatten. Dennoch strahlten sie Würde aus – es war der Stolz der Armen und Ohnmächtigen.

Zum Abschluss dieses feierlichen Ereignisses gab es ein gutes Essen. Die Mitarbeiterinnen des Hospitals waren farbenfroh gekleidet, sie überhäuften mich mit Geschenken. Mit frischen Eiern, Honig, Äpfeln, mit allem, was die Natur hergab. Außerdem überreichte man mir ein Kleidungsstück, so wie es traditionell üblich war. Die Zahnärztin, Dr. Anisa, hatte diese Aufgabe übernommen, sie war mit ihrem Mann Dr. Eesan und den fünf gemeinsamen Kindern zum Fest erschienen. Eifrig breitete sie nun einen von ihr selbst genähten Shalwar Kameez aus. Er war in einem vornehmen Dunkelblau, fein bestickt und mit einer Bordüre versehen. Die Anprobe fand natürlich unter Ausschluss der Männer statt. Dabei stellte sich heraus, dass die Ärmel viel zu lang waren.

«Ich kann es kürzen», sagte ich.

«Nein», erwiderte Dr. Anisa. «Ich werde das tun, das ist meine Pflicht.»

Im nächsten Moment fuhr die Zahnärztin zu ihrer Schwester, die eine Stunde entfernt wohnte, und machte sich sofort an die Arbeit. Noch am selben Abend brachte sie mir das passend gemachte Kleidungsstück, dazu zwei Kopfschleier zur Auswahl. Sofort probierte ich sie an, wobei ich die Männer, die mir bei den Vorbereitungen der Feier geholfen hatten, zu uns rief. Sie sollten entscheiden, welcher Kopfschleier mir besser stand. Man einigte sich auf den weißen.

Dann war es so weit: Nach einem wehmütigen Abschied mit erzwungenem Lächeln verließen die Menschen den Jubel und zogen wieder in die Ferne, nach Chak, in der Hoffnung, dass die Brücke halten würde.

Kurz vor meiner Abreise aus Kabul wurden die Nerven noch einmal heftig strapaziert, dieses Mal aber nicht von den Extremisten. Es war ein Erdbeben, das uns unvorbereitet traf. Mitten in der Nacht rüttelte es die Bewohner der Stadt mit fortgesetzten Erschütterungen in ihren Betten wach. In Sekunden konnte sich nun entscheiden, ob das Fundament des Hauses halten oder alles in sich zusammenfallen, alles unter sich begraben würde.

Plötzlich erloschen die Lichter!

Es erfolgte ein Aufruf, die Häuser zu verlassen.

Auf den Straßen sah man Nachthemden und Schlafanzüge,

die sich im Schein von Taschenlampen trafen, erstarrt vor Kälte und Dunkelheit. Selbst der Hund war ruhig.

Schließlich beruhigten sich aber die Erde und die Menschen. Alle wanderten wieder zurück ins warme Bett, dazu bestimmt weiterzuleben.

Im November kam ich noch ein zweites Mal in diesem Jahr nach Kabul zurück. Es war regnerisch, trist, auf den Bergen lag Schnee. Bis auf zwei Explosionen, die in der Nähe der pakistanischen Botschaft und auf der Straße zum Flughafen stattfanden, war es ruhig. Wie immer verstopften Autos die Stadt. Alte und neue Mitarbeiter begrüßten mich mit den Worten: «Die Ältesten und die Taliban hatten eine Versammlung. Man äußerte die Meinung, es sei besser, Karla wäre nicht in Chak. Die Gefahr gehe nicht von den Taliban aus, sondern von einer Gruppe Krimineller, die im Namen der Taliban herumräubern. Die Taliban könnten sie nicht kontrollieren, die Regierung aber auch nicht.»

Mir blieb nichts anderes übrig, als niedergeschlagen zu akzeptieren, dass ich weiterhin nicht nach Chak konnte.

Die meiste Zeit fror ich, da der Ofen in meinem Zimmer bei Peter Schwittek nicht funktionierte. Der bestellte Handwerker kam nicht, er tauchte erst auf, als ich wieder abfliegen wollte. Es kostete mich große Überwindung, mich zum Duschen auszuziehen. Bei den Besprechungen rückten die Mitarbeiter so nah wie möglich zusammen, um so wenig wie möglich Angriffsfläche für die Kälte zu bieten.

Immerhin: Das Hospital erhielt nun rund um die Uhr vom Wasserkraftwerk Elektrizität, in Kabul lief das weniger reibungslos. Das Arbeiten in der Hauptstadt wurde aber nicht nur aus diesen Gründen ständig schwieriger. Viele ausländische NGOs konnten ihre Projekte nicht mehr direkt angehen, sondern mussten nun afghanische Organisationen zwischenschalten – was bedeutete, dass dabei Gelder ausgegeben wurden, die nicht die Menschen erreichten. Zum Glück steht unser Hospital schon, dachte ich, als ich davon hörte. Auch Bauarbeiten konnten nun überhaupt nicht mehr von einer NGO ausgehandelt und in Auftrag gegeben werden. Das entsprechende Ministerium entschied über den Bauherrn.

Redi Gul, unser Röntgenfachmann, erinnerte mich in diesem November daran, dass er seit sechzehn Jahren in Chak sei.

«Das müssen wir würdigen», sagte er und sprach eine Essenseinladung aus.

Ich bedankte mich, sagte: «Aber noch wichtiger ist, was ist mit deinem Sohn geschehen?» Dieser war während meines letzten Aufenthalts in der Provinz Wardak entführt worden. Wir alle hatten mit seiner Familie gelitten.

«Er ist freigekommen, gegen Lösegeld», sagte Redi Gul, während sich sein Blick verdüsterte.

«Und wie geht es ihm?»

«Die Gefangenschaft ist nicht spurlos an ihm vorbeigegangen.» Sein ernstes Gesicht verlor sich ins Leere.

Verbissen und stolz stellten sich die Mitarbeiter des Hospitals den neuen Aufgaben, der sich ständig verändernden Situation. Es tat mir weh, als sie mir erzählten, wie schwierig alles geworden sei. Auch in Zukunft würden sie Problemen ausgesetzt sein, doch es war zu spüren, dass sie ihr Leben meistern wollten.

Der zweite Abschied in diesem Jahr gestaltete sich sorgenvoll. Der Schnee deckte die Traurigkeit zu, als die Mitarbeiter wieder ins Ungewisse abfuhren.

2010 SOLDATEN BEDEUTEN GEFAHR

Erneuter Aufbruch in Richtung Afghanistan. Schon im Frühjahr war ich einige Wochen in Kabul gewesen. In dieser Zeit hatte ich den deutschen Botschafter Werner Hans Lauk besucht, der seit 2008 in der Hauptstadt ist. Er war freundlich, vertrat aber auch die Strategie, dass nur noch Projekte unterstützt werden sollten, die sich in den Gegenden der deutschen Schutztruppen befinden, also im Norden des Landes. Inwieweit wir als «altes deutsches Projekt» dennoch berücksichtigt werden könnten, vermochte er mir nicht zu sagen. Ich kam mir vor wie eine Doña Quijota. Warum dieser Gedanke wohl in diesem Moment in mir aufstieg?

In Peschawar landete ich am 21. September, es sollte mein zweiter Besuch in diesem Jahr in Afghanistan werden. Abdul Latif holte mich am Flughafen in einem neuen Wagen ab. Ich musste erst einmal schlucken, konnte nicht gleich begeistert sein. Es war ein normales Auto, keine Luxuslimousine, trotzdem fühlte ich mich unbehaglich. Der Toyota wirkte nach unseren gebrauchten Pick-ups eine Nummer zu groß für uns, besonders in der uns umgebenden Armut. Augenblicklich musste ich an meine ersten Jahre denken, viele NGO-Leute fuhren in den auffälligsten Autos in die armseligsten Flüchtlingscamps – und wohnten in überdimensionierten Häusern. Angenehm, ich musste es zugeben, war die Air-Condition des

neuen Autos, bislang hatten wir keine gehabt. Rührend war zu bemerken, dass Abdul Latif die Schutzfolien, die wie Duschhauben aussahen, auf den Sitzen gelassen hatte. Vielleicht, um mir zu zeigen, dass er das Auto noch nicht gefahren hatte. Die erste Handlung war, diese abzuziehen. Auf seiner Seite weigerte er sich, dies zu tun, auch die hintere Reihe musste verpackt bleiben, um möglichst nichts zu verschmutzen.

Auf der Fahrt suchte ich nach Spuren der Flutkatastrophe vom August 2010, in der Stadt konnte ich aber keine Auswirkungen erkennen. Mehr Menschen waren unterwegs, wahrscheinlich weil viele aus den Überflutungsgebieten bei ihren Verwandten hier untergekommen waren oder sich eine neue Unterkunft gemietet hatten, wenn sie es sich leisten konnten.

Als ich unser Domizil betrat, empfing mich Vertrautheit in meinem Zimmer. Auf meinen kleinen Freund, den Gecko, war Verlass gewesen, er hatte mein Zimmer wie üblich von Moskitos freigeschleckt. Was des einen Leid ist, ist des anderen Freud. In Wahrheit gilt das ja für das Leben überhaupt.

Abdul Latif hatte die Neuigkeit für mich, dass Haji Daud wieder aufgetaucht war. Er war die ersten zwei Jahre unser Dolmetscher und ein treuer und zuverlässiger Wegbegleiter in der anfangs so fremden afghanischen Welt gewesen. Seit August 2009 hatten wir ihn aus den Augen verloren. Er hätte unbedingt an der Feier zum zwanzigjährigen Jubiläum teilnehmen sollen, doch wir hatten ihn nicht erreichen können. «Offensiven», so hieß es, hätten in Waziristan stattgefunden. In dieses Gebiet, sechs Autostunden südlich von Peschawar, hatten sich Extremisten zurückgezogen, es wird als «Refugium von al-Qaida» bezeichnet. In dieser Gegend lebt Haji Daud, sie gehört auch zur gefährlichen Tribal Area an der Grenze zu Afghanistan. Was freute ich mich, ihn zu sehen, als er mit seinem kranken

SOLDATEN BEDEUTEN GEFAHR

Sohn, der unklare Bauchbeschwerden hatte, bei Abdul Latif vorbeikam. In seiner Gegend war keine medizinische Behandlung möglich. Außerdem kaufte er notwendige Materialien für Zahnbehandlungen, Haji Daud hatte vor Jahren einen Kurs für eine Zahnpraxis absolviert, die er nun in seinem Dorf betrieb.

«An verschiedenen Plätzen in meiner unmittelbaren Umgebung flammten immer wieder Kämpfe auf», erzählte er. «So traf eine Rakete mein Haus.»

Meine Wiedersehensfreude schlug bald in Traurigkeit um, denn er hatte sich stark verändert. Er schien körperlich sehr schwach zu sein, litt wohl unter Depressionen. Ich wusste nicht, was ich für ihn tun konnte.

Nach zwei Tagen gaben Abdul Latif und ich den größten Teil meines Gepäcks Afghanen mit. Da der Mensch nicht nur Medikamente braucht, hatte ich meine beiden Seesäcke diesmal vollgepackt mit Lippenstiften und Nagellack für die Frauen sowie Kuscheltieren, Luftballons, Seifenwasser und Murmeln für die Kinder. Nicht zu vergessen Socken, die bei afghanischen Männern ein Statussymbol sind. Weil ich nach Kabul fliegen musste und aus Sicherheitsgründen nicht die Landstraße nehmen konnte, war die Beförderung der siebzig Kilogramm schweren Freude problematisch. Das Internationale Rote Kreuz genehmigte in seinem achtsitzigen Kleinflugzeug nur fünfzehn Kilogramm Freigepäck. Abdul Latif kannte aber eine Transportgruppe, denen die alten, halb legalen, halb illegalen Schmuggelpfade von Pakistan nach Afghanistan vertraut waren und die Kontakte zu den Polizeiposten unterhielten, die auf der Strecke lagen. Die Schmuggler waren sogar bereit, gute Werke zu tun und – welch ungewöhnliche Überraschung – kein Geld von uns zu nehmen. Glücklich übergaben wir unsere Freudenkilos diesem ganz speziellen Trupp. Die Kamelkarawane, geborgen im Dunkel der Nacht und bakschischgeschützt, zog ihre Pfade über die Berge. Nach sechs Tagen konnten wir die «Freude» in Kabul komplett auslösen, nicht ein einziges Kilo fehlte.

Danach fuhren wir an den Kabul-Fluss, der sich auch durch Peschawar zog, zu einem Platz, an dem wir vor der großen Überschwemmung immer gern Fisch gegessen hatten. Wir wollten sehen, wie dort alles aussah, ob die Fischbratereien wieder betrieben wurden. Hier fanden wir Zerstörungen vor, aber die Aufräumarbeiten waren schon vorangeschritten, ließen nicht mehr das volle Ausmaß der Verwüstung erkennen. Wir beide hatten die Hoffnung, nach meiner Rückkehr aus Kabul dort wieder Fisch essen zu können. Der Fluss verfolgte ruhig seine Bahn, als ob nie etwas gewesen wäre. Eine Schar schwarzer Krähen hatte sich frech in den Vordergrund gedrängt und stahl ihm die Aufmerksamkeit.

Die Flut in Pakistan hatte auch Auswirkungen auf Afghanistan, das war schon deutlich geworden, als ich noch in Deutschland war. Zuerst bei den Spenden: Wer für Pakistan spendete, spendete nicht für Afghanistan. Der Fokus auf das Nachbarland war gerechtfertigt, aber die Tragweite dieser Naturkatastrophe noch längst nicht abzuschätzen. Eine weitere Folge war, dass wir unseren halbjährlichen Großeinkauf in Peschawar vorverlegen mussten, diesen organisierte ich somit von Dortmund aus. Normalerweise hätten wir die Grundnahrungsmittel für achttausend Menschen monatlich, insbesondere Reis, Mehl und Öl, erst im Oktober besorgt. Doch ich hatte gehört, dass schon wenige Tage nach den Überschwemmungen die Preise von Spekulanten in die Höhe getrieben wurden. Kostete früher ein Kilogramm Tomaten 25 pakistanische Rupien, so waren es plötzlich hundert.

SOLDATEN BEDEUTEN GEFAHR

Voller Unruhe blicke ich auf diese Entwicklung, sie konnte für das gesamte Gebiet destabilisierend sein, noch viele Monate lang. In den Nachrichten war wie immer der Tenor: «Ach, die Alten, ach, die armen Kinder und Frauen.» Keiner sagte: «Ach, die armen Männer.» In diesen traditionellen Gesellschaften sind die Männer die Ernährer. In Deutschland erinnern wir bei solchen Anlässen häufig an die Trümmerfrauen nach dem Zweiten Weltkrieg, die wesentlich zum Aufbau des zerstörten Landes beigetragen haben – in der Geschichte Pakistans oder Afghanistans gibt es kein vergleichbares Ereignis, das die klassischen Rollenverteilungen irritiert oder gar aufgemischt hätte. Wenn ich in meinen Vorträgen davon spreche, dass man unbedingt auch die Jungenschulen fördern müsse, werde ich verständnislos angeschaut. Die männliche Jugend wird diejenige sein, die über die Zukunft dieser Länder entscheiden wird, nicht die weibliche. Da bin ich Realistin.

Starke Afghaninnen, die ihre Familien ernähren, sind in der Minderheit. Bei uns im Krankenhaus gibt es jedoch einige. Najia und Mahmoda gehören dazu, zwei ehemalige Lehrerinnen, die sich bei mir zu einem Kurs für Gesundheitserziehung gemeldet hatten. Hätten ihre Männer etwas verdient, hätten wir sie nicht bei uns halten können. Nun arbeiten sie als Krankenpflegehelferinnen für uns. Wasima, die ihr Kind zur Welt brachte, als ihr Mann bei einem Autounfall ums Leben kam, und auch Tahera sind Witwen, die für sich selbst sorgen müssen. Aber diese Frauen sind Ausnahmen.

Einen Tag vor meinem Abflug nach Kabul telefonierte ich noch mit dem Krankenhaus in Chak, dabei stellte sich heraus, dass Matiullah und Zamarak noch nicht auf dem Weg nach Kabul waren. Als der Administrator selbst ans Telefon kam, sagte er:

«Es sind wieder viele Helikopter und mit ihnen Soldaten in Chak eingefallen, um Extremisten zu suchen. In einer Nacht sind zwei von ihnen getötet worden, in der darauffolgenden drei.»

«Wie können denn die Soldaten die Extremisten erkennen?», fragte ich.

«Es sind Personen mit Waffen, Zivilisten gehen ja nachts nicht mehr nach draußen.»

«Weiß man, wer die Getöteten sind?»

«Ja», erwiderte Matiullah. «Einer von denen wird schon lange gesucht, ein Terrorist. Und ein anderer ist der älteste Sohn unserer Reinigungsfrau. Sie sagte uns unter Tränen, Haschem habe schon vor zwei Monaten seine Waffen abgegeben, er habe nur noch mit seinen Freunden aus der Taliban-Zeit zusammengesessen.» Es wurde für mich immer schwieriger, den Wahrheitsgehalt solcher Erzählungen zu ergründen.

«Ist absehbar, wie lange die Gefechte dauern werden?» Wenn Matiullah und Zamarak mich nicht vom Flughafen in Kabul abholen konnten, dann musste ich eine andere Lösung finden.

«Man sagte mir, alle Wegführungen seien blockiert.»

«Was heißt das?»

«Die Nebenstrecken werden nicht mehr benutzt, da jedes fahrende Auto im Umkreis durchsucht wird und in plötzlich aufflammende Schusswechsel hineingeraten könnte.»

«Ist bekannt, wer die Terroristen verraten hat?»

«Ein anonymer Anrufer soll den Provinzgouverneur über ein Mobiltelefon über die Zusammenkunft informiert haben. Die Nummer konnte nicht nachverfolgt werden.»

Wenige Stunden später teilte man mir mit, dass Matiullah es doch geschafft habe, aus Chak herauszukommen.

Eine Woche später gab es nochmals fünf Tote, wenige Tage darauf wurde ein Mann in Chak erschossen. Er wurde in seinem Garten getötet, weil er aus Angst vor Dieben seine Äpfel an den Bäumen schützen wollte – während der Reifezeit schliefen viele in ihren Gärten, bis die Händler kamen und die Ernte aufkauften. Der Mann war kein Talib, sondern nur jemand, der sich nachts im Freien aufgehalten hatte.

Sorgen, verbunden mit schlaflosen Nächten, bereitete mir, dass Soldaten von der Hauptstraße aus in unsere Gästehäuser und in zwei Wohneinheiten des Ausbildungszentrums eingebrochen waren. Sie hatten nicht gewusst, dass diese weiter entfernt liegenden Häuser zum Hospital gehörten. In der Wohneinheit der Lehrerinnen lebten seit einigen Monaten Dr. Eesan und seine Frau Dr. Anisa mit ihren fünf Kindern. Wenn unser medizinischer Direktor zu mir nach Kabul reiste, wollte sie nicht allein in Chak bleiben, weshalb sie ihn begleitete – leider fehlte sie in dieser Zeit dem Hospital.

Eine weitere Schreckensnachricht war, dass ein traditionelles Haus, das wir für unsere Mitarbeiter gebaut hatten, durch eine Rakete getroffen wurde. Es war nicht zu erfahren, ob sie von Regierungsleuten abgeschossen worden war oder von Extremisten. Natürlich ängstigte das die Familien zusätzlich, die dort wohnten. Doch nach wie vor gilt: Dem Krankenhaus wird bewusst kein Schaden zugefügt, auch den Mitarbeitern nicht. Ich bat um ein Treffen mit einem NATO-Verantwortlichen, aber es kam nicht zustande. Für solche Größen bedeuten die uns von ihnen zugefügten Defekte nichts. Dafür verschwendet man keine Zeit.

Die Kriegsverletzten nahmen bei uns immer mehr zu. Es waren verschiedene Gruppierungen, die sich gegenseitig bekämpften und dabei verwundet wurden. Deutsche fragten

2010

mich manchmal, wieso wir denn Taliban behandeln würden, ich antwortete jedes Mal mit einer Bemerkung meines ehemaligen Chefs Professor Wilhelm Thorban, einstiger Direktor der Städtischen Kliniken in Dortmund, der mich von Gießen nach Nordrhein-Westfalen geholt hatte: «Wenn wir einen Blinddarm operieren, fragen wir auch nicht danach, ob es ein SPD- oder ein CDU-Blinddarm ist.»

Als ich noch in Dortmund war, wurden schon verletzte Kämpfer zu uns ins Hospital gebracht, sie hatten sich in einem Gefecht mit Hisbi-Anhängern, eigentlich laufen diese Extremisten auch unter Taliban, Verletzungen zugezogen. Der Kampf hatte zweieinhalb Autostunden von Chak entfernt stattgefunden, in Maidan Shar. Dies Provinzzentrum hat ein Hospital, das aber nachts und am Wochenende nicht besetzt ist. Es liegt nur eine halbe Stunde von Kabul entfernt, deshalb fahren deren Angestellte im Anschluss an die Sprechzeiten nach Hause. Da dieses Krankenhaus von der Regierung finanziell unterstützt wird, können verletzte Extremisten dort nicht hin, auch nicht nach Kabul, obwohl es das Naheliegendste wäre. Sie nehmen drei Stunden schwierige Fahrt in Kauf, um nach Chak zu kommen, weil sie sich bei uns sicherer fühlen. Was aber für die Taliban Sicherheit bedeutet, ist für uns ein nicht unerhebliches Risiko. Den Mitarbeitern gab ich zu verstehen: «Sagt denen, dass sie sich ordentlich benehmen sollen.» Aus der Mudschaheddin-Zeit wusste ich, dass verwundete Kämpfer immer mit zahlreichen Begleitpersonen kamen. Das durfte dieses Mal nicht geschehen, weshalb ich Matiullah am Telefon zu verstehen gab: «Und passt auf, dass sie im Krankenhaus unbewaffnet sind! Sie dürfen nicht mit ihren Kalaschnikows ins Hospital.» Später erhielt ich eine E-Mail: «Wir haben mit den Ältesten gesprochen. Sie wollen dafür sorgen, dass die Taliban sich nach unseren Regeln verhalten.» Ich antwortete: «Das ist ganz wichtig, denn wenn die sich auffällig benehmen, zieht dies wieder US-Soldaten an. Und das gefährdet das Hospital.»

Der Weg nach Chak war für mich immer noch versperrt. Auf dem Gelände des Hospitals wäre ich sicher, aber es würde sich schnell herumsprechen, dass ich dort wieder arbeitete. Kriminelle könnten diese Information per Handy weitergeben, und auf dem Rückweg würde man mir auflauern. Das konnte ich nicht riskieren.

Meine Mitarbeiter ließen mir die Nachricht zukommen, dass Taliban das Krankenhaus besichtigt hätten, sie hätten alles wunderbar gefunden, und ich solle doch wieder zurückkommen, ich sei doch die «Heldin», und man würde mich dringend vor Ort brauchen. Es mochte ja sein, dass diese Taliban mir nichts antun würden, aber es war ihnen unmöglich, Garantien abzugeben. Die nächste Gruppierung, die sich Taliban nannte, aber aus kriminellen Heroinsüchtigen bestand, konnte das schon wieder ganz anders sehen.

DIE EINSTIGEN KRIEGSVERBRECHER KEHREN ZURÜCK

Glücklich waren wir darüber, dass wir in dieser schwierigen Lage einen Anästhesisten, einen Internisten sowie einen Apotheker neu einstellen konnten. Alle drei hatten im deutlich gefährlicheren Süden Afghanistans gearbeitet. Für sie bedeutete Chak mehr Sicherheit. Alles ist relativ. Als sie mir vorgestellt wurden, hatte ich das Gefühl, dass sie gut zu uns passten. Der Internist strahlte Gutmütigkeit aus, der Anästhesist war selbstbewusst, der Apotheker schien wortkarg und fleißig zu sein.

2010

In den Provinzen gab es zwar noch Regierungszentren, aber sie waren isoliert wie Inseln. Die Menschen trauten sich nicht von ihnen weg, sie wurden und werden aus der Luft durch Helikopter versorgt, Kabul war eine Festung der Karzai-Regierung. Eine gelblich graue Dunstglocke überlagerte die Stadt, jegliches Grün war beschmutzt durch die Abgase der endlosen Autokolonnen, die wie schon in den Jahren zuvor im Schritttempo die Straßen entlangkrochen. Ähnlich zäh und schwierig gestalteten sich die Verhandlungen mit dem Gesundheitsministerium, es ging um eine Erneuerung unserer Registrierung. Wir hatten es mit einer Frau zu tun, einer Verwandten des blutrünstigen Milizführers Abdul Raschid Dostum. Der frühere Gesundheitsminister, Sayed M. Amin Fatimi, war abgesetzt, die bisherige verantwortliche Übergangsministerin war nicht wirklich unterschriftsberechtigt, der neuernannte Minister nicht völlig akzeptiert.

Vor der Wahl des neuen Parlaments am 18. September hatte sich gezeigt, dass Karzai den Kriegsverbrecher Raschid Dostum hofiert und für seine Rückkehr aus der Türkei gesorgt hatte, um seine eigene Macht zu sichern. Dabei hatte der Präsident den General und Warlord, der zur Interimsregierung gehört hatte, einst selbst ins Exil gezwungen. Dostum ließ im Jahr 2001 Hunderte von gefangenen Taliban-Kämpfern massakrieren, nachdem er in Nordafghanistan auf der Seite der amerikanischen Truppen den Kampf gegen die Koranschüler gewonnen hatte. Das Massaker an den Taliban gehört zu den brutalsten in der Geschichte Afghanistans. Rund 1500 Männer verfrachtete man dabei in ein Wüstengebiet, wo sie in Seecontainer gesperrt wurden. Anschließend schossen Dostums Männer auf die Transportbehälter. Starben die Gefangenen nicht durch eine Kugel, verdursteten sie. Erst Jahre später wurden die Toten ausgegraben, nach dem Eingreifen internationaler Ermittler und Menschenrechtler. Dostum war nicht die einzige zweifelhafte Person, die Karzai in sein Team geholt hatte. Mohammed Fahim, einer der brutalsten Generäle der Nordallianz, wurde Vizepräsident.

Attifa arbeitete wieder in unserem Krankenhaus, die Tugendhafte. Auch nach dem Sturz der Taliban hüllte sie sich in eine schwarze Kopf-Burka, nicht einmal ihre Augen waren zu sehen. Beim Lesen legte sie ihren Kopfschleier nur so weit frei, dass ein Auge sichtbar wurde – dabei sind die Gesichter all unserer Mitarbeiterinnen auf den Stationen und in den Büros unbedeckt. Erst außerhalb des Hospitals legen sie die Burka an.

Attifa gehörte lange Zeit zu unseren Gesundheitserziehern, doch eines Tages ließ sie uns im Stich, weil sie eine achtzehn Monate dauernde Hebammenausbildung anfing. Normalerweise war es kein Problem, wenn sich eine Mitarbeiterin weiterbilden wollte, sie musste nur dafür Sorge tragen, eine geeignete Nachfolgerin zu finden. Attifa kümmerte sich aber nicht darum, also kündigte ich ihr.

Nachdem sie ihre Ausbildung beendet hatte, kreuzte sie wieder im Hospital auf. Sie wollte, dass ich sie erneut einstellte. Ich zählte ihr meine Gründe auf, warum ich das nicht wollte: Sie hätte unsere Nachfolgeregelung missachtet, sie würde ihr Gesicht nicht offen zeigen, in den Augen der Taliban würde sie dadurch als Gute dastehen und somit die «Preise verderben». Damit war gemeint, dass die anderen Frauen, die ihr Antlitz nicht verhüllten, von den Taliban weniger geachtet wurden. Das wollte ich auf jeden Fall verhindern.

Was mich dabei auch aufgebracht hatte, war, dass Attifa aus eigener Entscheidung zu diesem schwarzen Komplettschleier griff. Sie war nicht verheiratet, kein Mann forderte von ihr, ihn zu tragen. Es war allein ihr Wunsch, der Wunsch einer Frau – die sich erst öffnen würde für einen besitzergreifenden Mann. Der hochverschleierte Horizont grenzt einfach Offenheit und Freiheit ein.

Attifa antwortete auf meine Argumente: «Ist Ihnen mein Gesicht wichtiger oder meine Arbeit?»

Ich schickte sie weg. Ich konnte ihr ja nicht den Schleier vom Gesicht reißen.

Jetzt waren meine Mitarbeiter an mich herangetreten, ungefähr ein Jahr war seit dem Gespräch mit der Tugendhaften vergangen. Sie fragten, ob man Attifa nicht doch einstellen könnte, sie sei einfach gut in ihrem Job. Das stimmte, das gab ich zu. Zugleich erklärte ich, warum ich dagegen war, sie wieder bei uns arbeiten zu lassen. Fügte aber hinzu, dass ich es akzeptieren würde, wenn dadurch die Versorgung der Patientinnen besser gesichert sei. Sie entschieden sich für die Tugendhafte. Da sie eine hervorragende Kraft war, hatten in diesem Fall die Patienten den Vorrang.

An einem Freitag lud ich alle Krankenhausmitarbeiter nach Kabul ein, es reisten achtundvierzig Männer und vierzehn Frauen an. Einzig das diensthabende Personal blieb in Chak. Auf der Jubiläumsfeier vor einem Jahr hatten wir uns zuletzt gesehen. Der Impffrau Nabila konnte ich zu ihrer Hochzeit gratulieren, der Stationsschwester Malalai zu ihrem erst eine Woche zuvor geborenen zweiten Sohn. Sharifa weinte, sie nahm ich in den Arm, ihr ältester Sohn war beim letzten Helikopterangriff getötet worden, der eine Woche nach dem stattgefunden hatte, bei dem der Sohn unserer Reinigungsfrau ums Leben gekommen war. Die Extremisten benutzten auch Kinder, um ihren Hass zu säen. Der Junge hatte die Schule vorzeitig verlassen, um sich im vermeintlichen Heldentum, das im Tod endete, auszutoben. Es tat gut, in alle ihre Gesichter zu sehen, ihre Zuneigung und Verbundenheit zu spüren.

Beunruhigend war die Nachricht, dass von den internationalen Organisationen in einigen Provinzen nach und nach das Gesundheits- und Bildungswesen aufgegeben wird. Ich fand es unverantwortlich, die Menschen im Stich zu lassen. Denn so würden in diesen Regionen seitens der Ausländer nur noch militärische Aktionen stattfinden. Man erzählte mir auch, dass es Gebiete gebe, die von den Auseinandersetzungen praktisch unberührt seien, zum Beispiel das Pandschirtal, auch die zentralafghanischen Provinzen würden sich relativ autonom entwickeln und Fortschritte machen.

In den folgenden Besprechungen musste viel für den kommenden Winter organisiert werden: Die Wachleute forderten warme Kleidung – ich schlug ihnen die Bitte ab, das sollten sie privat regeln, aber ich versprach ihnen eine Wolldecke.

Ich fragte sie dann noch: «Es ist ja bekannt, dass die Soldaten in den Helikoptern jeden Bewaffneten abschießen, den sie entdecken. Ihr tragt Kalaschnikows bei euch, ist das nicht gefährlich?»

«Wenn wir das Geräusch von Helikoptern hören, verbergen wir unsere Waffen und uns», erklärte mir einer der Wachleute.

Weiterhin erfuhr ich, dass der orthopädische Chirurg einen Kurs über Knochenchirurgie in Kabul absolvierte, die Laboranten brauchten eine Zentrifuge, die Pharmazeuten einen neuen Computer, um jede Pille zu registrieren, ihren Ein- und Ausgang, das Verfallsdatum. Täglich geben sie die Daten in den Computer ein. Die Anästhesisten baten um zwei Monitore und ein Beatmungsgerät. Die Medikamentenliste war lang, die

Kosten so hoch, dass ich erst einmal geschockt war. Ich bat die Ärzte, sie noch einmal zu überdenken.

Unsere Planungen für das nächste Jahr wurden während einer Einkaufstour brutal von einem Konvoi von ISAF-Soldaten unterbrochen, deren Panzer mit Netzen getarnt waren. Weil diese Konvois in Eile die Straße entlangrasten, konnten wir in unserem Geländewagen nicht schnell genug ausweichen und wurden gerammt. Gegen die Kolosse hatte unser Gefährt keine Chance. Erheblicher Schaden sorgte dafür, dass er erst einmal an der Straße liegen bleiben musste. Zum Glück wurde niemand verletzt. Die Soldaten, es waren Franzosen, machten meine Mitarbeiter und mich in einem rüden Legionärston nieder – aus reiner Nervosität. Danach sicherten sie den Unfallplatz mit vorgehaltenen Pistolen ab. Mit Galgenhumor bedankten wir uns bei ihnen, dass sie uns nicht angeschossen hätten. Was für eine Zeit! Eine tiefe Kluft trennt das Militär von den Zivilen, sie ist sicher nicht mehr überbrückbar.

Von meinem Zimmer aus konnte ich in einen Garten mit einer kleinen Rasenfläche schauen. An drei Tagen hintereinander kamen Nomaden mit einer Handsichel und schnitten das Gras. Gebündelt schleppten sie es in einer Decke zu ihren Tieren. In den nächsten Tagen würden sie weiter Richtung Süden ziehen, da es in dieser Gegend nicht mehr genügend Grün gab.

Das Hospital war auf den Winter vorbereitet.

Am 17. Oktober stieg ich in eine alte pakistanische Propellermaschine gen Peschawar. Selbst in der Maschine gab es noch einen Körpercheck. Vor dem Aufschwung in den Himmel wurde gebetet – das war tröstlich.

Sichere Landung bei 30 Grad Celsius. Ich dankte am Abend befreit mit Kerzen und Räucherstäbchen.

EPILOG:
DIE HOFFNUNG GEHT IMMER VOR MIR HER

Am Anfang hielt man alles für möglich, meinte, ein Traumland errichten zu können. Zu dieser Euphorie nach 2001 gehörte der Wunsch, dass alle Frauen zur Schule gehen, sich in die Arme fallen und sagen würden, wie gut die Amerikaner seien, was sie alles für Afghanistan getan hätten. Ein Musterland der Demokratie wollte man errichten. Und man glaubte, dass man nach sechs Monaten damit fertig wäre, ein befreites Land erschaffen, westliche Werte etabliert hätte. Dies geschah aber nicht, Träume werden in der politischen Wirklichkeit nur selten wahr.

Es zeigte sich, dass sich Forderungen nach Gleichberechtigung und Rechtsstaatlichkeit weder von außen noch von oben verordnen lassen. Ein verantwortungsvolles und emanzipatorisches Vorgehen, eine Teilhabe am gemeinschaftlichen Leben, kann nur von den Menschen selbst schrittweise in Gang gesetzt werden, höchstens mit Unterstützung ziviler Aufbauhilfe, am wenigsten mit Soldaten, die keinen Rückhalt mehr in der Gesellschaft haben.

Die Lage am Hindukusch ist gegenwärtig instabiler als zur Zeit der Taliban-Herrschaft. Die Terroranschläge haben in ihrer Brutalität und Häufigkeit zugenommen, Kinder werden zu

Selbstmordattentätern ausgebildet, unschuldige Menschen in die Luft gesprengt. Der Ehrenkodex, der die Blutrache kennt, aber auch größte Gastfreundschaft, zählt immer weniger. Der Drogenkonsum nimmt zu, der Menschen muslimische Familienwerte vergessen lässt. Da wird überfallen, um an Geld zu kommen, die Unterscheidung von Taliban und Terroristen ist kaum noch möglich.

Die Regierungen werden von Mal zu Mal korrupter, die Minister und Beamten wirtschaften nach selbstherrlichen Maßstäben. Neben der Karzai-Regierung existiert eine Schattenherrschaft, die sich aus Extremisten zusammensetzt. Die Mehrheit der Bevölkerung will mit diesen Terroristen nichts zu tun haben, glaubt man den Informationen, die ich aus den jeweiligen Gebieten erhalten habe. Aber durch den Druck, der ausgeübt wird, fügen sich viele von ihnen, um nicht selbst bedroht oder getötet zu werden. Selbst die stärksten Stammesstrukturen haben dem Terror nichts entgegenzusetzen, denn die Extremisten haben Waffen, Geld und Transportmittel, da sie vom pakistanischen Geheimdienst ISI unterstützt werden. Die Menschen in Afghanistan wollen sich niemanden zum Feind machen, der so mächtig ist.

Und nicht zuletzt: Mag es den Frauen in Kabul seit dem 11. September 2001 bessergehen, auf dem Land hat sich ihre Situation extrem verschlechtert: In den meisten Provinzen gibt es kaum noch eine Mädchenschule. Dabei ist Bildung in jedem Land die einzige Chance, demokratische Teilhabe zu fördern.

Die Weichen wurden 2002 gestellt, als das Militär anfing, sich gegenüber der zivilen Aufbauhilfe in den Vordergrund zu stellen, und rücksichtslos afghanische Traditionen überging. Die Misserfolge wurden in den Medien häufig damit begründet, dass man nicht genügend Soldaten zur Verfügung habe, im Kosovo hätte 1999 immerhin eine Friedenstruppe mit 50 000 Soldaten operiert, in Afghanistan anfangs nur eine mit 5000 Peacekeepern. Also wurde aufgestockt, Differenzen in der Mentalität wurden aber weiterhin missachtet. Soldaten können auch kaum so etwas leisten – unterschiedliche Lebensformen begreifen und die Unterschiede überwinden helfen, zumal wenn ihre Einsätze auf wenige Monate beschränkt sind. Was aber zugleich bedeutet, dass keine militärische Intervention zum Erfolg führen kann, wenn die Zivilbevölkerung vergessen wird, wenn die Diskrepanz zwischen ihr und dem Militär zu groß ist.

Es scheint auch zwecklos zu sein, den Versuch zu unternehmen, in der Bevölkerung ein neues Vertrauensverhältnis zum ausländischen Militär aufzubauen. Das sagte auch jedes Mal Peter Schwittek, wenn wir in meinem Zimmer in Kabul über die Lage in Afghanistan sprachen. Das hat die US-Armee seit dem Sturz der Taliban durch das Auftreten ihrer Soldaten verhindert. Ihnen gelang es sogar, in Gebieten, in denen nichtamerikanische ISAF-Truppen Sicherheit schaffen wollten, die ein gutes Verhältnis zur Bevölkerung hatten, Unruhe zu stiften. Mit den bekannten Folgen: Die Menschen werden bei den Ausländern keinen Schutz mehr suchen, man verlässt sich nicht mehr auf sie. Nicht besser sieht es bei der afghanischen Armee aus. In den Aufstandsgebieten des Südens werden deren Soldaten ebenfalls als Fremde betrachtet, nicht als Gäste. Ein Gast hat ein Anrecht auf eine privilegierte Unterbringung und Verpflegung. Dieses Anrecht wird ihnen verwehrt. Die Angst vor Attentaten von Terroristen auf Familienangehörige ist groß.

Nach dem Sturz der Taliban war der Einsatz von Militär notwendig, sonst wäre es zu keiner Regierungsbildung gekommen. Die alten Warlords, wahre Kriegsverbrecher, hätten sich bis aufs Blut bekämpft. Ohne das Militär, ohne die NATO-Soldaten, wäre es schlimmer als in der Mudschaheddin-Zeit geworden.

Wenn die ausländischen Truppen jetzt das Land verließen, käme es wirklich zum Krieg, auch in Kabul. Dann würde man selbst dort, wo es noch Mädchenschulen gibt, diese schließen, jungen Frauen nicht mehr erlauben, eine Universität zu besuchen, nicht zulassen, dass Frauen berufstätig sind. Es würde ein Rückschritt stattfinden, wie er schon in den Provinzen festzustellen ist.

Würde man also alle Soldaten aus dem Land abziehen, wie geplant schrittweise bis 2014, hätten die Extremisten wohl ein noch leichteres Spiel. Man kann Afghanistan im Augenblick nicht sich selbst überlassen, da die Taliban niemals eine Regierung würden bilden können, geschweige denn eine demokratische. Es würde mithin bedeuten, dass der Sieg der Terroristen akzeptiert wird.

Das ist die einzige Antwort, die ich habe, wenn Mütter in Diskussionen fragen, was ihre Söhne denn in diesem korrupten Land zu suchen hätten, wieso sollten sie dort sterben, sie könnten doch sowieso nichts ausrichten, es sei sinnlos. Sicher, die deutschen Soldaten hätten erst gar nicht nach Afghanistan kommen sollen. Deutschland hätte sich nicht an dieser Intervention beteiligen sollen, so wie es sich auch gegen eine Beteiligung am Irak-Krieg entschieden hatte. Aber die Politiker stimmten zu, stimmten auch für die Aufstockung der Truppen. Viele von ihnen führten das Argument an, man müsse das für die Frauen tun, ihre Freiheitsrechte seien beschnitten. Man bedenke: Bis vor kurzem durften die Frauen in Saudi-Arabien keinen Führerschein machen und in vielen Ländern Afrikas werden sie auf grausame Art und Weise malträtiert – der Hinweis auf Freiheitsrechte kann also kein Argument dafür sein, die Souveränität eines Landes anzutasten. Das Grunddilemma ist diese absurde Logik. Die Frauen, das Schulwesen, die Unterdrückung dürfen nicht als Begründungen angeführt werden, um Soldaten in ein Land zu schicken. Als die sowjetische Armee 1979 in Kabul einmarschierte, wobei unter den 120 000 Mann viele Kirgisen und Turkmenen waren, die die Landessprache beherrschen, hatte es immerhin einen Hilferuf der offiziellen afghanischen kommunistischen Regierung gegeben. Trotzdem scheiterte auch dieses Unterfangen. Und weil damals Kalter Krieg herrschte, belieferten in der Folge die Amerikaner die Mudschaheddin und dann die Taliban mit Waffen, die heute gegen ihre eigenen Köpfe gerichtet sind. Mit anderen Worten: Nur wenn man ohne Eigeninteresse und mit Rücksicht auf die gesellschaftlichen Bedingungen den Menschen in einem Land hilft, kann man gegebenenfalls eine Intervention rechtfertigen.

Aber das zu hoffen, ist wirklich realitätsfern. Bei allem bleiben nämlich die internationalen Investoren. Das Land verfügt über viele Bodenschätze. Dabei ging und geht es nicht nur um Erdöl und Gas – was ausländische Mächte schon immer interessierte. Vor kurzem entdeckte man riesige Kupfer- und Eisenerzvorkommen. In Aynak, in der Provinz Logar südlich von Wardak, befindet sich die größte noch nicht erschlossene Kupfermine der Welt.

Eine Lösung für diese Situation habe ich nicht. Die Ausbildung der afghanischen Armee und Polizei sollte weiter vorangetrieben werden. Doch entscheidend ist: den zivilen Aufbau nicht zu vernachlässigen, insbesondere nicht in den Provinzen, ihn separat vom Militär zu werten und zu unterstützen. Nur der zivile Aufbau ist eine Hilfe im Sinne des Friedens, ist eine Möglichkeit, bei den Menschen in Afghanistan Vertrauen zu gewinnen.

Die neue Strategie der Bundesrepublik ist es aber, fast nur noch Projekte zu fördern, die unter dem Schutz der ISAF-Truppen stehen. Doch Soldaten bedeuten, wie sich gezeigt hat, immer auch Gefahr. Die Entscheidung, die zivile Aufbauhilfe mehr und mehr an das Militär zu koppeln, war in meinen Augen ein großer Fehler, zumal die humanitäre Lobby wesentlich weniger Macht hat als die der Rüstung. 2010 hatte Entwicklungsminister Dirk Niebel zehn Millionen Euro als Aufbauhilfe für Afghanistan zur Verfügung gestellt. Die deutschen Helfer vor Ort wollten sie jedoch nicht einmal abrufen, da sie um ihr Leben fürchteten. Für die zivilen Helfer war und ist das eine unannehmbare Bedingung, sie wollen sich nicht der Armee unterordnen. Unabhängigkeit ist nach ihrer Erfahrung der beste Schutz vor der Rache der Extremisten.

Gibt es überhaupt noch Hoffnung? Ich weiß es nicht. Genauso wenig, wie man bei einer Ehe voraussagen kann, ob sie halten wird, kann man auch für Afghanistan keine eindeutigen Prognosen abgeben. Mit Sicherheit gibt es für das Land kein Patentrezept. Aber weiß man, wie sich in Deutschland das Gesundheitswesen entwickeln wird? Wie das Schulwesen? Alles geht nur Schritt für Schritt voran, so wie auch das Leben selbst immer nur Schritt für Schritt vorangeht. Den Mitarbeitern im Krankenhaus in Chak-e-Wardak versuche ich Mut und Zuversicht zuzusprechen. Wir müssen flexibel sein. Das Krankenhaus wird sicher auch in Zukunft bestehen, aber es wird sich verändern. Wahrscheinlich werden wir nicht mehr allen Patienten eine kostengünstige Behandlung anbieten können, andernfalls müssten wir ganz aufhören. Das ist jedoch für mich undenkbar.

«Warum sind Sie überhaupt noch in Afghanistan?» Diese Frage wird mir oft gestellt. Der Grund ist einfach, ich kann den Menschen nicht sagen: «So, ihr geht mich nichts mehr an, seht zu, wie ihr mit alldem fertigwerdet.» Nicht, nachdem man über so viele Jahrzehnte gemeinsam das Projekt Chak-e-Wardak-Hospital vorangetrieben hat. Wir haben miteinander gearbeitet, wir sind zusammengewachsen und vertrauen einander. Man kann die Menschen jetzt nicht im Stich lassen.

Haben die Afghanen selbst noch Hoffnung? Wenn sie die nicht hätten, würden sie sich aufgeben. Das tun sie aber nicht. In jeder Ruine steht als Blickfang eine Blume, die gepflegt und gehegt wird. Es wird geheiratet, es wird geboren und gestorben. Das, was im nächsten Jahr passieren wird, daran wollen sie in diesen Momenten nicht denken.

Wir müssen Brücken schlagen, wir müssen dieses Land unterstützen, den Menschen helfen, ohne sie zu bevormunden, ohne den Respekt vor ihrer Kultur, ihren Traditionen und ihrer Souveränität zu verlieren. Das ist meine Überzeugung, das hat mich meine Erfahrung gelehrt. Der libanesisch-amerikanische Dichter Khalil Gibran sagte einmal: «Die Hoffnung ging immer vor mir her.» Daran möchte ich mich halten.

DANK

Wo immer ich bin, es muss um die Menschen gehen – deshalb danke ich ganz besonders meinem afghanischen Team, ohne das das Chak-e-Wardak-Hospital niemals über zwanzig Jahre hätte existieren und sich entwickeln können. Jeder Einzelne von ihnen ist auf seinem Platz wichtig, sie sind wie die Gefäße, die ein Herz erst zum Schlagen bringen – das Krankenhaus.

Danken möchte ich auch allen deutschen Helfern und Spendern – ohne ihren Einsatz und ihr Geld wäre das alles nicht möglich.

Ganz besonders möchte ich die ausgezeichnete Arbeit unseres neuen Vorstands hervorheben, er unterstützt mich in jeder Hinsicht und lässt mir freie Hand in Afghanistan. Daher ein großer Dank an Gerhard Sprissler, Dr. h. c. Ramona Schuhmacher, Rainer Stadelmann und Barbara Wiegel.

Barbara Laugwitz vom Rowohlt Verlag und Regina Carstensen danke ich als einem bewährten Team.

November 2010
Karla Schefter

«*Ich im Wir*» – *Sufi-Weisheit*

ZU DEN FOTOS

Seite 8: Ein Großvater mit seinem Enkel
Seite 16: Ein Talib, ein Koranschüler, mit Gebetskette
Seite 36: Aus den weit entfernten Bergen werden dürre Zweige geholt, um Feuer machen zu können.
Seite 76: Ein Bild aus einer fernen und doch so nahen Welt: Mutter mit ihrem Kind
Seite 108: Ein Mudschahed, der sich als Freiheitskämpfer versteht
Seite 136: Administrator Ingenieur Mahmood beim traditionellen Pferdesport: Die Fahne muss im Galopp aufgehoben werden.
Seite 176: Ein Maulawi. Der studierte Geistliche drückte Karla Schefter seine offene Einstellung mit einem Händedruck aus.
Seite 202 oben: Blick auf das Dorf Bande-Chak
Seite 202 unten: Das Hospital Chak-e-Wardak, eingebettet in der Provinz
Seite 214: Kommandant aus dem Dorf Madu im Distrikt Chak
Seite 226 oben: Karla Schefter mit einer Gruppe Taliban in Chak
Seite 226 unten: Taliban in den Bergen von Chak
Seite 240 oben: Eine Sicht auf die Hauptstadt Kabul
Seite 240 unten: Plattenbau aus der Sowjetzeit im Kabuler Stadtteil Mecurion

IHRE SPENDE: HILFE, DIE ANKOMMT!

Das Chak-e-Wardak Hospital ist zu einem sehr großen Teil auf private Spenden angewiesen, da die staatlichen Hilfen für Projekte in Afghanistan leider immer geringer geworden sind. Wir möchten Sie deshalb herzlich einladen, an dem erfolgreichen Hilfsprojekt «Chak-e-Wardak Hospital» und an Karla Schefters Arbeit mit einer kleinen Spende teilzuhaben:

Spendenkonto:
Afghanistan-Komitee C.P.H.A. e.V.
Sparkasse Dortmund
Kto-Nr: 181 000 090
BLZ: 440 501 99
Für Auslandsüberweisungen:
IBAN-Nr.: DE70440501990181000090
BIC-Nr.: DORTDE33

Bitte unterstützen Sie unsere humanitäre Arbeit für die Menschen in Afghanistan. Bereits mit kleinen Beträgen können Sie viel bewirken. Ihre Spende kommt bei unseren Patienten auf direktem Weg an.

Ganz herzlichen Dank für Ihre Hilfe,
Karla Schefter

FELDPOST
Briefe deutscher Soldaten aus Afghanistan

Nach über sechs Jahrzehnten gibt es wieder Feldpost deutscher Soldaten, es gibt wieder deutsche Briefe von einer Front. Der Einsatz ist umstritten, und kaum jemand hier weiß, was die deutschen Soldaten dort genau tun, Friedensmission oder Krieg?

Wer könnte besser erklären, wie die Lage in Afghanistan ist, als die Männer und Frauen, die jeden Tag dort ihren Dienst tun? Was wäre besser geeignet, uns den Einsatz näherzubringen, als die Botschaften, die diese Soldaten Woche für Woche nach Hause schicken? In diesen Briefen, E-Mails und SMS-Nachrichten, deren ausschnittweise Veröffentlichung im Magazin der Süddeutschen Zeitung die Bundeswehr verhindern wollte, kommen die Frauen und Männer zu Wort, die für uns in den Krieg ziehen müssen. Sie bieten einen bestürzenden und bewegenden Einblick in ihren Alltag und erzählen offen von einer Wirklichkeit, von der wir kaum eine Vorstellung haben.

«Diese Feldpost vermittelt ein authentisches Gefühl dafür, wie die Deutschen in den Krieg und der Krieg zu den Deutschen kam. Eine ferne Front ist plötzlich ganz nah.»
(Elke Heidenreich in ihrer Laudatio zum Henri Nannen Preis)

208 Seiten, gebunden
ISBN 978 3 498 00670 9

Auch als E-Book erhältlich.

ROWOHLT VERLAG

Das für dieses Buch verwendete FSC®-zertifizierte Papier
Schleipen Werkdruck liefert Cordier, Deutschland.